国家社会科学基金项目（项目编号：18BTQ094）
本书的出版得到了"科技创新服务能力建设——服务北京全国文化中心的智库建设"项目（项目编号：12213992101010102）的支持。

非物质文化遗产档案资源建设引导策略研究

王巧玲／著

吉林大学出版社
·长春·

图书在版编目（CIP）数据

非物质文化遗产档案资源建设引导策略研究 / 王巧玲著. -- 长春：吉林大学出版社，2021.8
ISBN 978-7-5692-8604-5

Ⅰ. ①非… Ⅱ. ①王… Ⅲ. ①非物质文化遗产—档案管理—研究—中国 Ⅳ. ①G122②G279.2

中国版本图书馆CIP数据核字(2021)第151984号

书　　名：非物质文化遗产档案资源建设引导策略研究
FEIWUZHI WENHUA YICHAN DANG'AN ZIYUAN JIANSHE YINDAO CELÜE YANJIU

作　　者：王巧玲　著
策划编辑：王宁宁
责任编辑：张维波
责任校对：付晶淼
装帧设计：雅硕图文
出版发行：吉林大学出版社
社　　址：长春市人民大街4059号
邮政编码：130021
发行电话：0431-89580028/29/21
网　　址：http://www.jlup.com.cn
电子邮箱：jdcbs@jlu.edu.cn
印　　刷：长春市中海彩印厂
开　　本：787mm×1092mm　　1/16
印　　张：18.25
字　　数：270千字
版　　次：2021年8月　第1版
印　　次：2021年8月　第1次
书　　号：ISBN 978-7-5692-8604-5
定　　价：98.00元

版权所有　翻印必究

目　录

1　绪　论

1.1　研究背景与意义

　　非物质文化遗产，从学理上说，是由其所属民众群体主要以口传心授方式传承的，与民众生活密切相关的各种表现形态的文化。它们承载着其所属群体过去世代累积的共同记忆，包含着与民族历史、情感、心理、艺术和群体智慧等相关的重要信息，是所属群体之凝聚力、延续力、发展力与创造力的重要精神来源。因此，"非物质文化遗产"一词，初看起来，落脚点似乎在"遗产"，但其实核心在于"文化"，即由群体共同创造且共享的意识、观念和行为；而"遗产"则是对该文化具有重要价值、亟待传承之特殊性质的强调。

　　20世纪中叶以来，随着全球化、现代化、信息化、城镇化等几大发展浪潮席卷全球，世界范围内很多国家和地区传统文化赖以生存和发展的土壤逐渐瓦解，非物质文化遗产的传承与延续日渐衰微，有的甚至面临濒危局面，世界文化的多样性受到严重威胁。[1]以此为现实依据，联合国提出了"保护非物质文化遗产"的动议。2003年10月，联合国教科文组织第32届大会通过了《保护非物质文化遗产公约》（以下简称《公约》）。该公约延续了教科文组织1972年通过的《保护世界文化和自然遗产公约》精神，秉承了之后发布的《保护民间创作建议书》（1989）、《世界文化多

---

[1]　刘锡诚. 非物质文化遗产保护的中国道路 [M]. 文化艺术出版社，2016.

样性宣言》（2001）和《伊斯坦布尔宣言》（2002）等一系列文件宗旨，明确认定"非物质文化遗产"是"文化多样性的熔炉和可持续发展的保证"。它要求缔约成员国对现有的非物质文化遗产进行调查摸底，列出急需保护的和具有重要代表意义的项目，并以此为基础开展相关保护工作。按照这一思路，联合国教科文组织设立了两个名录和一个名册，即"人类非物质文化遗产代表作名录""急需保护的非物质文化遗产名录"和"最佳非物质文化遗产保护实践项目名册"。截止到2018年5月11日，随着所罗门群岛的加入，已有178个国家成为《公约》的缔约国。

作为有五千年文明发展史，且人口众多、多民族融合、幅员辽阔的国家，我国拥有数量惊人的非物质文化遗产矿藏。它们体现了我国历史上不同时代各族人民的社会理想和憧憬，承载着中华民族数千年传续的历史传奇、群体智慧和"文化基因"，是中华民族极为宝贵的精神财富。比如禹步舞，它是汶川羌族人在婚丧嫁娶传统中不可或缺的仪式。据说大禹治水时因过度劳累，身患腿疾，只能跛行。羌族人视大禹为祖先，将大禹跛行演变成舞蹈中的禹步，借此传承大禹治水精神。虽然大禹治水发生在文字系统尚未成熟的时代，且历史工作者也还没有找到与其相关的直接物证，但汶川羌族人通过各种各样与大禹相关的文化习俗，将大禹治水的故事以及其以"天下为先，大公无私"的精神留存了下来。

以列入联合国教科文组织的名录项目为例，截止到2018年年底，中国已有包括昆曲、传统桑蚕织技艺、书法、京剧、中医针灸、珠算、二十四节气等32个项目被列入"人类非物质文化遗产代表作名录"，是目前拥有列入该名录项目数量最多的国家。然而，受前文所提之世界环境背景下几大发展浪潮的影响，一方面，我国原有以农耕文明为主的生产方式，以及与之密切相关的宗法社会人伦制度日趋衰微，社会成员的群体结构与群体关系发生大规模变迁；另一方面，外来文化，尤其是欧美文化的"强势入侵"导致本民族文化影响力削弱，这是发展中国家普遍面临的问题，亦是发展中国家在非物质文化遗产保护方面面临更严峻形势的重要原因，民众特别是青年一代的生活方式与价值观发生嬗变，如，将遵从传统视为"俗气"，将过洋节尊为"时尚"，不假思索地将西方国家的一切都贴上"更先进"的标签。自20世纪八九十年代以来，随着各项经济体制改革的深入，我国开始迈入"赶超型现代化发展进程"，相对于其他国家和地区而言，我国上述各领域变化的发生在速度上往往更为迅猛，在程度上也更为激烈。社会环境的陡然剧变，给我国孕育并滋养传统文化的土壤造成了极大的冲击，很多非物质文化遗产的实践与传承都陷入后继无人的困境。目前，我国已有7个项目被列入联合国"急需保护的非物质文化遗产名录"，包括羌年、黎族传统纺染织绣技艺、活字印刷术等。同时，由于非物质文化遗产与实践活动密切相关，且具有主要通过口传心授方式传承的特点，因此，蕴藏于其中的重要信息若不能以有效的方式保存下来，就必然会随着相关实践活动的终结、老一辈实践者的离去而永诀后世，成为中华民族发展史上无法弥补的遗憾。

现代社会中，对非物质文化遗产所包含重要信息的有效保存，从逻辑上来说，主要有两种实现方式：一是努力推进活态传承，即通过使非物质文化遗产的实践活动与传承方式适应新的社会生态环境，以延续其"依附于人"的活态生命力的方式来实现；二是积极开展信息记录，即对非物质文化遗产实践与传承活动进行全面、系统且真实的记录，以将信息"固化于某一物质载体"获得第二生命的方式来实现。其中，第二种方式就是非物质文化遗产档案资源建设工作的核心内容。

2004年8月，经立法机关批准，中国成为第六个加入联合国教科文组织《公约》的缔约成员国，从而将"非物质文化遗产保护"作为"公共事务"正式纳入政府职能范畴。2005年3月，我国在国家层面发布了首部相关主题的规范性文件——《国务院办公厅关于加强我国非物质文化遗产保护工作的意见》（以下简称《意见》）。该文件初步奠定了我国非物质文化遗产保护工作的基本方向、思路和体系框架。2005年，我国开启了历时4年的全国范围内非物质文化遗产普查工作。2011年2月颁布的《中华人民共和国非物质遗产法》（以下简称《非遗法》），标志着我国"非物质文化遗产保护"进入有法可依的新历史阶段。

《非遗法》总则的第四条明确指出，非物质文化遗产保护要"有利于增强中华民族的文化认同，有利于维护国家统一和民族团结，有利于促进社会和谐和可持续发展"[1]，据此可以推断：我国非物质文化遗产保护工作的目的，绝不是为了满足某一部分人当下的功利性需求，更不是试图通过恢复农耕时代的古老中国以实现传统文化的全面振兴。更何况，社会时代环境的变化与发展是不可逆的。因此，虽然在新环境下实现活态传承是非物质文化遗产保护工作的理想目标，但从现实角度来看，就是会有某些形式的非物质文化遗产，因无法适应新环境而在实践中暂时或永远失去生命力，而这在哲学层面上亦是符合一般事物发展之普遍规律的。

建设非物质文化遗产档案资源的重要意义，不仅在于它是非物质文化遗产重要信息的有效保存方式之一，还在于它与活态传承方式相比而具有的三个方面优势。

首先，建立非物质文化遗产档案相对比较容易实现大量信息的长期保存。在传统的活态传承过程中，相关重要信息主要留存于实践者的人脑之中。因人脑容量有限、且具有遗忘天性的生理特征，与之相比，利用外在工具使信息固化于物质载体的方式更容易实现相关信息的大量和长期保存，尤其是在外部社会环境安定的条件下。

其次，建立非物质文化遗产档案能为非物质文化遗产的活态传承提供重要的支持。非物质文化遗产之所以会形成主要以口传心授方式传承的特点，事实上，与很多项目的实践群体主要来自底层百姓，他们当中能识字懂书写的人很少，且当时的记录条件和技术有限无法将其所包含的信息全部记录下来，有的少数民族甚至没有能用于记录的文字等诸多原因有莫大的关系。以京剧为例，据北京市艺术研究所研究员薛晓金介绍，旧时代的京剧艺人大多文化程度不高，通常以口口传唱的方式传艺；对有文化的演员，班主会给这一个角色的唱词和对白剧本，称之为"单头本"，但出于保护核心秘密以维持本戏班竞争优势的需要，全剧的"总讲本"是秘不示人的。[2]这个

---

[1]　中华人民共和国第十一届全国人民代表大会常务委员会第十九次会议：中华人民共和国非物质遗产法［EB/OL］．（2011-02-25）．http：//www. npc. gov. cn/zgrdw/huiyi/lfzt/fwzwhycbhf/2011-05/10/content_1729844. htm

[2]　人民日报．《京剧传统剧本汇编》编辑出版纪实［EB/OL］．（2010-03-12）．https：//www. chinanews. com/cul/news/2010/03-12/2165974. shtml

例子不仅说明非遗实践群体的文化水平对传承方式的选择有着重要影响，也说明固化的信息记录对于活态传承来说，两者间并非是互斥关系，并且在文化水平不构成制约的情况下，固化的信息记录对活态传承有着非常重要的促进、有时甚至是不可替代的作用。

最后，建立非物质文化遗产档案适用于所有的非物质文化遗产项目。前面提到，基于现实原因，有些非物质文化遗产项目可能暂时，甚或永远无法实现活态传承。在这种情况下，记录建档就成了能使其所包含重要信息得以留存的唯一途径。实际上，历史上曾有很多优秀的民间文学作品，虽不在民众口头上流传，但因被记录保存下来而获得了"第二生命"，供后世阅读、传播，并从中了解过往的历史风云、社会风貌，感受祖辈们的精神家园。

综上所述，信息技术的进步、社会的稳定发展、群体成员文化水平的提高，无疑会使非物质文化遗产档案资源建设上述三个方面的优势得到进一步强化。

正是基于对非物质文化档案资源建设之重要意义的认知，联合国教科文组织在其通过的《公约》中将"建档"列为确保非物质文化遗产生命力的必要措施之一。我国在加入《公约》后所发布的系列相关主题规范性文件也都提到了非物质文化遗产档案建设：2005年国务院办公厅发布的《意见》明确提出"要运用文字、录音、录像、数字化多媒体等多种方式，对非物质文化遗产进行真实、系统和全面的记录，建立档案"[1]；2011年的《非遗法》提出"应当对非物质文化遗产予以认定、记录、建档"[2]。2013年，文化部在全国选取了50位国家级代表性传承人开展了抢救性记录试点工作。2015年4月，文化部正式印发《关于开展国家级非物质文化遗产代表性传承人抢救性记录工作的通知》，部署抢救性记录工程，该工程的

[1]　国务院办公厅. 关于加强我国非遗保护工作的意见［EB/OL］.（2005-08-15）. http：//www. gov. cn/zwgk/2005-08/15/content_21681. htm

[2]　中华人民共和国第十一届全国人民代表大会常务委员会第十九次会议：中华人民共和国非物质遗产法［EB/OL］.（2011-02-25）http：//www. npc. gov. cn/zgrdw/huiyi/lfzt/fwzwhycbhf/2011-05/10/content_1729844. htm

记录对象是年满70周岁及不满70周岁但体弱多病的国家级非物质文化遗产代表性传承人。

随着相关实践的逐步深入，我国的非物质文化遗产档案资源建设工作虽取得了一定的成就，但仍远不能满足现实需要。这主要表现在：

（1）有数量庞大的非物质文化遗产项目因尚未被纳入代表性名录而没有获得关注。2005年到2009年，我国开展了第一次大规模的非物质文化遗产全面普查工作。普查结果显示，我国非物质文化遗产资源总量约有87万项[1]。根据相关统计数据测算，截止到2019年12月，进入代表性名录的项目数量，连1/5都不到。

（2）即使是已被列入各级代表性名录的非物质文化遗产项目，其所包含的信息也有很大比例未得到及时记录，就随着相关实践者的逝去而消亡。自2007年到2020年，国家文化主管部门先后公布了5个批次的国家级非物质文化遗产代表性传承人名单，共计3068人。这3068人中，70岁以上者超过50%。[2]截至2019年，已故去者超过400多位。到2020年底，完成抢救性记录并通过成果验收的代表性传承人只有700多位[3]，不到全部人数的1/4。而这还只是国家级代表性传承人的情况，省、市、县级代表性传承人，以及未被列入代表性传承人的一般传承人与普通实践者的被记录情况更可想而知。由于缺乏对具体项目内容的详细记录，因此，目前出版的记录非物质文化遗产的相关图书，大多都只是泛泛而言的综合性描述。[4]

（3）非物质文化遗产资料、实物的安全保管问题还未得到足够的重视，由此造成的损失或代价往往十分巨大。比如，2008年汶川地震中，四川全省上千份非物质文化遗产的珍贵音像资料被破坏，万余件实物被损毁，羌族现存的非物质文化遗产实物和非物质文化遗产普查资料全部被掩埋。而这还是官方保管机构遇到的情况。目前大部分的非物质文化遗产资料、实物

---

[1]　我国有非遗资源87万项. http://epaper. southcn. com/nfdaily/html/2010-06/03/content_6849531. htm

[2]　数据来源：国家非物质文化遗产保护工作专家委员会委员2020年6月11日第八届国际（上海）非物质文化遗产保护论坛。

[3]　数据来源：国家图书馆相关项目负责人访谈。

[4]　刘锡诚. 非物质文化遗产保护的中国道路［M］. 文化艺术出版社，2016.

主要散存在各类民间相关主体手中。由于民间主体通常缺乏相应的意识、方法和条件，保管在他们手中的珍贵资料或实物很难得到妥善的保管。

与此同时，我国现有的档案资源建设理论、体制和机制主要都是针对档案的形成者为正式组织，尤其是公共组织的，它们在形成者主要为民间群体的非物质文化遗产档案资源建设面前几乎完全是"失效"的。而且，我国的非物质文化遗产分布地域广泛、类型复杂、形式多样，各不同项目之间所处情况差异极大。因此，非物质文化遗产档案资源建设是一项庞大且艰巨的公共文化工程，任何单一的专业和力量都难以担此重任。鉴于此，在综合档案学、非物质文化遗产学、公共管理学等相关学科理论的基础上，立足我国本土化实践背景，探讨如何通过政策设计引导和激励相关主体充分发挥各自力量开展合作治理，以实现非物质文化遗产档案资源建设工作的有效推进，使其所包含的有价值信息得以服务当代与后世，无疑具有十分重要的理论和实践意义。

1.2 国内外相关研究综述

对前人的研究情况进行梳理和总结，是开展任何一项研究都必须完成的基础工作，是实现研究之继承和发展的必经之路，非物质文化遗产档案相关研究亦不例外。为了行文简便，除首次出现相关法律或机构名称，或其他特殊情况外，下文都将以"非遗"来代称"非物质文化遗产"。

1.2.1 国内相关研究综述

国内学者对非遗档案相关主题的关注和研究，大致起始于2003年，也即联合国教科文组织通过《保护非物质文化遗产公约》的那一年。根据中国知网检索结果，国内第一篇开展相关讨论的文章，是《中国档案》2003年第10期上发表的"用文化遗产锁住人类记忆"[1]。文章在对组成联合国

---

[1] 刘守华. 用文化遗产锁住人类记忆 [J]. 中国档案, 2003 (10)：8-10.

文化遗产工作框架的三个记忆单元：即"世界遗产名录""世界记忆工程"和"人类口头与非物质遗产"以及我国的参与情况进行简要介绍的基础上，分别讨论了档案部门与档案工作者在每个单元下所应扮演的角色与所应承担的责任。虽然该文并非严格意义上的研究论文，其撰文目的也主要是为了给当期杂志刊载世界记忆工程与中国档案文献遗产系列文章做一个解释说明，但它拉开了非遗档案研究的序幕，标志着档案界开始将目光投向非遗，从档案工作角度思考非遗问题。

1.2.1.1 国内非遗档案研究趋势分析

在专著类成果方面，从2003年至2020年，国内出版的非遗档案相关主题专著主要有7部（详见表1-1），其中有2部的作者为武汉大学周耀林教授。从出版时间上看，最早的1部为周耀林教授的《非物质文化遗产档案管理理论与实践》，出版于2013年，有4部是集中在2019至2020年出版的；从研究依托项目的情况来看，7部专著中有2部是在博士学位论文基础上修订而成的，它们是：云南大学王晋的《白族大本曲非物质文化遗产建档保护研究》和吉林大学滕春娥的《鲜活的社会记忆：非物质文化遗产建档保护》，其他5部则都为国家社科基金（含青年基金）或国家档案局科技项目课题研究成果。

表 1-1　国内出版的非遗档案相关主题专著统计（截止到2020年）

序号	书名	作者	出版社	时间
1	《非物质文化遗产档案资源建设"群体智慧模式"研究》	周耀林	武汉大学出版社	2020年
2	《鲜活的社会记忆：非物质文化遗产建档保护》	滕春娥	社会科学文献出版社	2020年
3	《中国非物质文化遗产建档标准体系研究》	戴旸	中国社会科学出版社	2019年
4	《白族大本曲非物质文化遗产建档保护研究》	王晋	中国社会科学出版社	2019年
5	《非物质文化遗产档案管理体系研究》	徐拥军 赵彦昌	中国文史出版社	2016年
6	《妈祖信俗非物质文化遗产档案研究》	陈祖芬	世界图书出版公司	2015年
7	《非物质文化遗产档案管理理论与实践》	周耀林	武汉大学出版社	2013年

在期刊论文方面，根据中国知网的检索结果，从2003年到2020年末，国内期刊共发表非遗档案相关主题论文536篇。从数量变化的趋势来看，2003年到2020年间，前15年相关主题论文的发表数量虽略有波动，但总体呈稳定增长趋势，并在2017年达到最高峰值68篇；后3年，即从2018到2020年，则逐渐回落至37篇。除此之外，其间还有三个值得注意的特殊节点：一是，2003年仅有1篇文章，且不是严格意义上的研究论文，而2004和2005两年里发表的论文数量都是0。第一篇明确提到"非遗档案"概念的，是侯采坪和王晓燕2006年合作发表的论文《档案部门应加强对非物质文化遗产档案的收集》[1]；且2006年当年发表的期刊论文有4篇；因此，将2006年作为非遗档案相关研究的起步年应当更为确切。二是，2011年，即我国《非遗法》出台的当年，发表的论文数量超过了30篇，此后每年的数量都在30篇以上（详见图1-1）；三是，在2013年出现了一个引人注目的高峰值，56篇。另外，在536篇中，核心期刊的论文数量为192，占比约1/3强。

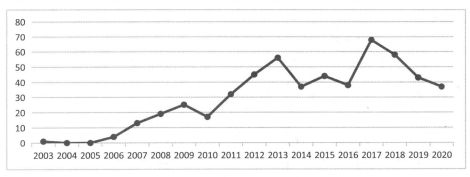

图 1-1 国内非遗档案期刊论文数量变化趋势

在硕士学位论文方面，2003年至2020年，笔者共检索到非遗档案相关主题硕士学位论文46篇（中国知网检索结果43篇，中国人民大学学位论文数据库检索结果3篇）[2]。从论文数量的年度变化趋势来看，最早的硕士学位论文出现在2007年；2007至2012的6年里，每年的成果数量基本保持在2

---

[1] 侯采坪, 王晓燕. 档案部门应加强对非物质文化遗产档案的收集[J]. 山西档案, 2006（04）：31-32.

[2] 因中国人民大学的学位论文未被中国知网收录，而该校设置了档案学专业的硕博士点，因此，课题组专门到其图书馆学位论文库进行了搜索。后面博士论文的数据亦是如此。

篇左右，直到2013年出现第一个波峰，达到6篇；第二个波峰出现在2017年，峰值为9篇，这也是截止到2020年为止的最高峰值；2020年，数量又回到了2篇。对比前面提到的期刊论文发表情况，可以看出，硕士学位论文与期刊论文出现高峰值的时间大致相同，都是2013和2017年。从高校的分布情况来看，位列前三的分别是安徽大学8篇、云南大学6篇和山东大学6篇。

相比硕士学位论文，博士学位论文成果的量级要小很多。根据课题组掌握的数据，截止到2020年，非遗档案相关主题的博士论文共有5篇，包括吉林大学滕春娥的《社会记忆视角下非物质文化遗产建档保护研究》（2019），云南大学王晋的《白族大本曲非物质文化遗产建档保护研究》（2017）和黄体杨《白族非物质文化遗产传承人建档保护研究》（2016），山东大学王云庆的《山东非物质文化遗产项目及传承人立档保护研究》（2017），中国人民大学锅艳玲的《非物质文化遗产的档案价值与开发研究》（2016）。可以看出，博士论文的完成时间都集中在2016年及以后。

1.2.1.2　国内非遗档案研究成果分析

国内非遗档案相关主题的研究从2006年开始起步，到2013年进入相对比较高产的阶段，目前已有研究和讨论所涉及的主题，可主要概括为以下六个大方面：（1）非遗档案的概念及特点；（2）非遗档案式保护及其理论依据；（3）档案部门在非遗保护工作中的作用和地位；（4）非遗档案管理具体业务工作的开展；（5）非遗档案相关管理体系与模式建设；（6）聚焦案例的非遗档案相关实证研究。当然，这六个主题并非各自绝对独立，而是相互之间存在着某些甚或非常密切的关联关系。

（一）非遗档案的概念及特点

非遗档案概念的内涵与外延，是非遗档案相关主题研究最基础的内容，也是相关研究的逻辑起点。国内目前对非遗档案概念界定的研究主要有四种代表性的观点。

赵林林和王云庆最早对非遗档案的概念进行了讨论，其基本思路是从档案这一属概念出发，指出"非遗档案就是与非遗活动有关的那部分、具有保管价值的各种载体的档案材料"。[1]在外延上,赵林林提出非遗档案包括非遗活动的道具、实物,对非遗进行记录和保护过程中形成的文字记载、声像资料,对于已列入名录的遗产项目,其档案还应包括与"申遗"工作有关的一系列文件材料等;并将这三类档案分别命名为"实物档案""记忆档案"和"申遗档案"。[2]

胡芸和顾永贵将关注重点放在对非遗的记录上,提出非遗档案是指"为保护非遗而运用文字、录音、录像、数字化多媒体等各种形式对非遗进行真实、系统和全面的记录和收集整理而形成的各种不同形式载体的历史记录"。在外延表现上,非遗档案可分为两大类:一是传统的文化表现形式;二是文化空间。[3]

孙展红将非遗档案的形成主体限定为申报单位,提出非遗档案是"申报过程中,申报单位在收集、整理、汇编以及申报成果后管理该项目时形成的具有保管价值的历史记录"。在外延方面,非遗档案主要包括三部分内容:一是申报单位通过各种途径收集到的、关于非遗项目的所有档案及资料;二是申报过程中形成的档案;三是申报成功后实施非遗项目保护和管理过程中形成的档案。[4]

周耀林、戴旸、程齐凯在综合前人观点的基础上,从档案之功能的视角对非遗档案概念做了如下界定:非遗档案即"见证非遗的传承演变过程及其各个阶段文化的特征,反映非遗现存状态和存续情况,记录非遗保护与管理工作的各项活动,体现非遗代表性传承人及典型传承群体自然状况、文化背景、文化活动等的各种类型记录材料",并据此提出,非遗档案的外延主要包括非遗本体档案、申报与保护工作档案和传承人档案三大部分。[5]

[1] 赵林林,王云庆.非物质文化遗产档案的特征和意义[J].档案与建设,2007(12):4-7.
[2] 赵林林.非物质文化遗产档案资源的管理、开发与利用[D].山东大学,2007
[3] 胡芸,顾永贵.如何做好民族民间非物质文化遗产档案管理工作[J].中国档案,2008(05):43-44.
[4] 孙展红.浅谈非物质文化遗产档案管理[J].黑龙江档案,2009(03):67.
[5] 周耀林,戴旸,程齐凯.非物质文化遗产档案管理理论与实践[M].武汉:武汉大学出版社,2013:49-50.

非遗档案的特点，是相对于以文书类档案为主的传统档案而言的。有关非遗档案的特点，王云庆、赵林林将其主要概括为"地方特色性""内容丰富性""载体多样性"和"保管分散性"四个方面[1]；张春珍的观点与之基本相同，只是在"地方特色性"方面强调其突出的"地方文化特性"[2]。胡芸、顾永贵认为非遗档案主要来自非遗项目本身，提出可将非遗档案纳入科技档案或专门档案的范畴，或作为项目档案，同时将非遗档案的特点总结为"具有空间性、时间性和多维性"[3]，这一描述显然是将关注点主要放在非遗档案与地方文化密切相关的特性上。李英则认为非遗档案具有"文化特异性""内容丰富性""载体多元性""动态发展性"和"资源稀缺性"等五个方面的特点，其中的"动态发展性"和"资源稀缺性"显然是考虑到了非遗的"传承发展"与"口传心授"之特性而提出的。[4]

（二）非遗档案式保护及其理论依据

"档案式保护"是档案学研究者从档案工作视角思考非遗保护工作时提出的"全新概念"，其同义词包括"档案化保护"[5]"建档式保护"[6]"建档保护"[7][8]或"立档保护"[9]等等。

覃美娟和覃凤琴都是较早使用"档案式保护"概念的研究者，但前者的关注重点并非"档案式保护"本身，而是直接将非遗档案视为"档案

[1] 王云庆,赵林林.论非物质文化遗产档案及其保护原则[J].档案学通讯,2008(01):71-74.

[2] 张春珍.对建立非物质文化遗产档案的思考[J].山西档案,2008(S1):91-92.

[3] 胡芸,顾永贵.如何做好民族民间非物质文化遗产档案管理工作[J].中国档案,2008(05):43-44.

[4] 李英.非物质文化遗产档案的特点和建档原则[J].档案管理,2012(01):80-82.

[5] 储蕾.非物质文化遗产档案化保护理论探析[J].山西档案,2011(02):46-48.

[6] 叶鹏,周耀林.非物质文化遗产建档式保护的现状、机制及对策[J].学习与实践,2015(09):115-124+2.

[7] 蔡剑锋.对濒危非物质文化遗产建档保护的思考——以厦门市翔安农民画为例[J].档案管理,2013(02):29-30.

[8] 冯丽,戴旸.Web2.0技术下我国非物质文化遗产建档保护促进研究[J].北京档案,2015(05):23-26.

[9] 王云庆.山东非物质文化遗产项目及传承人立档保护研究[D].山东大学,2017.

式保护"的产物，提出因其形成过程具有特殊性，所以相关档案工作也应该有其自身独特的规律；[1]后者则明确指出"档案式保护"是"通过各种文字、图表、声像等不同形式将非遗记录保存下来，将非物质形态的非遗转变成外化物质形态，通过档案工作的方式和手段最终实现相关文化的记忆、传播和创新"[2]。目前档案学界对非遗"档案式保护"的含义已基本形成共识，即：将非遗所包含的信息内容全面系统地记录下来，作为档案纳入档案管理业务工作系统，以帮助实现保护非遗的目的，只是在术语表达上出现了上述几种不同的选择。需要特别指出的是，尽管大部分学者对"档案式保护"概念中"保护"的对象都理解为"非遗"，将"档案式保护"视为非遗保护方式的一种，但前期亦有少部分学者在论述时将"保护"的对象理解为"非遗档案"，这种理解在逻辑上显然与"档案式保护"的整体含义是有偏差的，因为"非遗档案的保护"仅仅是非遗档案管理业务系统中的一个环节。

关于非遗档案式保护的意义，研究者普遍认为非遗档案式保护将非物质化的隐性知识通过记录在一定载体上，具有显性化的优势。储蕾对其进行了具体的论证，指出非遗档案式保护能使"非遗物质化、表现形式多样化"，这样形成的记录相对更具有真实性，能更好地发挥价值。[3]

在非遗档案式保护的理论依据方面，"立档"作为确保非遗生命力的一项措施被明确写入了联合国教科文组织通过的《保护非遗公约》[4]，很多研究者都将其视为法规层面最重要的理论依据。吴品才和储蕾专门从学科理论层面讨论了非遗档案式保护的理论依据，并重点分析了"将无形的非遗转化为有形的档案是如何成为可能的"。作者认为"档案式保护"的基础在于这一转化过程的实现，这也在很大程度上解释了为什么他们倾向于选择"档案化保护"而非"档案式保护"作为术语。两位研究者提出

[1] 覃美娟. 浅论非物质文化遗产的档案式保护[J]. 档案管理, 2007(05): 30-31.

[2] 覃凤琴. 从"非物质"到"外化物质再现"——非物质文化遗产档案式保护及其价值考察[J]. 档案与建设, 2007(10): 19-21.

[3] 储蕾. 非物质文化遗产档案化保护理论探析[J]. 山西档案, 2011(02): 46-48.

[4] 联合国教育、科学及文化组织. 保护非物质文化遗产公约[EB/OL]. (2003-12-08). http://www.ihchina.cn/zhengce_details/11668.

的理论基础包括五个方面内容：一是非遗与档案的共同属性，即非遗和档案都具有原始性、真实性、历史性、价值性、文化性与社会性，因此将无形的非遗转化为有形的物质档案后，依然能够原生态地真实地反映人类社会的各种文化情形；二是隐性知识显性化理论，即依据野中郁次郎提出的隐性知识与显性知识在一定条件下相互转化的理论，提出非遗档案化可以借鉴隐性知识显性化的方式和途径来实施；三是文件横向运动理论，即非遗既有现行价值又有历史价值，与档案，尤其是科技档案的横向运动理论不谋而合；四是口述档案理论，即口述档案的形成过程与非遗档案化有本质上的相通之处，口述档案能得到国际档案界的接受和重视，非遗档案化也一定能；五是文件生命周期理论，即运动至非现行期的文件，能呈现出科学的历史文化价值，应该且值得进档案馆永久保管。非遗档案化以后应该发挥历史文化价值，它的用户群和服务对象所追求的都应是第二价值，因此应进入档案馆永久保存。[1]徐欣云重点关注非遗转化为有形的档案后如何被纳入档案管理业务工作系统的问题，作者认为体现了后现代档案思维的"新来源观"才是支持档案式保护的重要理论，因为"新来源观"下档案来源过程化、多元化和无中心化，适宜并支持非遗的活态流变、民间性与无中心性的特点。[2]王巧玲、孙爱萍、陈文杰则从档案管理业务工作环节与非遗保护的具体内容之间的高度契合角度，探讨了"非遗档案式保护"之通过档案工作方式实现非遗保护的理论依据问题。[3]

（三）档案部门在非遗保护工作中的作用和地位

鉴于档案与文化之间的密切关系，以及档案部门作为档案管理领域的专业机构定位，"档案部门如何参与非遗保护工作"一直是相关研究者们关注的重要问题之一。

侯采坪和王晓燕从建立地方特色档案、挽救民族文化和繁荣社会主义先进文化三个方面，对档案部门为什么要加强收集非遗档案做了详细论

[1] 吴品才, 储蕾. 非物质文化遗产档案化保护的理论基础[J]. 档案学通讯, 2012（05）: 75-77.

[2] 徐欣云. 非物质文化遗产档案式保护中的"新来源观"研究[J]. 档案学通讯, 2013（05）: 23-27.

[3] 王巧玲, 孙爱萍, 陈文杰. 档案部门参与非遗保护工作的优势与劣势分析[J]. 北京档案, 2013（06）: 11-13.

证。[1]倪永宁、徐拥军建议档案部门主动加入非遗工作联席会，加强对非遗档案的业务指导，为非遗普查、申报、保护、宣传和开发利用工作提供支持。[2]王巧玲等对档案部门参与非遗保护的优势和劣势进行了剖析，建议档案部门内部应通过思想变革使"社会档案观"成为共识，从内部优势和外部现实需求入手，逐步建立与非遗档案工作相适应的工作机制。[3][4]徐欣云认为对于档案机构而言，最重要的是要将"传统档案观"更新为"新来源观"，只有这样才能在档案图谱中找到非遗应有的位置。[5]赵跃认为档案部门在新时期应借助"政事分离"之机构改革的东风，把握文化治理的新趋势，主动作为，为非遗保护做出贡献，通过"有为"实现"有位"。[6]

（四）非遗档案管理具体业务工作的开展

档案管理的基本业务工作一般主要包括"收管存用"四个环节，研究者们大多都是以此为框架来展开有关非遗档案管理具体业务工作相关讨论的。

王云庆、赵林林认为非遗档案管理业务工作应遵循的原则包括：（1）及时建档；（2）真实完整；（3）系统有序；（4）分级保护；（5）优化利用。[7]这五大原则与"收管存用"框架之间亦存在着明显的逻辑对应关系。

在非遗档案的收集方面，侯采坪和王晓燕认为档案馆应加强收集非遗档案，要根据非遗档案的不同所有权情况来选择不同的收集方式，对国家所有的非遗档案应采取接收进馆的方式收集，对集体和个人所有的非遗档

[1] 侯采坪, 王晓燕. 档案部门应加强对非物质文化遗产档案的收集[J]. 山西档案, 2006（04）: 31-32.

[2] 倪永宁, 徐拥军. 档案机构如何参与非物质文化遗产保护[J]. 北京档案, 2011（08）: 37-38.

[3] 王巧玲, 孙爱萍, 陈文杰. 档案部门参与非遗保护工作的优势与劣势分析[J]. 北京档案, 2013（6）: 11-13.]

[4] 王巧玲, 孙爱萍, 陈考考. 档案部门参与非物质文化遗产保护工作的现状及对策研究[J]. 北京档案, 2015（01）: 28-30.

[5] 徐欣云. 非物质文化遗产档案式保护中的"新来源观"研究[J]. 档案学通讯, 2013（05）: 23-27.

[6] 赵跃. 新时期档案机构参与非遗保护的反思与再定位[J]. 档案学通讯, 2020（2）.

[7] 王云庆, 赵林林. 论非物质文化遗产档案及其保护原则[J]. 档案学通讯, 2008（01）: 71-74.

案，则应以鼓励捐赠、寄存或购买的方式进行收集。[1]李琳则认为在收集方式上，除收购与代管外，应以征集为主，同时还要开展史料挖掘。[2]王文君认为要按照前期准备、实地考察和总结评价三个阶段来规划和实施非遗档案的收集工作。[3]宋夏南则对非遗档案的来源单位和内容影响因素进行了更为细致的考虑，提出：（1）要向非遗中心、文化馆、博物馆等单位收集，收集的内容是与非遗项目有关的档案资料和与非遗工作相关的档案资料；（2）掌握在民众手中的档案材料要依靠基层政府来收集；（3）专业性非常强的项目和内容要邀请专业人员协助收集；（4）民俗类的项目利用民俗节日进行主动记录的方式来收集。[4]

　　在非遗档案的分类整理方面，何永斌提出为了实现非遗档案信息集中原则，要以《中国档案分类法》为基础框架，在其"文化"（GA）大类下设"文化遗产"类目，其下再细分"物质文化遗产"和"非物质文化遗产"次级类目；为实现非遗档案馆藏的独立性，应建立全宗意义上的非遗档案实体分类法。[5]周耀林、戴旸、程齐凯主张为每个非遗项目、每位非遗传承人分别设立全宗，全宗之间的分类参照国家对非遗的分类，全宗内的分类按照性质、内容、载体类型或者时间等作为分类依据。[6]李丹提出了四个分类思路：（1）根据载体的不同将非遗档案分为纸质、实物、口述与特殊载体四类；（2）按照内容将非遗档案分为本体档案、传承人档案、申遗与保护档案三类；（3）基于保管地区分为保管在档案馆的非遗档案和保管在非遗保护机构的档案；（4）依据项目的级别、濒危程度、相关档案的涉密程度，对非遗档案进行分类整理。[7]

[1]　侯采坪，王晓燕. 档案部门应加强对非物质文化遗产档案的收集[J]. 山西档案，2006（04）：31-32.

[2]　李琳. 地方档案馆建设非物质文化遗产特色档案的思考[J]. 档案与建设，2014（07）：20-23.

[3]　王文君. 非物质文化遗产档案收集要点[J]. 浙江档案，2012（09）：61.

[4]　宋夏南. 非物质文化遗产档案收集的若干思考[J]. 浙江档案，2014（09）：56-57.

[5]　何永斌. 谈非物质文化遗产档案工作中的几对关系[J]. 北京档案，2009（06）：24-25.

[6]　程齐凯，周耀林，戴旸. 论基于本体的非物质文化遗产分类组织方法[J]. 信息资源管理学报，2011，1（03）：78-83.

[7]　李丹. 非物质文化遗产档案式保护中的分类问题研究[D]. 湘潭大学，2016.

非遗档案的"存"包括"鉴定"和"保管"两个方面，覃美娟在讨论档案式保护的过程中，提出因非遗档案形成过程的特殊性，鉴定应是其建档必不可少的工作环节，且应组织有关专家来协助进行。[1]程齐凯、周耀林、戴旸提出了两个主要观点：一是虽然非遗档案是"大档案观"视野下的产物，但档案鉴定的一般理念和原则对其是适用的；二是基于非遗档案自身特点的鉴定思路包括前端控制思想、引入社会鉴定策略和利用用户反馈优化鉴定。[2]锅艳玲提出应综合考虑非遗档案的内容、来源、时间、载体、保管条件等多方面因素来对档案进行价值鉴定。[3]

在非遗档案保管方面，王逸凡认为应借鉴一般档案管理的经验，根据非遗档案载体与类型，确定适宜的保管条件、选择保管场所，并建设相应的安全保管制度。[4]肖文建、黎杜则在健全非遗档案实体安保制度的基础上，提出了重视非遗档案信息安全、增强档案保护意识，运用现代技术开展修复与备份等观点。[5]

从文章的数量上来看，开发利用是非遗档案管理具体业务工作中的一个研究热点，网络与数字技术在此领域的应用，以及由此产生的信息化、数字化与数据库建设等主题受到了很多研究者的重点关注。

韩英和章军杰认为非遗档案资源开发的最终目的，是服务于非遗保护与文化传承的，开发的路径包括实体开发和内涵开发，其中实体开发就是提供档案利用服务、开展编研和举办展览等活动；内涵开发是指宣传和生产开发，即通过以非遗档案资源为基础开发出衍生的文化产品为非遗提供宣传服务，和挖掘非遗档案中包含的制作技艺信息为生产性保护提供支持。[6]王云庆和陈建对非遗档案展览进行了专门的讨论，并提出非遗档案展览设计要引入文化空间保护理念，在举办时机上要善于借势，内容上要

[1] 覃美娟.非物质文化遗产档案式保护研究[D].广西民族大学, 2007.

[2] 程齐凯,周耀林,戴旸.论基于本体的非物质文化遗产分类组织方法[J].信息资源管理学报, 2011, 1 (03)：78-83.

[3] 锅艳玲.非物质文化遗产的档案价值与开发研究[J].档案学通讯, 2016 (06)：57-60.

[4] 王逸凡.传承人机制下的大理白族传统手工技艺非物质文化遗产建档研究[D].云南大学, 2017.

[5] 肖文建, 黎杜.非物质文化遗产档案长久保管策略[J].档案学研究, 2017 (03)：54-58.

[6] 韩英, 章军杰.论非物质文化遗产的档案资源开发[J].档案学通讯, 2011 (05)：72-75.

增加现场展演与制作；等等。[1]马晨璠和戴旸将传播学相关理论引入到非遗档案的开发利用中，提出要以根据需求细分后的受众为中心，以现代科学技术为保障的"分众传播"作为优化非遗档案传播效果的创新模式。[2] [3]邹燕琴以是否利用网络媒体等现代信息技术为依据，将非遗档案的开发方式分为传统与现代两大类，提出应该传统与现代方式并举。[4]

彭毅提出数字化与多媒体技术是非遗档案保管的最好方式；非遗档案数据库和数字化展示平台可以让非遗再现风采。[5]戴旸和周耀林认为非遗档案的信息化主要包括非遗档案网站建设和非遗档案数据库整合两方面内容，且两者都应面向公众需求。[6]徐拥军和王薇介绍了"美国记忆"工程、日本"亚太非遗数据库"和中国台湾地区"兰屿媒体与文化数字典藏"在非遗档案数据库建设方面的相关做法，并总结了"多方合作共建""丰富的档案资源""全文在线利用"和"多样化的辅助应用"等四点可资借鉴的经验。[7]杨红提出了非遗档案数字资源的核心元数据元素集方案，建立了非遗档案项目分类编码体系，对非遗档案数字化及数据库建设标准体系进行了基础性研究。[8]李姗姗和赵跃提出了基于数据关联的非遗档案资源开发思路，即通过建立元数据框架对非遗档案资源进行主题定义，设置各主题之间的关联关系，再结合可视化的应用，实现提高非遗档案利用的检索效率和更高程度的信息共享。[9]

---

[1]　王云庆, 陈建. 非物质文化遗产档案展览研究 [J]. 档案学通讯, 2012 (04)：36-39.

[2]　马晨璠, 戴旸. 我国非物质文化遗产档案分众传播的若干思考 [J]. 档案与建设, 2017 (05)：19-22.

[3]　马晨璠, 戴旸. 分众传播：非物质文化遗产档案传播新模式 [J]. 北京档案, 2017 (02)：17-20.

[4]　邹燕琴. 留住文化的"根"：乡村非物质文化遗产档案开发模式 [J]. 北京档案, 2019 (09)：25-28.

[5]　彭毅. 非物质文化遗产档案的数字化保护 [J]. 档案与建设. 2009 (1)：46-48.

[6]　戴旸, 周耀林. 论非物质文化遗产档案信息化建设的原则与方法 [J]. 图书情报知识, 2011 (05)：69-75.

[7]　徐拥军, 王薇. 美国、日本和台湾地区文化遗产档案数据库资源建设的经验借鉴 [J]. 档案学通讯, 2013 (05)：58-62.

[8]　杨红. 非物质文化遗产数字化研究 [M]. 北京：社会科学文献出版社, 2014.

[9]　李姗姗, 赵跃. 基于关联数据的非物质文化遗产档案资源开发 [J]. 中国档案, 2016 (06)：71-73.

（五）非遗档案相关管理体系与模式建设

非遗档案管理体系与模式建设涉及的是非遗档案管理具体业务工作开展的长效解决机制问题。

何永斌、陈海玉认为非遗档案工作体系主要包括组织管理体系、法规制度体系、规范标准体系、实体分类体系、理论与技术支撑体系等。[1]戴旸、李财富提出了构建非遗建档标准体系的思路与原则，并从"非遗项目和传承人两条主线"、"管理、业务流程和技术三个维度"勾画出了标准体系的基本框架。[2]徐拥军、赵彦昌从提高思想认识、加强法规建设、健全组织体制、夯实资源体系建设、深化利用体系建设，以及非遗档案数据库建设等六个方面探讨了非遗档案管理体系的构建问题，并认为非遗档案数据库建设应是非遗档案管理体系构建的着力点和突破点。[3]

非遗档案管理模式研究关注的焦点在主体层面。陈祖芬以妈祖信俗为例，对非遗档案管理涉及的各主体及其可能的优势进行了探讨，指出：（1）妈祖宫庙在非遗档案收藏方面具有资源优势；（2）档案馆、博物馆、纪念馆、文化馆等主体在非遗档案保护方面具有管理和技术优势；（3）非遗传承人在保证非遗档案原真性方面具有优势；（4）新闻机构、非遗爱好者等则在非遗档案工作中有协助作用；并提出了以立足形成者、立足档案馆和立足非遗保护中心三种非遗档案合作管理模式。[4]王巧玲、孙爱萍将相关主体总结为九大类，并分析指出：非遗共享群体为非遗档案的记录对象，社会公众为最终服务对象，文化和档案行政部门有规划协调与监督指导之责；代表性传承人和项目保护单位应承担非遗档案的收集、整理之责；非遗保护中心应承担非遗档案数据建设之责；档案馆、博物馆等文化事业机构应承担非遗档案的保管和传播之责。[5]戴旸认为在众多主体中，档案部门是在非遗档案工作方面最具有专业化水平的主体，非政府

[1] 何永斌, 陈海玉. 非物质文化遗产档案工作体系建设刍议[J]. 四川档案, 2008（6）: 32-34.

[2] 戴旸, 李财富. 我国非物质文化遗产建档标准体系的若干思考[J]. 档案学研究, 2014（5）: 35-39.

[3] 徐拥军, 赵彦昌. 非物质文化遗产档案管理体系研究[M]. 北京: 中国文史出版社, 2016.

[4] 陈祖芬. 非物质文化遗产档案管理主体研究——以妈祖信俗档案管理为例[J]. 档案学通讯, 2011（01）: 16-19.

[5] 王巧玲, 孙爱萍. 非物质文化遗产档案工作相关主体分析[J]. 山西档案, 2013（02）: 56-58.

组织、公共文化机构、新闻媒体、高等院校等均可成为非遗档案工作的具体实施者，社会公众则是重要且应该调动的力量；并指出非遗档案工作应由多元主体共同参与，但现实局面却是政府一力主导，要改善当前局面需重新界定政府在非遗建档中的权力边界，释放和赋予更多的权利空间给政府以外的主体。[1] 周耀林、赵跃在非遗档案资源建设问题研究中，提出应基于"群体智慧模式"，通过知识产权保护、质量控制、协调、激励和保障五个方面的机制建设，来构建以各级政府及各类文化主管部门为非遗档案资源建设的主导者，以非官方机构为非遗档案资源建设实践工作的直接参与者的合作关系网络。[2]

（六）聚焦案例的非遗档案相关实证研究

根据其所聚焦的案例对象，非遗档案相关案例实证研究可分为两大类：聚焦地区的与聚焦项目的。在此基础上，前者又可细分为聚焦某一行政区划地区与聚焦某一少数民族地区的研究；后者又可细分为聚焦某一类别非遗项目与聚焦某一具体非遗项目的研究。

在地区案例研究方面，涉及聚焦某一行政区划地区的主要包括徽州[3]、潍坊[4]、保定[5]等；涉及聚焦某一少数民族地区的主要包括云南白族[6]、湘西土家族[7]等。在非遗项目案例研究方面，涉及聚焦非遗项目类别的主要包括传统戏剧类[8]、传统技艺类[9]、民间美术类[10]等；涉及聚焦某一具体非遗项目的主要有列入世界非遗代表性名录的蒙古族长调民歌[11]和妈

---

[1]　戴旸.应然与实然：对我国非物质文化遗产建档主体的思考［J］.档案学通讯，2014（04）：82-85.

[2]　周耀林，赵跃.非物质文化遗产档案资源建设"群体智慧模式"研究［M］.武汉：武汉大学出版社，2020

[3]　陈晓媛.徽州地区非物质文化遗产档案工作研究［D］.安徽大学，2015.

[4]　郑美云.试论潍坊地区非物质文化遗产的档案化保护［D］.山东大学，2013.

[5]　刘曼曼.保定市非物质文化遗产的档案式保护探析［D］.河北大学，2013.

[6]　黄体杨.白族非物质文化遗产传承人建档保护研究［D］.云南大学，2016.

[7]　彭丽娟.湘西土家族非物质文化遗产档案式保护研究［D］.湘潭大学，2015.

[8]　国健.传统戏剧类非物质文化遗产档案管理研究［D］.山东大学，2014.

[9]　靳书花.传统手工技艺类非物质文化遗产档案开发研究［D］.河北大学，2016.

[10]　莫灿.民间美术类非物质文化遗产档案管理研究［J］.档案管理，2020（04）：70+72.

[11]　武泽森.蒙古族长调民歌建档保护研究［D］.云南大学，2017.

祖信俗[1]，列入国家级非遗代表性名录的德江傩堂戏[2]和昆中药传统中药制剂[3]，以及列入省级非遗代表性名录的辽宁奉天落子[4]和云南白族大本曲[5]，等等。另外，亦有将项目类别和地区进行交叉的案例，比如，山东省民间美术类非遗[6]、云南省传统戏剧类非遗[7]，等等。

　　鉴于我国非遗资源种类和数量的丰富性，在细分的四类实证研究中，前三类（包括聚焦行政区划地区、民族地区或非遗项目类别）大多都采用以少数样本代表全体的研究方法，比如以黄山市歙县和宣城市绩溪县来代表徽州地区[8]，以曹州面人和烟台剪纸来代表山东民间美术类非遗[9]，以柳子戏、山东梆子和茂腔来代表传统戏剧类非遗[10]，等等。

　　从功能上来说，聚焦案例的实证研究有助于对非遗档案相关实践的理解，为理论研究奠定坚实基础。比如，陈祖芬的调研结果显示，在莆田收集保管妈祖信俗非遗档案最多的是妈祖宫庙；[11]刘敏通过调研发现德江傩堂戏的非遗档案主要保留在德江县傩文化陈列馆，但未得到专门化管理，流失、损坏严重，亦未建立传承人档案。[12]彭丽娟在实地访谈中了解到湘西土家族苗族自治州档案部门目前关注的重点是"民生档案"建设，而非"非遗档案"建设。[13]徐骁调查发现"昆中药传统中药制剂"的十年保护规划中包含了档案工作的具体内容，其项目保护单位组建了专门的抢救性

[1]　陈祖芬. 妈祖信俗非物质文化遗产档案研究［M］. 北京: 世界图书出版公司, 2015.

[2]　刘敏. 谈非物质文化遗产档案管理工作——以德江傩堂戏为例［J］. 北京档案, 2013（06）: 36-37.

[3]　徐骁. 企业非物质文化遗产档案式保护研究［D］. 云南大学, 2017.

[4]　朱雨虹. 奉天落子档案建档现状研究［D］. 辽宁大学, 2020.

[5]　王晋. 白族大本曲非物质文化遗产建档保护研究［D］. 云南大学, 2017.

[6]　郭慧玲. 山东省民间美术类非遗档案化保护对策研究［D］. 山东大学, 2019.

[7]　张馨元. 云南省传统戏剧类非物质文化遗产建档保护研究［D］. 云南大学, 2017.

[8]　陈晓媛. 徽州地区非物质文化遗产档案工作研究［D］. 安徽大学, 2015.

[9]　郭慧玲. 山东省民间美术类非遗档案化保护对策研究［D］. 山东大学, 2019.

[10]　国健. 传统戏剧类非物质文化遗产档案管理研究［D］. 山东大学, 2014.

[11]　陈祖芬. 非物质文化遗产档案管理主体研究——以妈祖信俗档案管理为例［J］. 档案学通讯, 2011（01）: 16-19.

[12]　刘敏. 谈非物质文化遗产档案管理工作——以德江傩堂戏为例［J］. 北京档案, 2013（06）: 36-37.

[13]　彭丽娟. 湘西土家族非物质文化遗产档案式保护研究［D］. 湘潭大学, 2015.

记录工作小组。[1]

1.2.1.3　国内非遗档案研究现状评价

尽管非遗学的学科建设在国内还处于起步阶段，但从2003年至今，国内学者在非遗档案相关的理论与实证研究方面已经取得了较为丰硕的成果。

从研究发展过程来看，初期关注理论的研究比较多，后期实证案例研究逐步受到重视。从研究的具体内容来看，非遗的档案式（建档）保护、非遗档案的管理、非遗档案的数字化开发利用是关注热点，专门系统讨论非遗档案资源建设的研究相对较少。从研究视角来看，从档案学、信息资源管理的角度、方式，以档案部门为中心的研究较多，基于或结合其他学科视角，尤其是公共管理学科视角的研究较少。

从研究的深入程度来看，在理论研究方面，有关非遗档案概念自身的理论基础并未得到系统梳理，非遗档案概念的含义亦未在学界形成统一的共识，有关非遗档案资源建设的多元治理格局及其背后的影响因素与机制的讨论还不够深入，且很多研究未能立足于对非遗工作实践发展进程的深刻理解之上，从而使得其研究结论或政策建议与实践存在一定脱节的现象。在实证研究方面，现有的研究大多只是对案例现状的简单描述，而对形成现状的深层次原因及影响因素的理论挖掘，对案例自身特点及其研究结论的适用性问题给予的关注较少，从而使得很多实证研究的内容都显得非常笼统，研究结论最终流于泛泛之谈，未能给理论研究提供更多的启示。

1.2.2　国外相关研究综述

根据联合国教科文组织文化部林德尔·普罗特（Lyndel Prott）的说法，"非物质遗产"这一概念源自日语中的"无形文化财"。[2]第二次世界大战后，日本政府在国家重建中提出了复兴民族文化的战略，并在此背景下于1950年颁布了《文化财保护法》。该法第一次正式提出了"无形文

---

[1]　徐骁. 企业非物质文化遗产档案式保护研究 [D]. 云南大学, 2017.

[2]　林德尔·普罗特. 定义"无形遗产"的概念: 挑战和前景 [C] // 民族文化与全球化研讨会资料专辑. 2003.

化财"的概念。2001年，联合国教科文组织在第31届会员国大会上，确定以"非物质文化遗产"替代原来的"传统文化与民俗"。"非物质文化遗产"的英文表达最初为"non-physical cultural heritage"，后来才固化为"intangible cultural heritage"。此外，在法语和西班牙语中，"非物质文化遗产"还可对译为"immaterial heritage"，这种用法在两种语言通行的国家话语体系中一直沿用至今[1]。

1.2.2.1　国外非遗档案研究趋势分析

2021年1月31日，课题组以表1-2中的"A+B"组合为关键词，分别在Google Books、ProQust学位论文全文数据库、EBSCO Academic Search Complete综合学科参考类全文数据库和Library，Information Science & Technology Abstracts，以及Web of Science CPCI会议索引中，对国外非遗档案资源建设相关研究成果进行了文献检索。

表 1-2　国外非遗档案资源研究文献检索词

关键词A		关键词B	备注
non-physical （cultural） heritage immaterial （cultural） heritage intangible （cultural） heritage	+	record（s）/recording archive（s）/archiving/archival document（s）/documenting/ documentation	档案的常见代称
		manuscripts literature audio photo	档案传统载体
		website（s） database（s） digital/digitalization	档案电子形式

此次检索共获得检索结果115篇，经过阅读筛选，去除与"非遗档案资源建设"主题不符或相关度较低的研究，最终得到52篇文献，其中学位论文2篇，期刊论文44篇，会议论文6篇（检索与筛选结果分布情况详见表1-3）。

---

[1]　巴莫曲布嫫.非物质文化遗产：从概念到实践［J］.民族艺术，2008（01）：6-17.

表 1-3　国外非遗档案资源研究文献检索结果

检索方式	检索数据库	检索类型	检索结果	高相关度结果
关键词=A+B	Google Books	书籍	0	0
关键词=A+B	ProQust学位论文全文数据库	学位论文	3	2
关键词=A+B	EBSCO Academic Search Complete综合学科参考类全文数据 Library，Information Science & Technology Abstracts	期刊论文	99	44
	Web of Science Core Collection CPCI会议索引	会议论文 Early access	13	6

　　从这52篇文献的时间分布情况来看，在英文为主要语言的国家中，有关"非遗档案"的研究起始于2004年。可以看出，这个起始时间明显受联合国2003年发布《保护非物质文化遗产公约》的影响。随着加入该公约之成员国数量的增加，"非物质文化遗产"的概念逐步被国际社会所认可，从2004年至2020年，非遗档案相关的研究在数量上总体呈上升趋势（详见图1-2）。但从研究总量上来看，这一主题始终未能成为国外学术研究的热点，这其中一部分原因或许与美国、英国、加拿大和澳大利亚等主要西方国家未加入公约，导致其政府实践与话语体系中缺乏对"非遗"概念的关注有关。

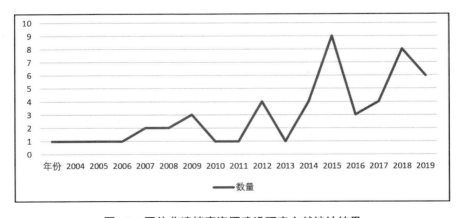

图1-2　国外非遗档案资源建设研究文献统计结果

1.2.2.2 国外非遗档案研究成果分析

当前国外文献有关非遗档案的研究，其关注点主要可归纳为以下六个方面：（1）关于非遗档案特征的讨论；（2）非遗档案及非遗建档的价值与意义；（3）对如何做好非遗记录的思考；（4）非遗档案的组织整理与保存管理；（5）数字技术在非遗档案资源建设领域中的应用；（6）非遗档案建设的相关主体与跨领域合作。

（一）关于非遗档案特征的讨论

Yan W.从文化遗产的角度分析了非遗档案的艺术属性。[1]Lauren Istvandity认为非遗档案的收集主体以社区档案馆和非遗主题档案馆为主，其任务是详尽地收集和保存其主题领域内的资料，但非遗项目（尤其是音乐类）档案不同于公共档案馆面临的行政文书档案，在收集过程中总有潜在的缺失因素，导致非遗档案难以收集完整。作者以澳大利亚昆士兰州本地爵士非遗项目作为案例，分析了个人收集和档案制度化收集中非遗档案丢失的情况和原因。[2]

（二）非遗档案及非遗建档的价值与意义

很多学者都对非遗档案之于社区文化记忆建构和社区建设的意义进行了探讨。Terry Janke和Livia Iacovino认为民俗档案对保存澳大利亚土著文化发挥了重要作用，但要使民俗档案具有生命力，必须将土著居民纳入民俗档案的开发利用中来。[3]Maria Grosu分析了罗马尼亚民俗档案馆在该国文化认同感建设中的重要作用。[4]F. Vacca以意大利的实践为例，讨论了

[1] Yan W. The management of intangible cultural heritage archives of art from the perspective of cultural heritage［C］//BASIC & CLINICAL PHARMACOLOGY & TOXICOLOGY. 111 RIVER ST, HOBOKEN 07030-5774, NJ USA: WILEY, 2020, 126: 173-174.

[2] Istvandity L . How does music heritage get lost? Examining cultural heritage loss in community and authorised music archives［J］. International Journal of Heritage Studies, 2020（3）: 1-13.

[3] Janke T. & Iacovino L. Keeping cultures alive: archives and Indigenous cultural and intellectual property rights［J］. Archival Science. 2012（2）: 151-171.

[4] Maria Grosu. Folklore archives and constructions of the positivist paradigm［J］. Philobiblon, 2014（2）: 491-500.

品牌制造公司利用非遗档案记录品牌历史与建构文化记忆等相关问题。[1] Catillon Z. 研究了以女权主义音乐档案为主题的社区档案馆，以及由相关利益群体自发形成的DIY档案馆的功能，指出此类档案馆的意义不仅在于提供文化档案的保存空间，同时也是行动主义和群体社区活动的主要场所。[2]

在有关非遗建档保存是否"会使非遗僵化，从而失去活力"的问题上，虽然研究者们对此看法不尽相同，但都一致认为记录是挽救非遗消亡、延续非遗传承的重要手段。例如，Susan Keitumetse认为以建档的方式固化非遗并进行保存，虽然会在一定程度上带来非遗的"僵化"问题，但其最终目的在于保持非遗的稳定性，并且对非遗的存续有帮助。[3]同时亦有学者提出：记录的目的在于建立保护和进行研究，并不会导致传统非遗的僵化；[4]建档保存只是促进保护和传播的辅助措施，人们并不会完全按照目录清单或记录影像进行现实生活实践。[5]

（三）对如何做好非遗记录的思考

Susan Keitumetse从《保护非物质文化遗产公约》提出的保护框架措施出发，在其研究中以案例的形式，指出应加强非遗建档记录形成过程中的质量控制，并提出了三个问题：①非遗记录是否能够代表该非遗项目的原生文化要素？②应如何鉴别已有的非遗档案，并确保档案的原始真实性？③应如何确保参与者持续开展非遗建档记录工作的持续性，并保证非

[1] Vacca F . Knowledge in Memory: Corporate and Museum Archives[J]. Fashion Practice, 2014, 6（2）: 273-288.

[2] Cantillon Z, Baker S, Buttigieg B. Queering the community music archive[J]. Australian Feminist Studies, 2017, 32（91-92）: 41-57.

[3] Keitumetse S. UNESCO 2003 convention on intangible heritage: Practical implications for heritage management approaches in Africa[J]. The South African Archaeological Bulletin, 2006: 166-171.

[4] Demotte R. National Policies Concerning Intangible Cultural Heritage: the example of Belgium's French community[J]. Museum International. 2004; 56（1/2）: 174-179.

[5] Jeffery L, Rotter R. Safeguarding sega: transmission, inscription, and appropriation of Chagossian intangible cultural heritage[J]. International Journal of Heritage Studies. 2019; 25（10）: 1020-1033.

遗原生或实践群体的参与度。[1]Khan MP指出联合国2016年的缔约国阶段性报告中描述了负责收集或持有非遗项目记录的各类机构，包括博物馆、档案馆、图书馆、美术馆、政府研究机构和各类文化组织等，这些机构负责非遗记录的收集、分类、描述、存储和保存，并向公众提供参考服务。然而这项非遗记录保存工作至今未有统一的、整体性的记录和保管方法作为指导，联合国教科文组织也未能就非遗记录和收集方法和程序提供协议倡议。[2]还有学者指出，非遗的识别和记录难度大，文化特色鲜明，需要一套独立的方法，要求有了解该非遗项目的专业人员的干预和审查，同时有非遗本土群体和实践者的参与，他们决定了什么样的习俗才是其文化遗产的真正组成部分。[3]Mingon McArthur指出保存"无形"文化不仅需要记录表现形式，更重要的是记录非遗艺术所得以产生的文化生态，尤其是艺术表现中体现的对自然、社会和世界的动态共情。[4]Vijayah TA 指出只有在非遗实践群体的世界观下形成的非遗记录，才能更好地传承到下一代，脱离原始生态环境的世界观和文化精神的非遗记录已经失去了其存在的意义。[5]Luíseach Nic Eoin尖锐地指出，即使有很多欠发达国家不存在建档记录的条件和能力，即使非遗勉强得以"记录"，由于缺乏博物馆和档案馆专业人员的支持，民众信息素养低、互联网和通信基础设施落后等原因，无法起到传播和传承的目的，从而也无法起到"保护"非遗的作用，带来

[1] Keitumetse S. UNESCO 2003 convention on intangible heritage：Practical implications for heritage management approaches in Africa[J]. The South African Archaeological Bulletin，2006：166-171.

[2] Khan M P，Aziz A A， Daud K . Documentation Strategy for Intangible Cultural Heritage（ICH）in Cultural Heritage Institutions：Mak Yong Performing Art Collection：7th International Conference, EuroMed 2018, Nicosia, Cyprus, October 29–November 3, 2018, Proceedings, Part I[M]. 2018.

[3] Alakus M . Protecting culture and civilization：indexing world heritage[J]. The Indexer The International Journal of Indexing, 2017, 35（2）：80-85.

[4] Mingon M H，J Sutton. Why Robots Can't Haka：Skilled Performance and Embodied Knowledge in the Māori Haka[J]. Synthese, 2021（4）.

[5] Vijayah T . Digitizing worldviews and intangible cultural heritages[J]. Fourth World Journal, 2011, 10（2）.

的是记录保存和利用的新问题和新负担。[1]

（四）非遗档案组织整理与保存管理

该部分的研究主要关注非遗档案的著录编目和长期保存问题。Huebner S以澳大利亚墨尔本大学档案馆的民俗档案整理为例，指出传统形式下的档案著录方式并不适合具有强文化属性的非遗档案资料，该档案馆借助了民俗领域的"文化遣返"理念，将民俗档案数字化后返还给原住民，结合原住民的身份和文化认同叙事，在著录中加入该非遗档案资料得以产生的社会环境，反映土著民族的身份和价值观解读。[2]Wijesundara C和Shigeo Sugimoto提出了一种数字环境文化遗产元数据模型，该模型适用于涵盖多元文化和分散社区的数字档案馆藏资源，能够聚合不同来源的元数据。该模型清楚区分了非物质文化遗产实体及其实例，能够标识元数据与元数据描述的实体之间的关系，并进一步支持基于Web的数字文化遗产档案馆建模。[3]Alakus M在图书馆和档案馆书籍及文件编目方法的基础上，结合画廊和博物馆中实物的元数据编目方法，提出了对有形和无形文化遗产进行编目的思路，并以文物建筑、文化栖息地和社区为对象进行了举例。[4]长期保存问题主要体现为对历史录音录像等传统声像档案资料的保存管理问题。Bressan F指出非遗领域早期录制形成的声像档案，其数字化、修复和保管已经成为亟待解决的大问题，但目前尚未有统一的操作标准。作者建议在非遗保护和档案领域展开合作，建立受损磁带安全恢复的科学协议机制。[5]

[1] Eoin L N, King R . How to develop Intangible Heritage: the case of Metolong Dam, Lesotho [J]. World Archaeology, 2013, 45 (4): 653-669.

[2] Huebner S, Marr S . Between Policy and Practice: Archival Descriptions, Digital Returns and a Place for Coalescing Narratives [J]. Archives and manuscripts, 2019, 47 (1): 113-130.

[3] Wijesundara C, Sugimoto S . Metadata Model for Organizing Digital Archives of Tangible and Intangible Cultural Heritage, and Linking Cultural Heritage Information in Digital Space [J]. LIBRES: Library and Information Science Research Electronic Journal, 2018, 28.

[4] Alakus M . Protecting culture and civilization: indexing world heritage [J]. The Indexer The International Journal of Indexing, 2017, 35 (2): 80-85. 6

[5] Bressan F, Bertani R, Furlan C, et al. An ATR-FTIR and ESEM study on magnetic tapes for the assessment of the degradation of historical audio recordings [J]. Journal of Cultural Heritage, 2016.

（五）数字技术在非遗档案资源建设中的应用

数字技术在非遗档案资源建设中的应用研究主要体现在记录方式、收集方法、信息组织、资源开发利用和数据资源库建设等五个方面，集中在以项目形式进行的实践探索案例中。

在记录方式方面，M Katayam（2005）介绍了用于日本传统表演艺术建档保存的3D视频系统。[1]当前以多媒体技术为主体的数字化记录是非遗记录实践的主流，然而值得注意的是，AI、虚拟现实等新兴技术也已开始进入非遗记录领域，这类新兴技术可以实现非遗实践的全程复原。尽管学界对于其应用的文化价值仍存在质疑，但也不得不承认这类技术正在一定程度上颠覆以"文字"和"影像"为主要手段的传统记录方式。例如，Choi T利用新颖的多传感器采集系统，可以记录传统韩国绘画作品的全过程，在非遗传承人缺失的情况下可以自主绘制传统绘画作品；[2]新西兰曾提出"哈卡机器人"的提案，在该提案中机器人可以复制毛利土著人的传统哈卡舞表演。[3]

在收集方法方面，Pietrobrun S以土耳其的非遗Mevlevi Sema仪式为例，探讨了利用Youtube社交媒体生产数字非遗档案的实践。[4]Namono展示了使用数字技术对非洲故事、歌曲、舞蹈和诗歌等口头非遗进行收集的案例[5]。

在信息组织方面，Ziku M提出了利用语义信息进行非遗数字记录的应用框架，分析了该框架与已有数字遗产进行数据链接的概念模型、工作方

[1] Katayma M. A 3D video system for archiving of Japanese traditional performing art[J]. Proc. IDW/AD'05, Dec. , 2005.

[2] Choi T, Jung S, Choi Y S, et al. Acquisition System Based on Multisensors for Preserving Traditional Korean Painting[J]. Sensors（Basel, Switzerland）, 2019, 19（19）.

[3] Mingon M H, J Sutton. Why Robots Can't Haka: Skilled Performance and Embodied Knowledge in the Māori Haka[J]. Synthese, 2021（4）.

[4] Pietrobruno, S. You Tube and the social archiving of intangible heritage[J]. New Media & Society. Dec. 2013: 1259-1276.

[5] Namono C. Digital technology and a community framework for heritage rock art tourism, Makgabeng Plateau, South Africa[J]. African Archaeological Review, 2018, 35（2）: 269-284.

式和元数据模式。[1]

在资源开发利用方面，Ott M设计了一款以"技术增强学习"为核心的Web工具，以支持非遗活动在数字化记录、教学活动和创新学习上的一体化协作，目的在于用技术方法和工具促进非遗教育；[2]G. Cozzani（2017）以欧共体支持的iTreasure项目为例，分析了现代技术发展对非遗保护与教育的影响；[3]Tamborrio R（2017）认为非遗档案需要通过干预和灵活运用才能由静态转为活态，他在努比亚寺庙的数字化再现案例中，提出可以在文化遗产的数字3D显像中将图书馆和档案馆里的静态档案信息整合起来，通过数字显像整合融合不同类型的多样化信息，解释和展现静态的文献、照片和口述历史，同时实现新的数字归档。因为这种方式能够充分展现文化遗产所处的文化和政治环境，体现非物质文化环境和文化空间，从而达到文化传承的目的；[4]Mah OBP介绍了新加坡华人庙宇遗址虚拟游览的案例，该项目不仅记录了庙宇文化遗址的有形物理结构，还与遗产管理部门的人员和新加坡国家档案馆合作，将文化遗产的非物质元素纳入了统一界面，在虚拟游览中保留了文化遗产所在地的非物质历史和社会文化信息。[5]

在数据资源库建设方面，相关研究主要分为两类：一类是对资源库建

---

[1] Mah O, Yan Y, Tan J, et al. Generating a virtual tour for the preservation of the （in）tangible cultural heritage of Tampines Chinese Temple in Singapore［J］. Journal of Cultural Heritage, 2019, 39.

[2] Ott M, Dagnino F M, Pozzi F. Intangible cultural heritage：Towards collaborative planning of educational interventions［J］. Computers in Human Behavior, 2015, 51：1314-1319

[3] Cozzani G, Pozzi F, Dagnino F M, et al. Innovative technologies for intangible cultural heritage education and preservation：the case of i-Treasures［J］. Personal and Ubiquitous Computing, 2017, 21（2）：253-265.

[4] Tamborrino R, Wendrich W . Cultural heritage in context：the temples of Nubia, digital technologies and the future of conservation［J］. Journal of the Institute of Conservation, 2017, 40（2）：1-26.

[5] Mariana Ziku. Digital Cultural Heritage and Linked Data：Semantically-informed conceptualisations and practices with a focus on intangible cultural heritage［J］. LIBER Quarterly, 2020, 30（1）.

设模式的介绍和思考，例如Dibeltulo S提出了构建以用户自生内容为主的网络非遗资源汇集平台思路；[1]澳大利亚图书馆和博物馆使用Flickr网站传播非遗馆藏，使得民众可以在线获取和利用非遗档案[2]；土耳其伊斯坦布尔的Soundscape项目向公众收集与当地文化有关的以日常生活文化和传统为主体的声音元素，形成非遗声音记忆库[3]；英国的黑人舞蹈档案研究项目汇集了20世纪后期的黑人舞蹈档案资料，这些资料记录了英国黑人艺术家的舞蹈创作和表演活动，但却分散在不同的机构。该项目从被记录者（黑人舞蹈艺术家）的角度展示了非遗档案记录、收集和保存的必要性，采集补充性口述加强对档案来源和环境的描述，同时提出运用中心网站的形式链接不同来源的档案资源，形成虚拟资源中心的想法[4]。另一类侧重对数据库相关技术的应用，例如，Meder T介绍了荷兰民间故事数据库作为档案资源和研究工具的双重意义，通过机器学习探索元数据自主标引和主题分类；[5]Pietrobruno S介绍了联合国将非遗视频存储在Youtube上进行保存的做法；[6]同时提出由用户自发上传的非遗视频通过算法聚合形成视频清单，这一形式也可视作新的资源存档类型，并且可以防止非遗记录形式的固化，不断丰富非遗档案资源内容。[7]

[1]　Silvia D， Sarah C， Daniela T G . Bridging the digital divide：Older adults' engagement with online cinema heritage［J］. Digital Scholarship in the Humanities, 2019（4）：4.

[2]　Cristina GarduÃ. Photosharing on Flickr：intangible heritage and emergent publics［J］. International Journal of Heritage Studies, 2010, 16（4-5）：352-368.

[3]　Yelmi P. Protecting contemporary cultural soundscapes as intangible cultural heritage：sounds of Istanbul［J］. International Journal of Heritage Studies, 2016, 22（4）：302-311.

[4]　Carr J， Baddoo D . Dance, Diaspora and the Role of the Archives：A Dialogic Reflection upon the Black Dance Archives Project （UK）［J］. Dance Research, 2020, 38（1）：65-81.

[5]　Meder T, Karsdorp F, Nguyen D, et al. Automatic enrichment and classification of folktales in the Dutch folktale database［J］. The Journal of American Folklore, 2016, 129（511）：78-96.

[6]　Pietrobruno, S. YouTube and the social archiving of intangible heritage［J］. New Media & Society, 2013, 15（8）：1259-1276.

[7]　Pietrobruno, Sheenagh. Between narratives and lists：performing digital intangible heritage through global media［J］. International Journal of Heritage Studies, 2014, 20（7-8）：742-759.

（六）非遗档案建设的相关主体与跨领域合作

国外非遗档案的记录和保存主体在实践中呈现出多样化的态势。博物馆由于其长期以来在文化领域的先锋作用，成为非遗档案资料的主要持有者。尤其在欧洲文化中，许多文化历史博物馆将自己定位为辩论和解决当前社会和政治问题的场所。因此，这些博物馆长期关注少数群体的生活轨迹、特殊知识和文化记忆，为非遗记录和档案留存奠定了良好的基础。[1]Tom G. Svensson认为博物馆作为非遗档案展示主要场所，有责任参与到非遗档案资源的记录和收集中。一些民俗研究机构通常也设有文献中心，负责开展非遗历史文献资料的收集，并组织或资助非遗记录项目，例如埃及建立的"文化和自然遗产记录中心"[2]。有研究学者指出非遗档案资源建设应覆盖更多地参与主体，传统的博物馆、保护中心和研究学会担负着非遗档案的历史"库存"以及整理编辑任务，但以传承为目的非遗建档和保存还应有非遗所在地的社区和民众的参与。[3]这一观点在各地区的非遗保护实践案例中也得到了印证，例如马来西亚乔治亚城非遗保护项目中通过鼓励非遗群体开展非遗口述档案采集，提高了公众的非遗保护意识[4]；Baron R探索了多个社区和民俗节日自我记录项目，证明了对话式公共民俗实践的积极意义。[5]然而遗憾的是，传统档案部门，包括公共档案馆和档案工作者，在参与主体的学术讨论中并未受到较多关注。Tamborrino R认为未来的文化遗产保护中，需要将各类形式的遗产作为一个整体进行情

[1] Naguib S. Collecting Moments of Life. Museums and the Intangible Heritage of Migration [J]. Museum International. 2013；65（1-4）：77-86.

[2] Saleh F, Barakat H N . The Global Village of Heritage：the contribution of the Centre for Documentation of Cultural and Natural Heritage （CULTNAT）[J]. Museum International, 2005, 57（1-2）.

[3] Robertson, Màiri. ite Dachaidh：Reonnecting People with Place—Island Landscapes and Intangible Heritage [J]. International Journal of Heritage Studies, 2009, 15（2-3）：153-162.

[4] Initiating an Oral History Project in a Multicultural UNESCO World Heritage Site of George Town, Penang, Malaysia：Challenges and Outcomes [J]. Kajian Malaysia, 2016, 34（2）：123-143.

[5] Baron R. Public folklore dialogism and critical heritage studies [J]. International Journal of Heritage Studies, 2016, 22（8）：588.

景再现（包括物质的和非物质的），因而需要考古学家、历史学家和档案工作者的通力合作。[1]马来西亚在非遗建档记录和档案保存实践中践行了跨领域合作的理念，通过"国家蓝海战略"建立了非遗保护者沟通机制，能够允许博物馆、图书馆和档案馆的文献管理人员和技术工作人员之间进行经验交流和技能分享。[2]

（七）非遗档案文化遣返实践案例

"文化遣返"是近些年西方社会在文化研究领域提出的一个新概念，即将文化资料或物品返还给其得以产生的原始社区或群体，以支持其文化生态的维持、实现文化传统的延续。一些学者对此实践现象开展了案例研究。例如，挪威奥斯陆大学文化历史博物馆，将其馆中的各类非遗记录和照片材料返还给土著居民自己建立的博物馆；[3]美国的维尼亚德尔玛丰克博物馆将其收藏的复活节岛（Rapanui）的音乐唱片数字化，将录音归还原籍社区，并邀请当地居民一起参与录音资料的开发利用。[4]

1.2.2.3　国外非遗档案研究现状评价

国外英文文献中没有统一的"非遗档案"的专门说法，而更多是从非遗文件或文献、记录的角度来进行切入，其概念相对比较模糊，研究或实践主体也更为多元化。另外，主要由非官方力量来组织开展非遗档案工作，重视非遗实践社群在非遗档案工作中的作用，是目前研究文献中呈现出的国外相关领域实践的两大特点。

---

[1] Tamborrino R，Wendrich W . Cultural heritage in context: the temples of Nubia, digital technologies and the future of conservation [J]. Journal of the Institute of Conservation, 2017, 40（2）: 1-26.

[2] Khan M P, Abdul Aziz A, Mat Daud K A. Documentation of Intangible Cultural Heritage（ICH）: Mak Yong Performing Art Collection [J]. Journal of Information and Knowledge Management（JIKM），2018, 8（1）: 1-18.

[3] Svensson T G. On Craft and Art: Some Thoughts on Repatriation and Collecting Policy—The Case of Collections at the Museum of Cultural History, University of Oslo [J]. Visual Anthropology, 2015, 28（4）: 324-335.

[4] Bendrups, Dan. Sound recordings and cultural heritage: the Fonck Museum, the Felbermayer collection, and its relevance to contemporary Easter Island culture [J]. International Journal of Heritage Studies, 2015, 21（2）: 166-176.

总的来说，国外非遗档案现有研究成果的数量较为有限，研究涉及的面虽然较广，但重点主要集中在以下两个方面：一是数字技术手段在非遗档案资源建设操作层面的应用，二是利用非遗档案构建文化记忆。或许是因为美英加澳等主要西方国家都未加入联合国的《保护非物质文化遗产公约》的原因，现有研究对非遗档案资源建设的公共治理和政策引导问题缺乏关注。在研究方法上，国外现有研究大部分都是围绕具体案例来展开分析的，基础理论性的研究则相对较少。

1.3　核心概念界定

对课题研究涉及的相关核心概念给予清楚的解释说明，不仅是开展具体研究的基础，亦是研究成果能够得以相互交流的前提。从课题名称上来看，本研究涉及的核心概念主要包括以下三个："非遗档案资源""非遗档案资源建设"和"引导策略"。

1.3.1　非遗档案资源

从词语的构成来看，"非遗档案资源"是由"非遗""档案""资源"三个名词词语以逐步递进方式构成的偏正结构词语，即以"资源"为中心词，"资源"的限定词为"非遗档案"，档案的限定词为"非遗"。因此，在对其概念做出解释时，需要首先从"非遗"开始。

"非遗"是"非物质文化遗产"的通用简称。从知识认识论意义上来讲，国际社会提出并使用"非物质文化遗产"概念在一定程度上受到了日本"无形文化财"这一概念的影响。1950年，日本在该国政府颁布的《文化财保护法》中首次提出了"无形文化财"的概念。[1]"非遗"这一概念在联合国层面从1972年最初提出动议，到逐步形成和最终确定，历时近30

---

[1]　日本. 文化财保护法.［EB/OL］.（1950）. https：//max. book118. com/html/2017/0605/111790601. shtm

年，其中的具体经历巴莫曲布嫫给予了细致的梳理。[1]2001年，联合国教科文组织在其第31届会员国大会中，以"非物质文化遗产"称谓正式代替了原来通常使用的"民间创作与民俗"概念。根据联合国教科文组织《保护非物质文化遗产公约》的界定，非物质文化遗产，即"指被各社区、群体，有时为个人，视为其文化遗产组成部分的各种社会实践、表演、表现形式、知识和技能以及有关的工具、实物、工艺品和文化场所"。[2]

在"非遗"概念出现以前，我国的研究者和官方正式文件中曾经使用过的相关概念主要是"民族民间文化"或"民间文化"。2005年国务院发布了《关于加强我国非物质文化遗产保护工作的意见》，这是国内官方制度文件中第一次正式使用"非物质文化遗产"概念。2011年2月25日，我国第十一届全国人民代表大会常务委员会第十九次会议通过并颁布了《中华人民共和国非遗法》，该法规定"非物质文化遗产，是指各族人民世代相传并视为其文化遗产组成部分的各种传统文化表现形式，以及与传统文化表现形式相关的实物和场所"。[3]

目前无论是在法律政策层面，还是在学术研究领域，有关"非遗"概念的内涵界定问题已基本达成共识，本课题亦将使用我国法律中的相关表述作为"非物质文化遗产"概念的界定依据。需要特别说明的是，很多研究将"非遗"等同于纳入各级政府非遗代表性名录体系的项目，这种理解在逻辑上显然与此界定之间是有偏差的。

非遗档案，从字面上讲，就是指与非物质文化遗产有关的档案。有关非遗档案的概念界定问题，前文在相关研究综述中曾提到过，学界目前并未达成统一的认识，且不同界定角度背后的理论基础亦尚未得到系统梳理，因此，本书后面将设专门的章节给予讨论。

非遗档案与非遗档案资源的关系，其实就是档案与档案资源的关系。

[1] 巴莫曲布嫫. 非物质文化遗产：从概念到实践[J]. 民族艺术，2008（01）：6-17.

[2] 联合国教育、科学及文化组织. 保护世界文化和自然遗产公约[EB/OL]. （1972-10-17）https：//whc. unesco. org/archive/convention-ch. pdf

[3] 中华人民共和国第十一届全国人民代表大会常务委员会第十九次会议. 中华人民共和国非物质遗产法[EB/OL]. （2011-02-25）http：//www. npc. gov. cn/zgrdw/huiyi/lfzt/fwzwhycbhf/2011-05/10/content_1729844. htm

从具体所指的对象来看，档案与档案资源几乎可以直接画等号，而从所包含信息内容来看，两者更是完全一样。从档案到档案资源，体现的是视角上的转变。"资源"原本属于经济学领域的词汇，它包含了从开发利用角度所进行的价值判断，是一个从利用者视角出发形成的概念。而另一方面，"资源"价值的发挥即对利用者主观需求的满足，必须以其资源所指对象之客观属性为基础，比如，人们对水资源的利用要以水的客观属性为基础。因此，"非遗档案"与"非遗档案资源"两者相比，前者体现的是"非遗档案"概念自身的独特属性，后者突出的则是对"非遗档案"之有用性的价值追求。

1.3.2 非遗档案资源建设

按照汉语词典的解释，"建设"的基本含义就是"创建事业或增添新设施"。从词组结构关系来看，"非遗档案资源建设"同样属于偏正结构，其中心词为"建设"，限定词为"非遗档案资源"，二者之间存在着动宾关系，即"非遗档案资源"是"建设"行为指向的对象和目标。根据前文对非遗档案与非遗档案资源两者关系的解释，本研究之所以选择使用"非遗档案资源"一词，就是想强调"建设"的目的及其所包含的价值追求。

本课题研究所指的非遗档案资源建设，包括"非遗建档"和"非遗档案保管"两个相互关联且各自相对独立的内容。建档，通常被认为与"立档"的含义基本一致，都是指"建立档案"，两者亦可被视为"建立档案"的简称。因此，"非遗建档"就是指为非遗建立档案，非遗档案则是非遗建档工作的成果。而"非遗档案保管"是指在非遗建档工作的基础上，对非遗建档工作的成果，即非遗档案进行保管。从资源建设目的视角来看，"非遗建档"工作所形成的非遗档案应该是对非遗真实、全面、系统的记录，并从方便利用的角度经过分类和编目的；"非遗档案保管"，即使非遗档案得到长期安全妥善的保存。"非遗建档"与"非遗档案保管"，不仅在专业工作性质上完全不同，而且在生产、消费和需求等方面的特性上也有着巨大差别，因此需要进行区别对待。

"非遗建档"与"非遗档案保管"虽然存在相对独立性，但二者对于实现非遗档案资源建设之最终目的——使非遗档案成为促进我国社会经济文化繁荣发展的重要战略资源——而言，是缺一不可的。其中"非遗建档"是"非遗档案保管"的前提基础，没有"非遗建档"，"非遗档案保管"的开展就是"无源之水，无本之木"。"非遗档案保管"是"非遗建档"成为长期可用资源的根本保障，没有"非遗档案保管"，"非遗建档"的成果很快会"消失殆尽"。

1.3.3 引导策略

本课题研究所称"引导策略"包含的两个词语中，"引导"为限定词，限定的是策略的性质和目的；"策略"为中心词，是指利用"政策工具"实现目的的"方式或方法"。这里的"政策工具"，是一种较为广义含义上的"公共政策"，泛指政府为解决公共事务而制定的行动方案与行为规则。

因此，所谓"引导策略"，从基本含义上来说，即指利用政策工具所包含的激励机制，引导各相关主体的行为选择，以实现公共事务有效治理的方式或方法；从具体表现形式上来说，则是适宜的政策工具组合方案。

1.4 研究目的与内容

基于国内外研究现状的不足以及我国相关实践的现实需要，本课题研究的目的旨在综合档案学、非物质文化遗产学、公共管理学等相关学科理论，立足我国本土化实践，将关注的焦点放在影响非遗档案资源建设主体行为选择的制度建构层面，既重视理论的分析与探讨，又强调案例的实证与检验，并在两方面研究的基础上提出非遗档案资源建设引导策略方案，以期为我国非遗档案资源建设的治理结构与体制建设提供有益的理论支持和实践指导。

具体来说，本课题研究主要包括以下七个方面的内容。

第一，分析非遗档案的特点及非遗档案资源建设的工作内容和理论基础。应用档案学和非物质文化遗产学相关理论，对非遗档案概念的内涵与外延的界定问题进行深入探讨，区分非遗本体档案与非遗业务档案，并总结其各自的特点；详细分析"非遗建档"与"非遗档案保管"的具体工作内容，以及它们与非遗保护、档案管理实践之间的互动关系；系统梳理非遗档案资源建设在档案学领域的理论基础。

第二，构建非遗档案资源建设合作治理结构分析框架。从公共管理的视角来看，"非遗档案资源建设"可被视为"相关主体为社会需要而提供的服务"，因此，如何使"'非遗档案资源建设'满足非遗信息得以及时记录、系统整理与妥善保管的现实需要问题"，实际上就是"如何针对现实需要，使'非遗档案资源建设'这类服务能够得到有效供给的公共治理问题"。课题的这一部分将应用公共管理学科相关理论，借鉴埃莉诺·奥斯特罗姆的制度分析与发展框架建构思路，按照外部治理条件、内部治理结构、治理结果与评估准则四个维度来构建非遗档案资源建设合作治理分析框架，厘清与"非遗档案资源建设"有效供给相关的影响因素，及其它们之间的相互关系。

第三，分析非遗档案资源建设在自然状态下的治理需求。非遗档案资源建设在自然状态下的治理需求，主要取决于在不考虑外部正式制度安排，也不考虑社会资本之影响的情况下，其在生产、消费、需求以及外部性等方面的公共问题基本特性。这一部分将以所构建的合作治理分析框架为基础，根据非遗建档与非遗档案保管各自的具体工作内容，分别分析其在生产、消费、需求及外部性等方面的特性，并以分析结果为基础，以有效治理为目标，探讨公共问题基本特性视角下对非遗档案资源建设之生产和供给制度安排的治理需求。

第四，确定我国目前非遗档案资源建设的现实治理结构。课题的这一部分将首先对我国在非遗档案资源建设方面现有的正式制度安排进行详细的梳理；其次以非遗档案资源建设合作治理分析框架为依据，深入探讨在加入外部正式制度安排这一影响变量后，我国非遗档案资源建设各相关主体之间的现实治理结构；最后根据该治理结构对治理结果进行理论上的分析预测。

第五，调研我国非遗档案资源建设的实际治理结果，并将其与预测结果进行对比。这一部分的调研将分国家、地方和代表性项目案例三个层面，分别对应宏观、中观和微观三种视角，调研的重点内容是相关主体的实际参与情况与非遗档案资源建设的成果情况。

第六，总结国外非遗档案资源建设相关治理经验。选择在非遗保护实践方面具有一定代表性的国家，包括日本、马来西亚、法国、英国、美国等，阐述其非遗保护现状及运作机制，对其非遗保护法律制度、运行机制、非遗档案资源建设治理现状和经典案例进行综合分析，总结其在非遗档案资源治理中的经验和教训，以期为我国非遗档案资源建设政策引导策略方案的设计提供重要参考借鉴。

第七，提出基于合作治理的非遗档案资源建设引导策略方案。在综合前面各部分研究结果的基础上，以合作治理分析框架为依据，以公共问题特性之治理需求为逻辑起点，以基于合作治理理念的评估准则为原则，以充分发挥非遗档案资源建设治理相关主体的力量为主旨，结合现实治理结构关系与治理结果的局限性，考虑非遗档案资源建设与非遗传承、非遗保护与档案管理实践等其他工作内容的生态关系，提出以相关政策工具组合为主要内容的非遗档案资源建设引导策略方案设计建议。

1.5　研究思路与方法

本课题遵循"框架构建"→"实证分析"→"借鉴他国经验"→"对策研究"的逻辑思路，在将公共管理领域的合作治理等理论引入档案学与非物质文化遗产学交叉研究领域的基础上，首先以理性自利人假设为前提，在借鉴制度分析与发展框架的基础上，构建非遗档案资源建设合作治理分析框架，并对非遗档案资源建设在自然状态下的治理需求进行分析；其次，根据分析框架中的变量关系，收集我国非遗档案资源建设相关正式制度安排数据，确定非遗档案资源建设的现实治理结构，以其为基础预测治理结果，并收集实际治理结果数据对其进行实证检验；再次，选择代表性国家对国外非遗档案资源建设治理的经验和教训进行总结；最后，以合作治理分析框架的评估准则与现实之间的差异为依据，并在借鉴他国经验的基础上开展对策研究，设计引导策略方案。

在研究方法方面，本课题主要采用了概念框架构建、文献研究、理论推演、实地调研、专家访谈、案例分析、比较研究和政策分析等研究方法。研究思路、内容与方法之间的具体对应关系详见图1-3。

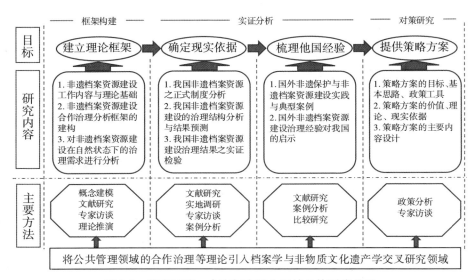

图 1-3　研究思路、内容与方法之间的具体对应关系

1.6　研究创新

由于非遗档案资源建设属于公共文化事务范畴，具有主体多元且错综复杂的特性，根据目前国内外的相关研究进展与我国实践领域的现实需求，本课题将研究焦点放在非遗档案资源建设相关引导政策的设计策略上，以公共管理的"合作治理""制度分析与发展"等理论为重要分析工具，综合运用档案学、非物质文化遗产学相关理论开展研究。本研究在学术层面上通过构建基于合作治理的非遗档案资源建设分析框架，阐明非遗档案资源建设的影响因素及其发展规律，能从更广阔的角度拓展、完善和丰富非物质文化遗产学与档案学相关理论；在应用层面上，可为我国国家及地方开展非遗档案资源建设工作提供实践指导和决策依据，通过非遗档案资源建设相关政策的设计与实施，从长效机制角度引导解决非遗信息完整记录与妥善留存问题，促使非遗档案成为我国社会经济文化繁荣发展的重要战略资源。

2　非遗档案资源建设的工作内容与理论基础

　　由于非遗档案资源建设的工作对象是非遗档案，分析非遗档案资源建设的具体工作内容，首先要了解非遗档案，因此，本章的讨论将从非遗档案概念及其特点着手展开。除此之外，本章还将对非遗档案资源建设的理论基础进行重点分析。

2.1　非遗档案概念及其特点

　　内涵与外延，是同一概念两个密切关联的方面，其中内涵是指概念所概括的思维对象本质特有的属性的总和；外延则是所概括的思维对象的数量或者范围。一般来讲，科学研究中所说的对某一个概念下定义，通常就是指用适当的语言来表述该概念的内涵。

2.1.1　非遗档案概念的内涵

　　从词语结构关系来看，非遗档案为偏正词组，其中档案为中心词，非遗为限定词，非遗档案属于档案的一种类型。因此，从理论上来说，可以将非遗档案界定为与非遗相关的档案。当然，这种界定方法的前提是，有关档案含义的理解是统一的、获得公认的、且适于非遗的。

　　有关档案的定义数量多达数百种，但人们对其基本的含义已大致形成了较为稳定统一的意见。下面，笔者将以现在最为通用的两个定义为例展开分析。

在国家档案局2000年12月发布的《档案工作基本术语》中，档案被表述为："国家机构，社会组织或个人在社会活动中直接形成的有价值的各种形式的历史记录。"[1]

冯慧玲教授在专业教材《档案学概论》（2006年第二版）中给档案下的定义是："档案是组织或个人在以往的社会实践活动中直接形成的清晰的、确定的、具有原始记录作用的固化信息。"[2]

这两个定义前者来自档案实践界的行业标准，后者来自档案专业高等教育的经典教材。从具体文字表述来看，两个定义主要有三处不同，最大的不同在于：前者中的"有价值的记录"，在后者中的对应表述为"清晰的、确定的、具有原始记录作用的固化信息"。从这一处不同可以看出，后一定义突出了档案的信息属性，明确了该类信息的存在形式要求，即清晰的、确定的、固化信息，以及档案的核心功能特性，即具有原始记录作用。而这一核心功能特性正是档案"有价值"的基础。

第二处不同是在有关形成主体的表达上，前者用的是"国家机构、社会组织或个人"，后者用的则是"组织或个人"。应该说，在组织层面，后者所包含的外延相对更广。因为"国家机构"和"社会组织"都属于组织的某种类型，但按照一般的字面意思来理解，它们并没有穷尽对所有组织类型的列举，至少私人企业没有被囊括其中，除非将"国家机构"和"社会组织"以二分法的方式对应理解为"政府组织"和"民间组织"，当然，这种理解颇有些牵强。另外，需要特别说明的是，我国档案实践领域的"根本大法"《中华人民共和国档案法》（简称《档案法》），从1987年到现在经历了3次修订，共有1987、1996、2016、2020年四个版本。对比四个版本有关档案的界定，可以看出，《档案工作基本术语》对档案形成主体的界定与前三版《档案法》的表述完全相同。直到2020年6月，新修订的《档案法》才将档案形成主体之"组织"的表述修订为"机关、团体、企业事业单位和其他组织"，显而易见，这一表述在我国本土化实践

[1] 国家档案局. DA/T1-2000档案工作基本术语. 2000.

[2] 冯惠玲, 张辑哲. 档案学概论［M］. 中国人民大学出版社, 2006.

的基础上，对"组织"类型给予了逻辑上相对更为周延的列举，也就是说实践行业领域有关档案形成主体的界定，已基本接近经典教材中的概念定义。

最后一处不同是，后者用"在以往的社会实践活动中"来强调档案所记录内容的历史性，前者直接使用的是"历史记录"一词。不过，从语义上来说，社会实践活动发生后，就自然变成"以往"了，不强调"以往"并不会改变档案所记录内容的历史性。

总的来说，上述来自实践行业标准和来自高校经典教材的两种档案定义，其大致结构与基本含义是相同的，都指出了档案的形成主体、形成过程与形成结果的价值，并且都特别强调了档案是在"社会活动中直接形成的"。这种"在社会活动中直接形成"，通常被认为是档案拥有"原始记录性"的保证，被视为档案之所以区别于其他类别资料或信息的"本质属性"。两者的区别主要在于经典教材的概念定义，强调了档案的信息属性，且更具有学术严谨性。由此可见，有关档案的通用定义符合前面所说的统一性和公认性。那么通用定义是否适宜非遗呢？

若将"非遗"直接套入经典教材的通用定义之中，即用非遗活动替换社会活动，便可得到非遗档案的定义，即"非遗档案是组织或个人在非遗实践活动中直接形成的清晰的、确定的、具有原始记录作用的固化信息。"课题组认为该定义是适宜的，同时也相信它必然会带来一定的争议。争议的焦点就是对"直接形成"的强调。因为如果将"直接形成"理解为"在无意识状态下自然形成"，那么"档案"就成了"非遗实践活动的副产品"，那么该定义所指向的非遗档案，显然与基于非遗建档目的而希望产生的结果之间存在很大的差距。根据前文的论证，非遗建档的目的是通过将非遗实践所包含的重要信息全面、真实地固化于某一物质载体，以实现其有效保存。而绝大多数非遗具有口传心授的特点，在实践活动中自然形成的"副产品"少之又少。与此同时，缺乏清晰、确定且固化的记录，正是很多非遗项目由于活态传承环境恶劣，现存传承人年事已高，面临"人亡技失"巨大风险的原因。

事实上，很多时候档案的形成都是有意识安排，并投入成本、付诸行动的结果，同时也是以一定的信息技术条件为基础，尤其是当人们以清晰、确定且固化的完整记录来作为档案之判断依据时。既然如此，那为什么还是有很多人会将"档案"理解为"无意识状态下自然形成的副产品"呢？其原因可能主要是持此论断者观察到的档案外延范围过窄，即将档案等同于文书档案的缘故。而使人们将档案管理的对象窄化为文书档案的原因则主要有两个方面：一是由于文书工作是正式组织实施行政管理的重要手段，因此，文书档案的形成通常不需要"有意识的安排"。二是受档案管理工作实操影响的结果，很长一段时间以来，档案管理部门所收集的档案种类主要为文书档案。

当然，并非所有类型档案的情况都是如此。霍振礼在全国第二次档案学术讨论会上所提交的论文《论建档管理》中，就以科技档案为例，否定了档案的"自然形成论"，其论据是"（科技）建档工作与现行（研究）任务对科技文件材料的形成、积累工作的要求不完全相同。"[1]由此可见，理论上，只有当建档所需要的记录信息，与开展实践活动所必须依赖的文件材料大致等同时，档案的"自然形成论"才成立。

综上所述，课题组认为，可以以档案的通用定义来帮助界定"非遗档案"，但需要特别指出"直接形成"并非指"自然形成"，而是强调"在非遗实践活动过程中形成"，不仅如此，相对于一般的档案而言，非遗档案的"直接形成"需要更多有意识的、投入成本、付诸行动的安排，这正是非遗建档需要解决的问题。

2.1.2　非遗档案概念的外延

虽然概念的内涵界定能够揭示某一类事物最本质的特点，但对于实践工作而言，明确地指出外延往往更具有指导意义，因为内涵毕竟是抽象的，外延才是在现实社会中可被观察到的。这也是为什么实证性的社会研究中，在满足内涵的前提下，从外延的角度进行概念界定亦极为关键的原因。这种概念的界定方法，通常被称为"概念的操作化定义"。需要特别

[1]　霍振礼.论建档管理［J］.档案学通讯，1985（03）：23-31.

指出的是，由于现实与理论之间通常存在差距，从外延角度所做的操作化定义，对所有符合内涵之事物的覆盖比例可能不是100%，而只是在功能方面符合操作需要的一个较高的比例。在本课题中，非遗指的是一个个具体的非遗项目，非遗档案则指的是具体非遗项目的档案，换句话说，非遗档案是以具体项目为中心的。

根据前文的讨论，非遗档案的内涵可被界定为"组织或个人在以往的非遗实践活动中直接形成的清晰的、确定的、具有原始记录作用的固化信息"。因此，不同类别的非遗实践活动可作为外延界定的依据。在没有外在主体介入的情况下，非遗实践活动其实是非遗项目所属实践社群社会生活的一部分，非遗档案就是指对具体非遗项目实践活动的记录；另外，传承人虽然属于非遗实践群体中的成员，但鉴于其对于非遗传承、传播的极为特殊的重要地位，因此，可将传承人单列为一类档案，以收集其生平的有价值的材料，尤其是有关其掌握的非遗技艺、知识，创作的非遗作品，和从事非遗传承、传播活动的记录材料。为了将两者区分开，可把前者称为项目档案，后者称为传承人档案。由于这两类档案都来源于没有外在主体介入下的非遗实践活动，可将其统称为非遗本体档案。

在"非遗保护"被纳入政府公共管理职能的背景下，基于履行非遗保护管理职能而开展的相关工作，可被视为非遗实践活动的一种特殊类型，对这类管理实践活动的原始记录则可称为非遗业务档案。根据当前我国的非遗保护工作实践，非遗业务档案可分为项目管理档案与传承人管理档案两类，前者是指在非遗项目调查、申报、保护规划制定、实施等相关管理工作过程中形成的原始记录；后者则是指在非遗项目代表性传承人申报、承担义务与责任等相关管理工作过程中形成的原始记录。

综上所述，基于非遗建档目的之需要，课题组认为非遗档案的外延构成框架应该是：以具体的非遗项目为单位（或中心），每个具体项目的非遗档案分为本体档案与业务档案两大类，本体档案又可分为项目档案与传承人档案，业务档案分为项目管理档案与传承人管理档案。需要特别说明的是，这只是一个大致的逻辑思路框架，在实践中需根据情况和需要去符合具体项目的特点、方便操作，以及减少各类之间的重复，进行更深入的梳理和细化。根据这一外延结构框架，对于非遗档案资源建设之目的而言，本体档案显然才是最重要、最核心的内容。

2.1.3 非遗档案的特点

由于非遗档案是在通用档案定义基础上界定的，因此理论上，非遗档案具有所有档案的通用特点，如社会性，即记录的是社会实践活动的内容；历史性，即记录的是过去发生的事情；原始性，即在社会实践活动中形成；固化性，即信息被固化于一定载体之中等等。另外，亦有很多学者将系统性作为档案的特点，即能够全面反映被记录的对象，应该说这是档案全宗作为集合体在理想状态下的一种特性，也是非遗档案资源建设的目标。

对非遗档案特点的讨论，应是其作为新兴事物，相对于一般档案工作对象而言的。从逻辑上来讲，某种类型的档案特点必定在很大程度上与该类型档案所记录之实践活动的特点有关。因此，有关非遗档案之特点的分析，亦需要将本体档案与业务档案分开来进行。

2.1.3.1 非遗本体档案的特点

根据非遗本体档案所记录实践活动的特点，其特点可主要概括为以下四个方面：

（1）形成主体以非正式组织或个人为主。非遗本体档案的形成主体多数是非正式组织或个人，这与非遗实践活动的主体主要来自民间，与民间社会生活紧密相连，甚或是民间社会生活的有机组成部分相关。因为参与民间社会生活的主体主要是个人，或具有松散结构的社会群体，即非正式组织，而非分工明确、指挥链条清晰的正式组织。与正式组织相比，非正式组织中成员的行为选择更依赖于对心理需求的满足，其领导者的影响力更多来源于专业技术与人格魅力，且在数量上具有非确定性。

（2）在非遗实践活动中自然形成的比例非常低。非遗本体档案在实践活动中自然形成的比例非常低，这一方面与非遗主要以口传心授方式传承有关，另一方面也与其形成主体主要为个人或非正式组织有关。前者决定了在非遗实践活动中自然产生的固化信息记录是非常少的，后者则决定了其基于正式管理制度运作自然产生的文件资料也是很少的。

（3）档案的形式和载体种类丰富。非遗本体档案的形式既包括文字、图片、音视频，也包括多维模型和实物，其信息固化载体既包括传统的纸质、胶片，也包括数字媒介，使其形式和载体种类如此丰富的原因主要有二：一是被记录对象所包含信息的复杂性，使得单一形式或载体记录方式远不能满足其全面系统记录的需要；二是信息技术的发展使多方式和多载体的记录成为可能。

（4）实物档案在其中占据极为重要的地位。由于绝大多数的非遗实践活动都是依赖于一定的工具、器物甚或物质空间来开展，一些技艺型的非遗实践活动的结果本身就是有形的实物，因此，对于全面系统记录非遗而言，实物是非遗本体档案不可或缺的组成部分。

2.1.3.2 非遗业务档案的特点

由于非遗业务档案所记录的这类实践活动，发生在非遗项目实践社群及成员作为行政相对人与政府（或官方组织）作为行政行为实施者的互动过程中，因此，这类档案的主要特点有三：一是在形成过程中官方组织占据着主导地位；二是在管理实践活动中自然形成的比例非常高；三是在形式上的标准化程度相对比较高。其中第一个特点源自此类实践活动中行政相对人与行政行为实施者之间的互动地位；第二、三个特点均源自政府作为正式组织的运作特点有关。

2.2　非遗档案资源建设具体工作内容

很多时候，本课题会将非遗档案资源建设区分为"非遗建档"和"非遗档案保管"分别来展开讨论，之所以这样做的原因主要是基于以下两个方面：一方面是，将其区分为"非遗建档"和"非遗档案保管"不会遗漏非遗档案资源建设包含的工作内容，换句话说，也就是这两部分工作合起来就等同于非遗档案资源建设；另一方面是，"非遗建档"和"非遗档案保管"两者具有一定的相对独立性，并且这种相对独立性不仅体现在生产过程的专业分工上，还体现在工作结果上。"非遗建档"和"非遗档案保管"两者之间的相对独立性，虽然为区分两者提供了可能性，但两者之间的紧密联系，亦是展开分析的重要依据。

2.2.1 非遗建档的具体工作内容分析

非遗领域的相关法律文件中很多地方都提到了"立档""建档""建立档案"等名词。如，在联合国教科文组织通过的《保护非遗公约》中，"立档"被列为是确保非物质文化遗产生命力的各种措施之一。[1]2005年，我国国务院发布的《关于加强我国非遗保护工作的意见》中提出"要运用文字、录音、录像、数字化多媒体等各种方式，对非遗进行真实、系统和全面的记录，建立档案和数据库。"[2]2011年《非遗法》第三条明确规定"国家对非遗采取认定、记录、建档等措施予以保管。"[3]这些条文无疑意味着法律层面对"建档"于非遗保护之重要性的肯定。但另一方面，相关的法律条文并未对非遗建档的具体工作内容给予详细系统的论述。

非遗建档应该包括哪些工作内容呢？课题组认为，从"工作应以结果为导向，以现实为出发点"的视角来进行分析是最符合逻辑的，同时对结果的质量要求，亦应体现在工作要求的设计当中。

如前所述，从最终目的来看，非遗档案资源建设是为使非遗档案成为促进我国社会经济文化繁荣发展的重要战略资源服务的；因此，非遗档案资源建设的关键或是最终目的，应是获得处于方便开发与利用状态的非遗档案资源。非遗档案与非遗档案资源两个概念密切相关，其外延基本完全一致，"资源"二字之差，更多的是对"可用性状态"的强调，这种可用

---

[1] 联合国教育、科学及文化组织。保护非物质文化遗产公约［EB/OL］．（2003-12-08）. http: //www. ihchina. cn/zhengce_details/1166.

[2] 国务院办公厅. 关于加强我国非遗保护工作的意见［EB/OL］．（2005-08-15）. http: //www. gov. cn/zwgk/2005-08/15/content_21681. htm.

[3] 中华人民共和国第十一届全国人民代表大会常务委员会第十九次会议: 中华人民共和国非物质遗产法［EB/OL］．（2011-02-25）http: //www. npc. gov. cn/zgrdw/huiyi/lfzt/fwzwhycbhf/2011-05/10/content_1729844. htm.

性状态一方面表现在权限方面，应该是尽可能的开放；另一方面则表现在其特性信息的提炼著录与有序化整理方面，应该是尽可能方便被利用。

在经典的档案管理学教科书中，档案管理的具体业务工作，无论是简称的四分法之"收管存用"，还是更加详细的八大环节之"收集、鉴定、整理、保管、检索、编研、利用、统计"，其起始环节都是"收集"。由于"收集"工作需以相关资料已现实存在为基础，因此，这种以"收集"为起始环节的档案工作，其背后的理论基础就是"档案的自然形成论"，如前所述，这对于非遗业务档案而言是颇为合适——因为非遗业务档案所对应的原始记录是官方组织在履行相关行政职能时必不可少的文件资料，但对非遗本体档案而言，则在多数情况下是不合适的——因为"自然形成的比例非常低"正是非遗本体档案的主要特点之一。因此，非遗建档工作应该分本体档案和业务档案两种类型分别开展。

非遗本体档案的建档包括采集和收集，其中采集是针对未形成固化载体的非遗信息而言的，即，积极运用文字、录音、录像、数字多媒体等现代信息技术和其他手段，真实、全面、系统地记录非物质文化遗产及其相关实践活动；收集则是针对已形成的符合非遗档案定义的实物和资料而言的，即积极收集与非遗项目有关的实物与资料。

另一方面，由于我国非遗项目数量种类众多，不同项目的情况千差万别；且因为非遗实践活动的民间特征，即使是同一项目，采集与收集工作对象的情况也非常复杂。因此，从现实情况出发，调查，即实际了解具体非遗项目之本体档案工作的基础情况并制定采集和收集方案，应是非遗本体档案建档工作不可或缺的一项内容。

最后，非遗本体档案建档工作，还应包括资料的整理，即对所收集或采集的与非遗项目相关的固化信息按照一定规则进行分类排序编号等。从某种意义上来说，这也是促使非遗档案转变成非遗档案资源的重要一环。

需要特别说明的是，由于非遗以项目为基本单位，因此，在具体操作时，非遗建档工作实际应始于立项，即确定非遗建档工作的对象；这个立项，用档案学专业术语来描述，亦可称为以具体的某一项目为依据建立全宗。

综上所述，非遗本体档案建档的具体工作内容，根据其所发挥的功能来说，大致包括四个环节：立项、调查并制定方案、采集与收集、整理；每个环节，根据其实际情况，可能又包括若干更加具体的工作内容。基于非遗业务档案的特点，其建档工作所包含的内容则相对比较简单，在具体非遗项目已确定的情况下，就只有制定归档范围、收集与整理。另外，无论是非遗本体档案还是非遗业务档案，只要其所对应的实践活动没有终止，那么其收集、整理工作理论上就应该一直持续开展。

非遗本体档案建档具体工作内容所包含的四个环节，从简单的线性逻辑来看，在时间上存在着先后承接关系，即立项——调查并制定方案——采集与收集——整理，并且前一个环节是后一个环节的基础。但在实际操作过程中，四者的相互影响关系要更加密切，在时间上难以严格区分。虽然总体来说，所有的工作都始于立项，但为了提高工作效率或方便开展工作的需要，其中的几个环节可能会同时进行，甚或出现有的环节中部分的工作内容提前开展的情况：比如，可能会在采集或收集工作的过程中，收集到新的信息并因此修订原方案；或在采集或收集工作开始前，甚或在调查开始前，就根据理论上的相关研究成果建立起大致的分类整理框架，作为全宗内的档案分类体系，并以其作为调查工作的指导，等等。由于非遗业务档案的内容和形式相对标准化程度较高，因此，其收集工作更容易实现在分类整理框架指导下开展。

2.2.2 非遗档案保管的具体工作内容分析

非遗档案保管的直接目的，是对已建好的非遗档案，进行妥善保存与管理，以确保其在物理层面能够实现长期安全稳定，在信息层面处于可方便利用的状态。

非遗档案保管的具体工作内容都包括什么呢？根据前面所提到的结果导向与现实出发思路，课题组认为，它应该主要包括档案库房建设、入库工作、数字化、数据库建设、日常维护等五个方面。在非遗档案保管阶段，档案的形成过程不再是被重点考虑的影响因素。

档案库房建设，在现代档案工作背景下，包括实体档案库房与数字类型档案资源存储空间两个方面。毫无疑问，库房建设是为非遗档案提供长期安全存放环境最重要的工作内容之一。因为非遗档案的存放需要占用一定的物理空间，其中实体档案对空间的需求量尤甚于其他类型。并且出于安全存放的考虑，该物理空间还需要满足一定的条件。另外，各种载体档案的安全存放，以及与数字档案资源相关工作的开展，都需要相应的专业设备来保障。

档案入库工作按先后顺序可区分为两个阶段：第一个阶段是入库前的处理，主要包括两个层面：一是在物理层面上，要对所有即将进入档案库房的非遗档案及其载体情况，从档案保护的角度进行状态评估，比如是否需要进行修复，等等，并根据评估结果，采取相应的预处理工作，如除修复以外，还包括杀菌、除尘，等等。另一个是在信息层面上，要确定非遗档案信息的利用权限问题，也即明确哪些非遗档案信息属于完全开放，哪些仅对有限的群体开放，并且清楚界定有限群体的范围。

档案入库第二个阶段的工作，即将非遗档案放入库房中适宜的地点，并做好相关信息的登记。由于非遗档案的载体种类繁多，通常既有纸质的、数字的，又有实物的，甚或胶片的；这些不同载体的材料对长期安全保管的环境要求不一样，而实物档案的情况则更加复杂，其材质的不同，对保管环境的要求更是有众多的可能性，因此，需要在研究分析非遗档案各不同载体之物理特性的基础上，分门别类提供适宜的安全保管环境。

基于现代信息技术发展的现状与趋势，将非遗档案中非数字类型的部分，尤其是非遗本体档案中的非数字类型的部分，全部实现数字化，应该是非遗档案保管工作中必不可缺的一项工作内容。因为数字化既是一种珍贵档案信息的备份方式，同时也是非遗档案处于方便利用状态的基础。

将数据库建设也纳入非遗档案保管工作的原因，与数字化基本相同。但两者的工作内容和性质并不完全相同，数据库建设一方面相当于为原生数字和数字化的非遗档案提供数字存储空间，另一方面还要将非遗档案及数字化后形成的数字资源的属性信息纳入其中，构建数字平台和界面，以方便查询了解非遗档案的基本情况、保存状态、权限规定，在相应的权限规定范围内获取非遗档案信息。

最后，非遗档案保管还应该包括日常维护工作。非遗档案保管不存在一劳永逸的努力，无论是实体档案，数字档案，还是数据库，它们的长期安全保管都有赖于在科学方法指导下的日常维护工作的开展。另外，需要特别指出的是，现有的保护技术并不能解决所有的问题，日常维护所采取的措施或手段亦需随着时代发展变化而更新换代。

同非遗建档工作类似，非遗档案保管所包括的五个方面的具体工作内容，亦存在着一种时间上的线性逻辑关系，即档案库房建设——入库前的处理——数字化——数据库建设——日常维护，但其各自的工作内容相对要独立的多，几乎不太存在相互交叠、相互影响的情况。当然，如果把数据库建设中的数据库结构开发，亦作为非遗档案保管工作的内容，那么它在时间上的确可以发生在入库处理前，甚或发生在日常维护以外的其他任何工作的同时。要说相互影响，与非遗数据库结构开发之间关系更加密切的，其实是非遗建档中的整理工作。

2.2.3　非遗档案资源建设与非遗保护、档案管理之间的关系

非遗档案资源建设与非遗保护虽然不同，但两者之间却有着千丝万缕的联系，并且非遗档案资源建设亦是档案管理工作的重要组成部分。

2.2.3.1　非遗档案资源建设与非遗保护之间的关系

非遗档案资源建设是随着非遗保护实践的兴起而逐步获得关注的，导致这一现象发生的重要原因之一虽然是官方文件将"建档"列为非遗保护工作中的一项具体内容，但其中最根本的原因还是两者之间本来就存在很多密切契合的关联。

2011年颁布的《非遗法》是目前我国非遗保护工作领域中最权威的一份官方文件，其第三条规定，"国家对非遗采取认定、记录、建档等措施予以保存，对体现中华民族优秀传统文化，具有历史、文学、艺术、科学价值的非物质文化遗产采取传承、传播等措施予以保护。"[1]根据这一思路，非遗保护工作具体措施被分为两大类，一是保存类，其目的是将非

[1]　中华人民共和国第十一届全国人民代表大会常务委员会第十九次会议:中华人民共和国非物质遗产法[EB/OL].(2011-02-25)http://www.npc.gov.cn/zgrdw/huiyi/lfzt/fwzwhycbhf/2011-05/10/content_1729844.htm.

遗信息保存下来；二是保护类，其目的是实现非遗的传承与传播。课题组认为，这里所说的保存类措施，其开展目的与非遗档案资源建设的目的基本是一致的，即都是为保护类措施奠定基础，并为使非遗所包含的重要信息能成为我国重要战略资源而服务的。《非遗法》之所以将"记录"作为"建档"之外的措施单独列出来，并将"建档"写在最后作为保存类措施的终结，而没有提及非遗档案的"保管"问题，或许主要是因为受以下两种观念的影响：一是，对档案管理工作通常由"收集"开始，不包括"记录"的传统认知；二是，认为"建档"天然就包含了"保管"，因此不需要格外强调的片面理解。

2.2.3.2　非遗档案资源建设与档案管理实践之间的关系

非遗档案资源建设作为档案专业领域的工作，其与档案管理实践之间也存在密切的关系。更具体一点说，非遗档案资源建设应该是档案管理业务工作前端与中端的内容，即"收管存用"中的"收管存"三个环节，非遗档案资源建设的后续工作应该是"用"，即非遗档案资源的开发利用。

但必须特别指出的是，本课题所讨论的非遗档案资源建设所隶属的档案管理，其"收管存用"的含义与传统的档案管理实践不同，它是"现代档案资源体系观""后保管时代档案工作观"和"档案记忆观"等理论基础指导下的现代档案管理实践。

2.3　非遗档案资源建设的档案学理论基础

如前所述，本课题所讨论非遗档案资源建设隶属于现代档案管理实践，两者在档案学领域的理论基础在很大程度上具有同源性，都主要包括"现代档案资源体系观""后保管时代档案工作观"和"档案记忆观"等。

2.3.1　现代档案资源体系观

"现代档案资源体系观"以人民群众为体系的中心，以更好地服务人民群众为档案工作的终极目标，由时任国家档案局局长的杨冬权先生2008

年在昆明召开的全国档案工作会议上正式提出来，其背后包含的是有关人本思想与科学发展观如何应用于指导我国现阶段档案事业现代化发展的深刻思考[1]。

2.3.1.1 现代档案资源体系观的形成

随着民生建设和和谐社会建设的发展，2008年1月16日，时任国家档案局局长杨冬权在全国档案工作暨表彰先进会议上发表讲话，指出全国档案工作"要以以人为本为核心"，"转变重事轻人、重物轻人、重典型人物轻普通人物的传统观念和认识，重视所有涉及人的档案的价值，建立覆盖人民群众的档案资源体系"。档案馆是收集、保管档案的主要机构。2009年召开的全国档案馆工作会议指出，档案馆接收范围是档案馆业务建设的根本和依据，加强档案馆资源建设，必须要下大力气修改和完善档案馆接收范围。2012年国家档案局发布第9号令《各级各类档案馆收集档案范围的规定》，规定综合档案馆应将本行政区内重大活动、重要事件形成的档案、涉及民生的专业档案列入收集范围，并可通过捐赠或购买的形式，收集或代存本行政区内社会组织、集体和民营企事业单位、基层群众自治组织、家庭和个人形成的对国家和社会有利用价值的档案。该规定将综合档案馆的档案收集范围由传统的行政管理档案拓展至民生档案、家庭档案等社会档案，进一步推进"建设覆盖人民群众的、内容丰富、结构合理的国家档案资源体系"[2]。2012年杨冬权在全国档案局长馆长会议上指出，到2020年全国各级综合档案馆馆藏总量将比2010年翻一番，民生档案达到馆藏的60%左右，档案资源体系实现对民生、对社会的"全覆盖"[3]。

---

[1] 杨冬权. 贯彻党的十七大精神 以科学发展观为指导全面做好2008年的档案工作——在全国档案工作暨表彰先进会议上的讲话［J］. 中国档案, 2008（02）: 4-13.

[2] 国家档案局. 各级各类档案馆收集档案范围的规定: 国家档案局9号令［EB/OL］. （2015-12-01.）［2016-01-01］. https://www. saac. gov. cn/daj/bmgz/201112/98f8ec7758c746a984dbaca1a15e1063/files/642623a14c044b9ea97e3164d6b49fcd. pdf

[3] 中国档案报. 国家档案局提出与全面建成小康社会相适应的档案工作目标［EB/OL］. （2013-01-04）http://daj. hanzhong. gov. cn/nry2014. jsp? urltype=news. NewsContentUrl&wbnewsid=11107&wbtreeid=11315

"建立覆盖人民群众的档案资源体系"精神提出以来，各级档案主管部门积极响应，以民生档案为抓手，出台了系列政策文件，大力推进档案资源的建设和利用，档案服务民生成绩斐然。例如宁夏、新疆、青岛联合有关部门发布了社保等民生档案管理规范性文件；大连确定2012年为"民生档案建设年"；上海、广东、南京等大力推进区域性档案信息资源共享，建立了"就地查询、跨馆出证"联动服务机制等。浙江省2018年印发《关于加快推进新时代档案资源建设的意见》[1]，提出要建成"覆盖全面、标准统一、内容丰富、结构优化、安全高效的现代化档案资源体系"。

2.3.1.2 现代档案资源体系观对非遗档案资源建设的影响

我国传统的馆藏档案资源以行政文书档案为主体，民生档案的比例十分有限。所谓"民生"，指的就是人民的生活、生存、生命、生产和生计，包括人们从生到死各个阶段中关于出生、教育、就业、居住迁徙、生产生活、财产、健康、养老、死亡的各个方面。现代化的档案资源体系的出发点在于"以人为本"，落脚点在于"为人民服务"。

非物质文化遗产是我国各族人民世代相传，并视为珍宝的各种传统文化，对非遗实践活动进行记录所形成的档案是对传统官方行政档案的极大补充，是民生和文化档案资源的重要内容。非遗大量孕育、生长于民间，属于民俗范畴，而当前国家档案资源体系在民间民俗领域仍存在较大的空白。目前官方馆藏的涉及非遗的档案多为某一项目的官方凭证性材料，"埋藏"在以行政机构为卷宗的文书档案之中；内容多与官方管理行为相关，对于保护工作有佐证、鉴定价值，但内容单一、形式简单；以侧面记载为主，不涉及非遗项目技艺传承等核心内容，较难检索，不易被利用。

非遗档案承载着民族文化和人类记忆，是关乎民生的重要资源，保护非遗对于社会发展有着重要作用。为非遗建档是一项刻不容缓的重要工作，档案部门需要从"三个体系"的高度，尤其是从资源建设的角度，发

---

[1] 浙江省委办、省政府办.《关于加快推进新时代档案资源建设的意见》[EB/OL].（2018-10-09.）http://www.zgdazxw.com.cn/news/2018-10/09/content_250501.htm

挥自己的特长，积极参与非遗档案资源建设工作。这是非遗档案管理的客观要求，也是加强现代档案资源体系建设的重要体现[1]。

2.3.2 后保管时代档案工作观

"后保管时代档案工作观"认为，为应对现代社会发展带来的挑战，档案工作应在工作重心和服务对象两个方面进行变革，其中工作重心的变革，是指在"收管存用"四大基础环节中，将档案工作的重心由原来中端的"管和存"转移到前端的"收"和后端的"用"上，即由原来的注重档案的"安全保管"转变成注重档案的"资源建设"与"开发利用"；其服务对象的变革，则是指将档案工作的服务对象，由"保管时代"的"国家机器及精英群体"，扩大到包括"社会组织与普通民众"[2]。

2.3.2.1 后保管时代档案工作观的形成

"后保管时代档案工作观"产生的背景在于电子文件的出现和发展。20世纪后半期，信息技术革命引发了文件形态和数量的巨大变化，电子文件与日俱增。电子文件的载体形态和表现形式都与纸质文件不同，对传统来源原则和集中保管的理念都造成了一定冲击，电子文件的归档和长期保存问题成为档案馆面临的一大挑战。因而有关档案保管模式的话题成为热点，促发了新的理论研究，后来应对的挑战来源则逐渐扩展至社会的现代化发展[3]。

20世纪70年代中期，美国档案学者杰拉尔德·汉姆提出了一系列档案保管革新思想。在《后保管时代的档案战略》一文中首次提出"后保管"概念。他把后保管时代的特征总结为以分布式计算机环境为特色，每个个体都可以成为他们自己的文件管理者，认为信息社会对于保管时代的反应主要表现为档案规划的增加和档案馆藏的分散。我国对档案后保管理论的

---

[1] 凌照, 李姗姗. 非遗档案管理与现代档案资源建设 [A]. 国家档案局档案科学技术研究所. 兰台撷英——向建党90周年献礼 [C]. : 国家档案局档案科学技术研究所, 2011: 5.

[2] 特里·库克, 李音. 四个范式: 欧洲档案学的观念和战略的变化——1840年以来西方档案观念与战略的变化 [J]. 档案学研究, 2011 (03) : 81-87.

[3] 马帅章, 桑毓域. 我国档案"后保管"模式研究综述 [J]. 档案学通讯, 2012 (05) : 32-36.

了解和研究起始于1996年第十三届国际档案大会。会上加拿大档案学者特里·库克在其报告中专门阐述了档案后保管模式，此后国内有关研究陆续开展。

根据特里·库克对于"后保管模式"的论述，后保管模式主要由新来源观、宏观鉴定原则、知识服务三部分核心内容构成[1]。新来源观认为档案的来源不仅指传统意义上的机构或职能来源，更是指文件的形成过程及背景，主张赋予文件全面的来源。新来源观促使人们由关注文件内容到关注文件的运动过程，由关注文件表层信息到关注文件的深层背景。宏观鉴定是对形成者形成和利用这些文件的职能，组织背景和工作文化进行价值判定。宏观鉴定主张采用宏观的、系统的、超前的鉴定标准与方法，对数量庞大的文件进行"批处理"式鉴定。宏观鉴定是新来源观在档案鉴定领域的具体实践。知识服务是信息时代档案工作者承担的新使命，在后保管工作观下，档案工作者的任务不仅仅是对档案形式上的保管，还有对档案内容的发现和挖掘，向用户提供经过智能化处理的符合用户需求的知识，成为概念、知识的提供者。

国际研究中后保管的模式主要可以分为两类，一类是"哥伦比亚模式"，以加拿大英属哥伦比亚大学主持的"保护电子文件的完整性"项目和"电子文件永久真实性保障国际研究项目"为基础。该学派倡导非现行电子文件的集中保管，在电子文件环境下对传统的档案管理原则和理论进行了延伸和演化。按照主体将文件生命周期划分为生成机构和保管机构两个负责阶段，二者职责不同，各司其职，共同保证文件的真实性、完整性、可靠性和可用性。第二类是"匹兹堡模式"，以美国匹兹堡大学主持的"满足档案管理要求的电子文件管理"项目和伊迪丝·考恩大学主持的"支持模块化电子文件管理教学项目"为主要代表。该学派认为电子文件是和纸质文件完全不同的文件类型，档案部门甚至可以放弃对文件的实体控制权，将电子文件一直保存在形成机构中，主张采用分布式保管的管理策略。他们认为档案工作者应该放弃实体保管而转向行政管理和内容（知

---

[1]　加小双. 后保管模式的背景、体系与意义 [J]. 浙江档案，2015（07）：19-21.

识）控制，支持将档案监管职能向前延伸，通过监控文件和文件保管者来实现其保管的法律职责。

从"后保管"理念的产生背景和主要内容来看，后保管时代的档案工作观主要在于应对信息技术带来的电子文件挑战。"后"是在后现代语境下阐释对于传统保管理念、方法的质疑与超越。随着后保管理论的发展，电子时代档案工作观念的转变不仅体现在电子载体和表现形式上，还涉及信息化进程中档案馆定位和职能变化、档案用户的需求变化、后现代思潮的影响等。冯惠玲等人认为后保管主义的"后"体现在对传统保管理念的超越，具体可以阐释为四个方面[1]：（1）超越实体保管，关注背景与联系；（2）超越保管地点，聚焦保管需求和能力；（3）超越闭门保管，扩展档案管理功能；（4）超越阶段性保管，在合作中走向连续。

我国学者从后保管理论中档案服务内容以及档案馆的定位和职能变化出发，阐述了社会转型期的档案资源建设社会化、开放化发展的新观点。档案馆是档案资源的主要聚集地，作为向社会提供档案利用的服务核心，其馆藏资源的建设直接影响到档案价值的发挥，档案馆在原有提供档案为社会服务的基础上，需要更加注重档案"为民所用"，促进档案馆馆藏资源服务于更为广泛的社会大众。孙洁认为，后保管时代档案馆馆藏资源建设的新走向包括三个方面：

（1）馆藏资源的积累由"局限"走向"开放"。传统的"来源"所崇尚的"权威性、证据性"的本质是等级制度下权力机构维护自身利益的手段。由于各种历史原因，我国档案馆收集档案主要围绕党政机关、企事业单位等一些特定机构。尽管也积极收集一些名人档案或重大事件的档案，但是真正与民众生活息息相关的、涉及民众自身利益的档案较少，收集范围也较为局限。因此档案馆收集档案进馆时，尽可能淡化档案形成者的身份，以职能活动为主，提供更多的可为民众所用的档案资源，满足档案利用需求。

（2）馆藏资源的鉴定由"行政价值"走向"社会价值"。随着社会结

---

[1] 冯惠玲, 加小双. 档案后保管理论的演进与核心思想[J]. 档案学通讯, 2019（04）: 4-12.

构的不断变化，经济、政治、文化等领域之间关系不断加强，社会群体间互动紧密，社会体系变得更加复杂交错，传统的鉴定方法已经无法适应社会的发展。根据后保管主义的宏观鉴定理念，应当把社会价值作为档案鉴定的基础。档案馆工作者对馆藏的鉴定应是对具有永久保存价值的档案进行确认的一个主动的、有计划的过程，而不是对机关档案管理人员请求准许销毁文件的被动答复。档案工作者在鉴定中不仅应考虑研究者潜在的利用可能，更应将焦点集中于社会性。档案馆需要通过这种以社会治理和公民、国家互动的双向职能作用为目标的宏观鉴定，对馆藏档案进行价值的认定，从社会性的角度出发，以社会价值为原则，决定馆藏档案的"去"和"留"，使档案馆真正成为社会档案资源的聚集地，而不只是政府档案的保管处。

（3）馆藏资源的利用由"被动提供档案实体"走向"主动挖掘档案知识"。这一点是对后保管主义理念中知识服务的延伸。后保管时代档案馆馆藏资源利用发生了较大的变革，首先档案的价值得以升华，档案不仅承载着历史文化，也凝结着档案工作者的脑力劳动和知识劳动；其次档案馆工作者承担的角色内容增加，档案工作者挖掘档案信息的过程，已经开始了对档案的利用，不仅仅是保管者、服务者，从某种程度上来说，还是利用者；最后档案利用和服务群体由行政机关转向需求更为广泛的社会公众。

2.3.2.2 后保管时代档案工作观对非遗档案资源建设的影响

后保管时代的档案工作观对非遗档案资源建设的影响主要体现在非遗档案资源的收集、保管和利用三个方面。

根据后保管时代档案工作观，档案收集对象不再只针对具有行政职能的形成机构，而是扩展到个体和各类社会组织。非遗档案来源于人民群众，为人民群众所用，是人民群众生产生活中文化实践的结晶，应可以被列入档案收集范围，成为新时期丰富档案馆藏的重要来源。

从档案的保管来看，后保管主义中的两种保管模式都对非遗档案资源的建档保存具有启发意义。非遗档案资源是一种特殊的文化资源，本身不同于行政文书档案。它具有多样性、分散性和专业性的特点。非遗实践主体既有民间组织，又有时代传人，还有普通民众，本身就具有高度的复杂性和不稳定性。当前在政府文化部门的主导下，非遗档案资源的采集和留存已经取得了一定的进步，但是围绕非遗档案的所有权、知识产权和保管责任还存在很大的争议。另一方面，非遗档案的技术性和载体形式也十分丰富，不仅包含实物档案，还有大量教学和口述视频，甚至有智能和虚拟再现技术的参与。以上特点决定了非遗档案的保管必须充分考虑信息技术的影响，从后保管模式中寻找科学的理念和可操作路径。

从档案的保管利用来看，传统的档案馆馆藏资源的利用，主要是由档案工作者被动地接收利用者的利用需求，并向用户提供档案实体。后保管模式关注的档案对象不仅包括了实体的档案对象，更加关注档案本身蕴涵的信息以及更深层次的隐性知识。

2.3.3 档案记忆观

有关"档案记忆观"的探索最初兴起于20世纪70年代联合国组织相关记忆工程的开展实践，并逐渐发展成为从记忆视角来考察档案、档案工作及其价值的理论范式[1]。"档案记忆观"深受后现代解构思潮的影响，以跨学科背景研究为突出特征。可以说，正是"档案记忆观"的发展为"非自然形成"的具有原始记录作用的固化信息被纳入"档案家族"，为"口述档案""实物档案"等获得"档案身份"，奠定了重要的理论基础。

2.3.3.1 现代档案记忆观的形成

在早期，"档案"和"记忆"两个概念之间并未建立起直接的联系。但"档案"作为人类活动的直接记录，与"记忆"之间有着天然的联系。早在1950年第一届国际档案大会上，时任法国国家档案局局长的布莱邦就曾指出："档案是一个国家的记忆。"1982年加拿大学者休·泰勒撰文阐述档案的文化遗产价值，首次明确将档案馆与集体记忆联系起来。[2]国内

[1] 丁华东，张燕. 探寻意义：档案记忆观的学术脉络与研究图景［J］. 档案学研究，2018（01）：22-28.

[2] Taylor HA. The Collective Memory: Archives and Libraries as Heritage［J］. Archivaria, 1983（15）：118-130.

陈智为教授在《档案社会学概论》中也阐述了档案的记忆功能[1]。然而相关研究在档案学界一直未形成主流。20世纪末，随着"社会记忆"研究在社会科学的兴起，加之世界遗产保护和世界记忆工程的推动，"社会记忆观"开始进入档案界，同时，后现代主义和新史学理论加速了档案记忆观的形成和发展。2004年第十五届国际档案大会以"档案、记忆与知识"作为会议主题，档案记忆观引起档案工作者的广泛关注。[2]此后，档案记忆观的研究热度迅速升温，理论构建逐步走向成熟。特里·库克提出证据、记忆、认同、社区等四大范式，将证据和记忆比喻为"档案这枚硬币的两面"[3]。

"社会记忆"是相对于"个体记忆"而言的，是一个大我群体的全体成员的社会经验的总和。社会记忆理论对这一概念的阐释大致可归结为四种：哈布瓦赫的"集体记忆"理论、皮埃尔·诺拉的"记忆场"理论、保罗·康纳顿的"习惯—记忆"理论、扬·阿斯曼和阿莱达·阿斯曼提出的"文化记忆"理论[4]。无论是哪一种，社会记忆反映了人的社会属性，保留社会记忆是人类社会面临的共同命题，本质上是对人类历史和文化的保护。档案与"社会记忆"的联结体现为三种形式：（1）属性论：记忆是档案的根本属性，档案得以产生的条件之一"文字"就是为记忆而生的；（2）要素论：档案是构建社会记忆构建的不可或缺的要素[5]，档案作为物质的文献和固化的信息是社会记忆构建的原材料；（3）载体论：档案是社会记忆的载体，是承载社会记忆的工具和媒介[6]。

从发展历程来看，档案记忆观的相关研究主要体现在以下几个方面：

[1] 丁华东，张燕. 探寻意义：档案记忆观的学术脉络与研究图景[J]. 档案学研究，2018（01）：22-28.

[2] 丁华东. 档案记忆观的兴起及其理论影响[J]. 档案管理，2009（01）：16-20.

[3] 特里·库克，李音. 四个范式：欧洲档案学的观念和战略的变化——1840年以来西方档案观念与战略的变化[J]. 档案学研究，2011，（03）：81-87. DOI：10. 16065/j. cnki. issn1002-1620. 2011. 03. 023.

[4] 马建华，高海珑. "社会记忆"理论简述[J]. 铜仁学院学报，2017（5）.

[5] 徐拥军. 档案记忆观：21世纪档案学理论的新范式[J]. 山西档案，2017（4）：5-12.

[6] 万启存，牛庆玮，张爱新. 历史的遗忘和记取——探析档案与社会记忆的关系[J]. 档案学研究，2015（2）：44-48.

（1）档案与记忆构建之间的关系：主要观点分为两类，一类认为档案是"刻写的记忆"，档案的原始性更加增强了其作为社会记忆的真实性；另一类观点认为档案只是社会记忆的来源，而非记忆本身。（2）记忆观下对档案机构和工作的再定义：布罗斯曼将档案工作者分为"历史档案工作者"和"记忆档案工作者"两类，前者专注于对过去的时间线描述，后者致力于社会认同和集体意识的形成。档案机构被称之为"记忆"的保存场所。（3）档案参与社会记忆构建的方式和策略：主要关注档案参与社会记忆构建的主动性、客观性和全面性，从而进一步引发了对档案工作者角色和档案工作实践的反思，例如档案鉴定和留存选择中的公正性和多样性等。（4）社群档案研究：主要集中在国外，关注种族、弱势群体和特殊群体档案记忆的保存问题。（5）记忆观下的档案工作实践：我国自2003年起由青岛市档案馆开始发起的城市记忆工程活动，随着城镇化的加速，还进一步延伸到腾退拆迁乡村的记忆留存倡议。

2.3.3.2 现代档案记忆观对非遗档案的影响

从"记忆"这一特点出发，非物质文化遗产与档案有相同之处。非物质文化遗产是各族人民世代相传的、并视为其文化遗产组成部分的各种传统文化表现形式，反映了特定时期一个地区的社会状态，包括生产习俗、生活风貌等等，是一种活态的记录方式。而档案作为固化了的历史信息，同样承载了特定时期特定人群的活动内容，是一种静态的记录方式。从这个意义上而言，档案和非物质文化遗产都是历史的产物，都有着记录和承载记忆的作用，二者是互为补充的。

档案记忆观强调档案对社会群体记忆的留存和构建作用，关注通过档案内容传达出的集体形象和社会认同感，强调在统治阶级意志表达之外，不仅对主流文化，更有对少数群体和特殊群体历史印记的留存和证明。因此非物质文化遗产档案的留存成为档案记忆观下的应有之义，是体现记忆构建全面性和档案资源多样性的重要途径。

档案在非物质文化遗产保护中的记忆构建功能主要体现在两个方面：（1）留存记忆。非遗档案主要包括非遗项目档案、传承人档案、历史资料档案、实物档案和工作档案，这些档案的良好留存和保护能够全面真实地记录非物质文化遗产的发展历程，尤其是体现非物质文化遗产背后的人、事、物，从而体现非遗得以产生和变化的历史背景和社会环境。（2）提供凭证[1]。事实证明完整的档案材料在非物质文化遗产项目的申报中有着重要作用。尤其是非遗历史资料档案中能够查考出一项非物质文化遗产的起源和传承演变路线，即使随着社会或生态环境的变化，某项非遗不再能够以活态形式呈现，从档案中仍然可以查找到该项非遗存在过的证明。

[1]　滕春娥. 档案记忆观视角下的档案与非物质文化遗产功能互动研究［J］. 档案管理, 2017（01）：12-14. 10. 15950/j. cnki. 1005-9458. 2017. 01. 005.

3 非遗档案资源建设合作治理分析框架建构

　　"合作治理"是自21世纪以来公共管理领域提出的概念，其提出的背景主要源于公共问题的日益复杂化，很多问题的解决无法在单一的公共部门或是政府体系内部实现，同时前期的相关理论在面临如此复杂之治理对象时，已显得"力不从心"。如前所述，而非遗档案资源建设是一个涉及多主体的、情况极其复杂的公共问题。本章的主要目的是利用公共管理领域的这一最新研究成果，构建能将多元主体参与非遗档案资源建设相关要素纳入其中的通用性分析框架。

3.1 非遗档案资源建设合作治理分析框架的理论基础

　　合作治理的内涵究竟是什么，它又是如何从一个概念转变成分析框架，显然是构建非遗档案资源建设合作治理分析框架的重要理论基础，也是本节想要具体讨论的内容。

3.1.1 对合作治理概念的理解

　　虽然"合作"被公认为是解决复杂公共事务治理问题的关键战略，但"合作治理"概念的含义却并非是不言自明的。合作治理本质上是一种制度机制，是一种包含多元主体参与的，实现公共治理的制度安排和方法。因此，从这一角度出发，对合作治理概念的深入理解应包括如下两个方

65

面：一方面，合作治理的核心应是多元主体在治理对象领域内形成的一种较为固化的结构关系；另一方面，作为一种制度安排方法，合作治理是工具性的，应指向一定的价值目标；同时也是动态过程性的、处在追求实现价值目标的过程中。

3.1.2　从合作治理概念到分析框架

构建概念的目的，主要是指出所关注对象的本质核心特征，以帮助其与其他相关概念区别开来；而构建分析框架，则需要将与关注对象相关的概念都纳入进来，并识别概念之间可能的关系，以便开展诊断和规范研究。

根据前文的讨论，围绕合作治理概念的核心内容，即多元主体的固化结构关系，可以推演出以下三类重要的相关变量作为诊断或规范该结构关系的重要依据：一是决定合作治理内部多元主体结构关系的影响因素；二是多元主体在特定结构关系下的互动结果；三是合作治理作为工具手段指向的价值目标。另外，分析框架之指导意义的大小还在于对相关概念的可操作化界定程度，因为概念的可操作化界定是将抽象概念与现实世界进行连接的关键环节。埃莉诺·奥斯特罗姆教授等人开发的制度分析与发展框架，为合作治理分析框架的构建提供了极好的借鉴。

3.1.3　奥斯特罗姆的制度分析与发展框架（IAD）

制度分析与发展框架（Institutional Analysis and Development，IAD）是目前从制度视角研究公共政策比较有竞争力的理论之一。它关注的核心问题是公共池塘资源的治理，以避免公地悲剧结果的产生。[1]该框架主要由2009年诺贝尔经济学家获得者埃莉诺·奥斯特罗姆和她的先生文森特·奥斯特罗姆，以及他们的同事共同创立和发展的。埃莉诺·奥斯特罗姆（2005）将行动舞台作为分析焦点，行动舞台包括行动情景与行动者，行动者在行动情景之下互动并产生结果，行动者根据他们的评估准则对结

---

[1]　李文钊. 制度分析与发展框架：传统、演进与展望［J］. 甘肃行政学院学报，2016（06）：4-18+125.

果进行评价，评估结论将影响行动者下一阶段的行动。而影响行动情景的外部变量包括公共池塘资源的物理属性，共同拥有公共池塘资源的社群的经济社会属性，以及通用的制度规则。以上这些要件及其相互关系就构成了框架的主要内容（见图3-1）[1]。

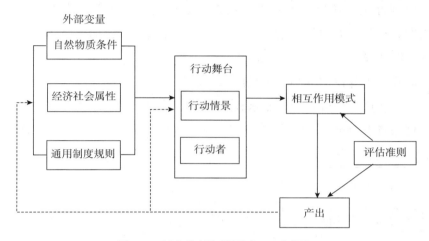

图 3-1　制度分析与发展（IAD）框架

　　为了详细描述影响行动者的行动情景，埃莉诺将其具体化为了影响行动者行为选择的七个关键变量，它们分别是：行动者的数量、行动者的位置、允许的行动、潜在的结果、对选择的控制、可获取的信息、投入收益关系等七个重要变量。外部变量正是通过影响上述变量的取值情况而作用于行动情景的。除此之外，制度分析与发展框架还开发了一套评估准则，主要包括经济效率、财政平衡公平、再分配公平、责任、道德与适应性等等。

　　虽然制度分析与发展框架关注的重点是公共池塘资源，但它为非遗档案资源建设这类涉及多元主体参与之公共事务的治理问题提供了重要的分析框架建构的借鉴思路。

---

[1]　Oasrom E. Understanding Institutional Diversity［M］. Princeton University Press, 2005.

3.2　非遗档案资源建设合作治理分析框架的构成要素

以理性制度选择理论之重要代表学者埃莉诺·奥斯特罗姆教授提出的制度分析与发展框架为借鉴基础，结合合作治理理论的语言体系和非遗档案资源建设自身的特点，课题组认为可以从外部治理条件、内部治理结构、治理结果与评估准则四个维度来构建非遗档案资源建设合作治理分析框架，而在这四个维度中处于最核心地位的是内部治理结构，它连接着外部治理条件与治理结果，同时也是评估准则的重要评价对象。（详见图3-2）

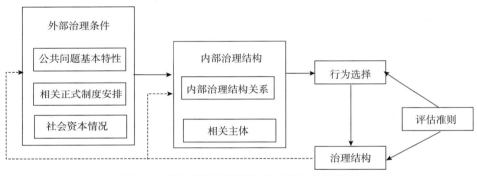

图 3-2　非遗档案资源建设合作治理分析框架

3.2.1　非遗档案资源建设合作治理分析框架之内部治理结构

内部治理结构是合作治理分析框架的关注焦点，其核心是非遗档案资源建设相关主体在非遗档案资源建设治理行为选择中形成的结构关系。因此，课题组根据非遗档案资源建设合作治理过程中与治理主体做出行为选择密切相关的影响因素，将该结构关系具体化为位置关系、边界关系、认知关系、行为选择与报偿等五类关系。

（1）位置关系：非遗档案资源建设治理主体中存在哪些不同的位置，不同位置主体在非遗档案资源建设中的治理责任、权限配置、资源掌握情况如何？其中治理责任是影响治理主体行为选择意愿的重要因素，权限配置与资源掌握情况则是影响治理主体行为选择能力的重要影响因素。

（2）边界关系：非遗档案资源建设治理主体与非治理主体之间、不同位置治理主体之间是否存在着明确的边界，不同主体位置的进入与退出规则的情况如何？

（3）认知关系：相关治理主体对非遗档案资源建设的客体范围和治理目标的理解情况，以及是否存在某种统一的共识。

（4）行为关系：非遗档案资源建设治理主体的行为选择都有哪些，不同行为选择之间存在何种关联关系，以及不同治理主体的选择权限有何不同？

（5）报偿关系：非遗档案资源建设治理主体的价值偏好，以及行为选择成本与收益分别是什么？报偿关系包含着联系治理主体与行为选择之间最重要的激励机制。

在以上五类关系中，认知关系、位置关系、边界关系和行为关系是非遗档案资源建设治理主体做出行为选择的基础依据，报偿关系则是在前四种关系的基础上产生的，包含了影响治理主体行为选择之重要激励因素。

3.2.2 非遗档案资源建设合作治理分析框架之外部治理条件

非遗档案资源建设合作治理分析框架之外部治理条件，考察的是影响内部治理结构形成的重要外部因素，这些外部因素主要包括三个大的方面：

（1）公共问题基本特性，即非遗档案资源建设在生产、消费与需求等方面所具有的基本特点，其分析依据主要是公共管理学与公共经济学的相关理论。

（2）相关的正式制度安排，即官方机构在非遗档案资源建设治理正式规则制定方面已经做出的努力，这些正式制度安排通常包含在各级各类政府出台的与非遗档案资源建设相关的、具有普遍适用特点的规范性文件中。

（3）社会资本情况，即社会发展情况为非遗档案资源建设所提供的支持性条件，主要包括社会整体的非遗档案观念意识、经济文化水平、志愿组织能力、参与相关合作治理的经验等内容。

3.2.3 非遗档案资源建设合作治理分析框架之治理结果

非遗档案资源建设合作治理分析框架之治理结果，是相关主体在内部治理结构关系约束下，所做出的具体行为选择在非遗档案资源建设治理领域形成的结果，也即非遗档案资源建设工作开展的实际结果。用公共管理领域的术语表达，即指非遗档案资源建设治理的实际供给情况，可具体化为治理主体的实际参与情况、所建非遗档案的种类、数量和内容覆盖情况、其所处的保管环境和可获得性等指标。

3.2.4 非遗档案资源建设合作治理分析框架之评估准则

非遗档案资源建设合作治理分析框架之评估标准则由一套价值体系构成，是合作治理之理想追求和价值目标的集中体现。根据现代社会公共管理领域的善治理念，合作治理的评估准则应主要包括效果与效率，财政公平与再分配公平、自主空间与责任性等几个方面。

效果与效率体现的是对合作治理之有效性的追求，前者关注实际问题的解决程度，用于评估非遗档案资源建设的实际开展情况与理想状态之间的差距（即非遗档案资源建设治理的实际供给能否满足需求）；后者关注的则是资源的利用效率，取决于在既定的合作治理结构下能否充分发挥专业分工优势、规模经济效应，最大程度的鼓励创新以及减少协商成本等。

财政公平与再分配公平，虽然体现的都是对公平的追求，但两者的含义截然不同，甚至呈一定的矛盾关系。财政公平强调的是谁投入，谁受益，投入应与收益成比例关系；而再分配公平强调的则是对弱势群体的关照。另外，财政公平准则对效率准则有着一定的支持关系，而再分配公平准则则与效率准则存在着一定的冲突关系。

自主权与责任性，分别针对的是民间力量与官方力量，体现的是对善治理念之核心价值"以公民为中心"的追求，其中自主权指的是对公民在非遗档案资源建设治理领域中自主权限的保障情况，而责任性则指的是政府在非遗档案资源建设治理领域所承担的责任问题。

3.3 非遗档案资源建设合作治理分析框架的应用

前文构建的框架对系统分析非遗档案资源建设相关问题奠定了基础，描述了各维度的构成要素，也指明了各维度之间的逻辑关系，即：外部治理条件影响内部治理结构，内部治理结构影响治理结果，评估准则是合作治理的理想目标，主要对应内部治理结构并指向治理结果，同时又与外部治理条件有着密切关联。本节的主要目的是根据课题研究的需要，阐释合作治理分析框架如何应用于非遗档案资源建设。

3.3.1 结构关系下的行为选择及其可预测性问题

分析框架中内部治理结构与治理结果之间的连接是相关主体的行为选择：即相关主体的行为选择结果决定了治理结果，内部治理结构则制约着相关主体的行为选择，其中有关行为选择与治理结果之间的联系是直接的，因此，也更好理解，但内部治理结构与行为选择之间的联系则有赖于一个中间环节，即行为选择过程的发生，并因此涉及人性假设前提问题。

本课题以理性自利作为人性假设，认为绝大多数非遗档案资源建设相关治理主体在行为过程中都遵从理性自利人的假设。所谓的理性自利人，就是其行为选择的目的是为了实现自身需求的满足，并且在诸多选择中会选择成本收益比相对最高的实现方式。另外，课题组认为理性自利人的需求是以物质需求为基础的多种需求复杂组合，也就是说理性自利人的需求，不仅包括物质层面，也包括社会层面和心理层面的，但一般来说，物质层面具有基础性地位，因为物质层面需求的满足通常是个人或组织存续与发展的基础条件。

以理性自利人假设为前提，由于固化的结构关系意味着其所提供的激励因素是相对稳定的，因此，在相关主体需求不变的情况下，他们的行为选择及治理结果亦是稳定的；同理可推：若固化的结构关系或决定固化结构关系的条件是已知的，相关主体的需求也是已知的，那么他们的行为选择及治理结果就是可预测的。而且，理性自利人的需求构成虽然复杂，但物质需求具有基础地位，因此，在物质需求满足程度较低的社会或群体中，物质需求的激励作用更大，相关主体行为选择的预测亦更容易。

3.3.2　分析框架中的常量与变量关系

在非遗档案资源建设合作治理框架中，虽然内部治理结构是核心，但决定该治理结构的是外部条件。内部治理结构虽是三类外部条件共同作用的结果，但每类外部条件的具体影响层面是不同的。

在公共问题基本特性、相关的正式制度安排、社会资本情况三类条件中，公共问题基本特性（即生产、消费与需求特性）主要与非遗档案资源建设的物理自然特性有关，它在很大程度上决定了非遗档案资源建设在没有人为因素干预下的内部治理结构的自然状态。由于它的可变程度非常低，通常被看作是常量。

相关的正式制度安排，决定的是在自然状态基础上加入政府干预后呈现的内治理结构状态。相关的正式制度安排，通常被视为是可控变量，它是政府掌握的治理工具。如何通过改变正式的制度安排来促进有效的合作治理，正是本课题研究所关注的核心问题。

社会资本情况对内部治理结果的影响，侧重于对相关主体行为选择过程的影响。通常来说，在社会资本积累较好的条件下，符合理性自利人假设的相关主体，其物质需求依赖程度较低，非遗档案资源建设参与意愿和能力较高；反之，其物质需求依赖程度则较高，参与意愿和能力较低。由于社会资本情况所包括非遗档案观念意识、经济文化水平、志愿组织能力、参与相关治理的经验等等因素既具有在一定时间内相对较稳定的特点，又会随着社会相关领域的发展而变化，因此，社会资本情况既可以看作是常量，也可以看作是变量。

另外，需要特别指出的是，任何分析框架都是对现实世界进行简化、抽象和概括的结果，非遗档案资源建设合作治理分析框架亦不例外。非遗档案资源建设合作治理的公共问题基本特性、相关的正式制度安排和社会资本积累情况这三类外部治理条件，在现实世界中，并不能被完全严格的区分开来，而是存在着一定的交互影响和交织的现象，比如，在社会资本情况作为变量时，政府有关的正式制度安排亦是其重要的影响因素，公共问题基本特性中有关消费之排他性判断，很多时候也与正式的制度安排有关，而其有关其消费之竞争性的判断，亦在一定程度上与社会资本的累积情况相关。

3.3.3 分析框架中制度安排的约束力

正式的制度安排是本研究的关注重点，因此，需再多花些篇幅来讨论它。

首先，制度安排是一种具有一定约束力的行为选择规则，这种约束力正是导致非遗档案资源建设合作治理内部结构之固化性的重要原因之一。

其次，制度安排包括正式和非正式两种。其中，正式的制度安排是由政府制定的成文的规范性文件所确定的规则；而非正式的制度安排则是相关主体在长期互动过程中形成的习惯性思维方式和做法。非正式的制度安排，在获得官方认可，被写入规范性文件中，便可转化为正式的制度安排。

第三，正式的制度安排，其约束力以政府公信力和执行力为基础，也就是说，政府的公信力和执行力越强，其约束力也就越强。而非正式的制度安排，其约束力在很大程度上以当地相关文化凝聚力与信仰强度为基础，当地相关文化的凝聚力和信仰强度越强，其约束力也就越强。非正式制度亦是社会资本的组成部分。

4　非遗档案资源建设之公共问题基本特性分析

　　非遗档案资源建设合作治理分析框架之外部治理条件中的公共问题基本特性，主要包括生产、消费、需求和外部性问题四个方面。本章将按这四个方面分别展开分析。

4.1　非遗档案资源建设的生产特性分析

　　本课题所讨论的生产特性是基于对生产概念的如下理解：即仅把生产看作是将资源投入转化为产出的技术性过程。非遗档案资源建设包括"非遗建档"和"非遗档案保管"两类密切关联但各自相对独立的生产过程，因此，本节将根据两者各自包含的具体工作内容，分别展开分析。

4.1.1　非遗建档的生产特性

　　非遗档案包括非遗本体档案和非遗业务档案，两者在生产方面的共同特性在于绝大部分的生产过程都需要由具体非遗项目实践群体或其成员的参与。非遗档案记录的是非遗群体的实践活动，离开了实践群体的参与，非遗建档工作也就失去了最重要的根基。除了此共同特性之外，因两者的形成过程有着较大的差异，两者又有各自相对不同的独特的生产特性。

4.1.1.1　非遗本体档案建档的生产特性

　　根据前文对非遗本体档案之特点及其建档具体工作内容的分析，及以相关工作实践经验为依据，课题组认为，非遗本体档案建档在生产方面的特性主要包括以下五个方面：

第一，对工作人员的综合素质要求极高。非遗本体档案建档对工作人员综合素质的要求既包括专业知识和能力，也包括交流沟通技巧和突发状况应对能力，甚或还包括工作热情与责任心。非遗本体档案建档的具体工作内容涵盖立项、调查、采集与收集、整理四大环节，其中采集工作对专业知识和能力的要求最高，因为它需要跨专业知识与能力的协作支持，采集者（或团队）除了要对具体的非遗项目本身有很深的了解以外，还需要掌握专业的档案学知识、新闻记者般的采访能力、纪录片式的拍摄能力和相关软硬件设备的熟练使用技能。比如，本课题组成员曾与中国丝绸档案馆合作开展北京地区丝绸老专家口述档案采集与整理项目，其中的采集任务主要是由档案学专业的本科生来承担。尽管在工作开始前，采集任务小组成员接受了有关丝绸及其产业发展、访谈沟通技巧、摄影摄像技术、多媒体文件处理技术等相关主题较为细致的专业培训和指导，但在实操过程中仍时常有专业能力不足之感。

基于非遗项目本身的地方性和民间性，在非遗本体档案建档过程中，无论是调查、采集或是收集工作的开展，都需要工作人员深入地方基层与诸多不同的民间主体打交道，并处于相对不可控、不确定的工作环境之中，因此，具备良好的沟通技巧、丰富的地方工作经验与灵活的应变能力亦不可或缺。

另外，拥有饱满的工作热情与高度的责任心对非遗本体档案建档工作人员而言也很重要，其主要原因与后面要展开讨论的第二、第四和第五个生产特性——即需要密集的劳动投入，具有非常强的生产时效性、缺乏有效的质量反馈控制机制——密切相关。

第二，生产过程中需要密集的劳动投入。非遗本体档案建档所有具体工作内容的开展，包括规划和执行，几乎都无法通过机器或简单劳动替代的方式来解决，无论是调查、采集、收集或是整理，每一类工作都需要专业工作人员大量的时间和精力的投入。同时，非遗本体档案又包括项目档案和传承人档案两大类，其在外延方面构成的复杂性，更进一步提高了建档对密集劳动的投入要求。非遗本体档案建档的这一特性与前一特性叠加之后得到的结论是，其生产过程中的劳动投入是密集且专业化的。

第三，人力成本所占比例高，且非遗项目专业人才很难具有通用性。除了高素质的跨学科专业人才、密集的劳动投入以外，非遗本体档案建档还需要有专业级的软硬件设备支持。三者之中，因前两者都属于人力成本，且随着信息技术的进步和社会经济的发展，可以预见的是，能够满足要求的软硬件专业设备的价格会呈现出越来越亲民的趋势，由此可以推断，非遗本体档案建档总成本中人力成本将占据较高的比重。

人力成本要求高，则意味非遗本体档案建档对人才的依赖远大于对资本的依赖，而且不同的非遗项目内容各不相同，很难有对各不同的非遗项目都非常熟悉的通才。因此，熟悉非遗项目的专业人才在不同的项目之间很难具有通用性。一般来说，其他类别专业人才的通用性则比较好。

第四，核心资源的生产时效性强且来源具有不可替代性。非遗本体档案中需要主动采集的部分无疑是非遗本体档案最重要、最核心的内容。这类核心资源在生产上的时效性主要体现在：由于很多非遗项目活态生存环境恶劣，面临"人亡艺失"的风险，且目前的传承人大多年事已高，项目实践群体规模大量萎缩，因此，对于很多非遗项目而言，一旦错过时机，非遗本体档案的建档就很可能无从谈起了。核心资源来源的不可替代性则源于非遗项目自身的独特性及传承人数量的稀缺性，而这种来源的不可替代性，反过来又进一步强化了非遗本体档案建档在生产方面的时效性。

同时，非遗本体档案建档工作之强时效性，从管理学角度而言，也意味着需要更多的依赖前馈和现场控制手段来保证生产成果的质量。比如，提升工作人员的专业水平与工作意愿，增加生产过程中的质量检查安排，等等，而非主要依赖于反馈机制。比如，收集使用者满意度反馈信息、主管领导或第三方的评价信息，等等。因为等到在使用者、主管领导或第三方提供的反馈信息中发现成果质量问题时，有些错误可能已无法纠正，有些遗憾已无法弥补。

第五，生产成果质量要求很难实现标准化。虽然从应然的角度来说，非遗本体档案建档追求的生产结果是对非遗实践活动全面、真实、系统的记录，但理想状态下的"全面、真实和系统"如何界定存在着相当程度的不确定性，而另一方面，受非遗实践活动自身特点的影响，非遗本体档案建档的实际开展面临着既复杂、又相对不确定的工作环境。这就使得"全面、真实和系统"只能作为最高的理想目标，在实际工作中很难100%实现。另外，不同类别的非遗项目，同一类别的非遗项目，甚至同一个非遗项目不同类型的档案之间可能都差异极大，因此，很难为非遗本体档案建档的生产成果建立全面客观量化的质量标准。而成果质量难以标准化所带来的重要后果之一就是，外部控制很难以低成本方式实施，因为缺乏切实的操作参考依据。这也就意味着，非遗本体档案建档成果的质量保障，将在更大程度上取决于工作人员自身的觉悟。

4.1.1.2 非遗业务档案建档的生产特性

由于非遗业务档案形成过程中官方组织占据着主导地位，且自然形成的比例非常高，在形式上的标准化程度亦相对比较高，因此，其建档的生产特性与非遗本体档案几乎恰好构成鲜明对比。第一，对工作人员的素质要求最重要的是档案意识与专业技能；第二，生产过程中所需要的人力、物力等成本投入都相对较低；第三，一般来说，相关文件资料在非遗项目实践群体和官方主管机构手中各会有一套；第四，不同非遗项目之间业务档案的类型差异很小，生产成果容易提出标准化的质量要求。

4.1.2 非遗档案保管的生产特性

与非遗档案建档不同，非遗档案的保管在生产方面，对非遗项目实践群体的依赖要小得多。除此之外，根据前文对非遗档案概念、特点及其保管所包含具体工作内容的分析，课题组认为非遗档案保管在生产方面的特性还主要包括以下三个方面：

第一，基础设施建设投资成本巨大。非遗档案保管工作的开展，首先需要有配备了相应的设施设备的专业化档案库房和存储数据的机房，而这无疑是成本巨大，但又不可或缺的基础设施建设。再者，与一般传统档案的情况相比，非遗本体档案中实物档案占有极为重要的地位且具有相当的比例，实物档案的保管需要相对更大的物理空间。因此，非遗档案保管所需要基础设施建设投资成本巨大，这一结论在当今城市化进程发展迅速，房价高企的时代背景下，几乎是不言而喻的。

第二，工作的专业化程度非常高。非遗档案保管包含的具体工作内容主要为档案库房建设、入库工作、数字化、数据库建设、日常维护，而完成上述工作所需面临的决策问题，如：档案库房究竟应该如何建造？每一份具体的档案材料在入库前究竟要做何种处理？不同载体的档案需要在怎样的条件下保管才能最大限度的延长寿命？应采取何种方式进行数字化？数据库应该如何建设？日常维护应该包括哪些内容？相关设备应如何使用和维护？等等；无疑都是高度专业性的。

第三，生产过程中日常工作的操作执行常规性程度高。正所谓"凡事预则立，不预则废"。一般来说，所有的工作在开展时都包括规划设计与操作执行两个层面。所谓的规划设计，即是指为具体工作应如何开展拟定计划方案，并为方便方案执行而在软硬件条件方面提前做好准备；而操作执行，即是指按照规划设计的计划方案开展工作。

在计划方案具有科学性和现实性的前提下，非遗档案保管日常工作面临的环境相对简单且稳定，因此，其在执行层面工作的常规性程度相对较高，即基本按计划方案的规定操作就可以。需要特别指出的是，操作执行层面的常规性高，并不等同于其没有或者专业门槛低。只是操作执行层面的常规性高，为规划和操作两类工作分别由不同的工作人员承担奠定了基础。

若将非遗本体档案与非遗业务档案区别来看，两者在保管方面的不同可能主要在于对物理空间大小的需求上，根据课题组的实地调查，已开展了主动采集工作的非遗项目，其本体档案资源的规模大多远大于其业务档案资源。

4.2 非遗档案资源建设的消费特性分析

本课题所讨论的消费，是指人们利用社会产品或服务来满足各种需要的过程。本节将主要应用物品属性理论，来分析非遗建档与非遗档案保管在消费过程中的基本特性。

4.2.1 消费特性分析的基本理论依据

物品属性理论是公共经济学在物品消费特性分析方面一个重要且经典的研究成果，其分析结果通常是公共管理学用以探讨治理工具与手段应用与选择问题的重要依据之一。

经典的物品属性理论认为，可以从消费上的竞争性和排他性两个维度来分析并确定物品的属性问题。其所谓排他性，是指某一物品（商品或服务）的所有者能够阻止其他人使用该物品的特性。以一个苹果为例，由于苹果的主要消费方式是被食用，因此如果它的主人能够阻止其他人食用，那么该苹果在消费上就具有排他性。当然，这里的"能够"既可能是来自苹果主人自身保护财产的能力，也可能是来自国家法律所提供的财产安全保障。其所谓竞争性，则是指某一物品（商品或服务）在被消费时具有效益递减的特性。仍以一个苹果为例，它在被某人完全吃掉以后，就不能再供给其他人享用了；它若被人吃掉一半，其他人就只能享用剩下的一半了，所以说，该苹果在消费上具有竞争性。

另外，消费上的排他性通常不是绝对的，其特性的强弱主要取决于实现排他之成本的高低。比如，在所有权能获得基本保障的社会中，不让他人燃放自己拥有的烟花，对于烟花的所有者来说，比较容易实现；而将他人完全排除在观赏烟花燃放效果之外，其实现的成本可能就要高得多。竞争性多数时候也是一个程度问题，比如，人们通常认为纸质书的阅读不存在竞争性，理由是一个人读了以后，并不影响其他人阅读需求的满足。事实上，纸质书在使用过程会发生磨损，尽管从单次情况来看这种磨损并不明显，但多少还是会发生；并且同一本书在正常情况下无法供两人或多人同时阅读。

物品属性理论以消费之竞争性与排他性程度分析的四种典型结果为基础，将物品分为了四大类，并以此构建了物品属性分析模型（详见图4-1）。

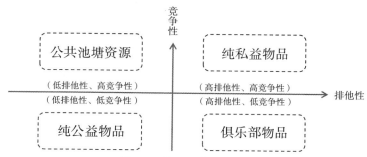

图4-1 物品属性分析模型

第一类，纯私益物品，即高排他性与高竞争性特征组合的物品。食品、衣服、手机、珠宝、汽车等市场上流通的商品或服务通常都属于这一类。在一般情况下，健全的市场机制就能实现纯私益物品的有效供给。对于这类物品，公共治理的主要职责应在于为市场机制的正常运转保驾护航。

第二类，俱乐部物品，即高排他性与低竞争性特征组合的物品。有线电视、网络上的各种付费资源、自来水等都是典型的俱乐部物品。俱乐部物品可以通过使用者付费的市场机制供给，但在仅仅依赖市场机制供给时，可能会因面临以下两类困难问题而需要特别的公共治理安排：一类是初期巨大的投资门槛，导致无市场主体愿意投资供给的问题；另一类是因单个组织生产可能比多个组织同时生产更有规模效率带来的自然垄断问题。

第三类，公共池塘资源物品，即低排他性与高竞争性特征组合的物品。资源有限的公共草场，不收费的高速公路，开放的河流等，其特性都比较接近公共池塘资源物品。公共池塘资源物品，因其在消费方面的低排他性，无法通过市场机制让使用者根据收益多少来承担相应的成本，因此，自然状态下的公共池塘资源容易陷入资源被耗竭殆尽的"公地悲剧"，通常是公共治理的主要关注对象。

第四类，纯公益物品，即低排他性与低竞争性特征组合的物品。外交、国防通常都属于这类物品。纯公益物品，除了与公共池塘资源一样，无法通过市场机制让使用者根据收益多少来承担相应的成本外，还可能面临着单个组织生产比多个组织同时生产更有效率而带来的自然垄断问题，所以，纯公益物品只能在市场机制以外的公共治理安排下得以供给。

需要特别指出的是，由于排他性程度虽然主要与物品的自然物理属性有关，但相关的制度安排亦会对其产生影响，以高速公路为例，当它对公众完全免费开放时，是不具有排他性的；但在高速公路设立关卡变成收费公路以后，就具有排他性了（当然这也与设立收费关卡比较容易实现有关）。另外，如前所述，物品的竞争性程度，与该物品的同时使用者数量是否超过其容量的情况有关。仍以高速公路为例，在道路资源相对行驶车辆足够充裕时，其竞争性程度低；反之，则竞争性程度高。而在进入车辆数量持续增加且不受控制的情况下，甚至还会出现高速道路资源耗竭，即道路严重拥堵的现象。因此，同一物品的属性，会因为上述相关因素的变化而发生变化。物品属性可能发生变化的原因背后，既反映了社会问题的复杂性，同时亦充分展现了自然条件、制度环境与社会需求之间的互动关系。

4.2.2 非遗建档的消费特性

非遗建档的工作成果是形成非遗档案，因此，非遗建档的消费特性，其实就是非遗档案的消费特性。非遗档案，作为档案的一种具体类型，同所有档案一样，其各种价值效用的发挥主要源于其所包含的信息，因此属于信息类产品。一般来说，信息类产品在消费上的特征都是低竞争性的。

不过，档案的情况又略有些复杂，非数字形式的实体档案，就像前面提到的纸质书一样，在使用过程中多多少少还是会有一些磨损，并且无法同时被多人使用；但另一方面，具有原始记录性的档案是不可再生资源，且通常只有一份，这就在一定程度上提升了档案在消费上的竞争性。当然，具体到某一类档案而言，其消费需求情况也是竞争性程度的重要影响因素：被使用的次数和频度越少，其竞争性程度越低；反之则越高。档案在竞争性上的这些特点，非遗档案亦同样拥有。

由于非遗档案，从其物理上的可操作性角度而言，是能够以较低成本实现排除他人使用的。而尊重并保障所有权是现代社会运转的基本条件，在讨论非遗档案消费特性之排他性时，可将其视为"默认的背景设置"（后面有关排他性的讨论，均遵循此设定）。因此，可以说，在自然状态下，非遗档案是具有高排他性的。

综上所述，在自然状态下，非遗建档在消费上的特性通常是低竞争性和高排他性，属于俱乐部物品。

4.2.3　非遗档案保管的消费特性

非遗档案保管的工作成果主要有三大类：一是，安全性受到专业保护的非遗档案；二是，方便利用的非遗档案数字资源；三是，安全与方便利用的非遗档案保管环境。下面，来逐一进行分析。

安全性受到专业保护的非遗档案（即实体档案），其在消费上竞争方面的特性与非遗建档直接结果之间的唯一差别，只在于前者受到的保护更好，在同样的使用需求状况下，竞争性更低。但可以预期的是，由于第二类工作成果的存在，第一类工作成果的使用次数与频度会大大降低。因为两者所包含的信息内容是完全一致的，并且在多数情况下，对一般的使用者而言，第二类工作成果是相对更优的选择。在消费上的排他性方面，由于安全性受到专业保护的非遗档案，相比非遗建档的工作成果，显然更容易将他人的使用排除在外，因此，前者的排他性强度通常更高。

非遗档案保管的第二类工作成果，即方便利用的非遗档案数字资源，既包括原本就是以数字形式存在的非遗档案，也包括数字化以后的非遗档案资源，从所包含信息的内容来说，其与非遗建档的工作结果完全相同，但数字载体的特性使其在消费上的竞争性几乎可以降到零（只有在大规模用户同时在线使用，并造成网络拥堵的情况下，才具有竞争性，而这种情况的发生概率显然是非常低的）；其在排他性特性方面，从目前人们对数字信息付费产品早已司空见惯的现象来看，可以推断，性质相同的非遗档案数字资源应该也很容易实现排他，因此，具有高排他性。

非遗档案保管的第三类工作成果，即安全且方便利用的非遗档案保管环境，其竞争性程度取决于实体库房与数字仓库的容量情况、保管工作人员的负荷情况。如果实体库房和数字仓库的容量远大于实际需求，其消费上就具有低竞争性，即新增非遗档案入库保管所带来的额外成本增加，相对较低；但当容量逐渐被占满，且超越保管工作人员的负荷时，其消费就存在着极大的竞争性。安全且方便利用的非遗档案保管环境——尤其是实体库房，实现排除他人使用的成本相对较低，因此，亦具有较高的排他性。

4.3　非遗档案资源建设的需求特性分析

除了大自然的天然供给以外，人类社会中所有需要支付额外成本的供给行为，都是以满足社会需求为动力的。因此，要分析非遗档案资源建设的供给——即相关治理主体的行为选择及其治理结果问题，就必须先讨论非遗档案资源建设的需求。鉴于非遗档案资源建设服务于社会的最终产品是非遗档案资源，而其他生产工作成果都是辅助支持这一最终产品的，因此，本课题在讨论非遗档案资源建设的需求特性时，将把关注焦点放在非遗档案资源上。

4.3.1　非遗档案资源建设的需求者及其需求

非遗档案资源建设的需求者可以从宏观、中观和微观三个层面来分析。

首先，在宏观层面上，非遗档案资源的需求者应是整个中华民族。非遗档案资源对于整个中华民族的价值，主要在于其作为民族文化记忆宝库为中华民族的团结永续、繁荣发展提供的精神财富与智力支持。需要特别指出的是，在这里，整个中华民族不仅包括当今的存世者，亦包括我们的子孙后代。

其次，在中观层面上，由于非遗档案资源源于具体的非遗项目，而非遗项目通常具有一定的地域性，因此，可根据其与具体非遗项目之间的所属关系，将非遗档案资源的需求者，以整个中华民族为基础，划分为两大类：非遗项目内部需求者和非遗项目外部需求者。所谓的非遗项目内部需求者，即以具体的非遗项目为核心所凝聚和联系起来的实践群体。具体非遗项目的档案资源对于内部需求者群体而言，除了能提供一般意义上的精神财富与智力支持外，还能发挥承载群体记忆、帮助获得群体身份认同，以及支持非遗实践活动开展的重要作用。这是具体非遗项目实践群体在中观层面的特殊需求。非遗项目外部需求者作为一个整体，其对非遗档案资源的需求，则与宏观层面上整个中华民族的需求基本相同。

最后，在微观层面上，根据需求者与具体非遗项目之间的特定互动关系，可再将非遗项目内部需求者细分为非遗项目传承人与一般实践群体，将外部需求者细分为非遗项目专业研究者（或工作者）、爱好者和一般社会公众等几类具有典型特征的群体。

在微观层面上，可以观察到各细分群体，除了有前面提到的作为群体成员的共同需求外，还有与其身份相关的更加独特的具体需求。通常来说，传承人对非遗档案资源的具体需求，主要源于其支持开展非遗传承、传播工作的价值，普通实践者的具体需求，主要源于支持其参与非遗实践活动的价值；专业研究者（或工作者）的具体需求，主要源于其支持开展专业研究或其他相关专业工作（比如，利用非遗档案资源进行文化艺术产品创作）的价值，爱好者的具体需求，则主要源于其满足业余爱好的价值，一般社会公众的具体需求，则主要源于其有助于了解文化多样性的价值（详见表4-1）。

表 4-1　微观层面上非遗档案资源需求者的具体需求

需求者		具体需求
非遗项目内部需求者	传承人	用于支持开展非遗传承、传播工作
	普通实践者	用于支持开展非遗实践活动
非遗项目外部需求者	专业研究或工作者	用于支持开展专业研究或相关专业工作
	爱好者	用于满足业余爱好
	一般社会公众	用于帮助了解文化的多样性

4.3.2 非遗档案资源建设之需求实现方式

总的来说，非遗档案资源满足需求者需求的实现方式主要有三种：一是直接利用的方式，第二是间接利用的方式，还有一种是非利用方式。其中第一种利用方式最容易理解，就是直接使用非遗档案资源满足需求者需求的方式。第二种，所谓间接方式，就是通过他人利用非遗档案资源开发、创造出的相关文化产品，满足需求者需求的方式；最后一种最隐晦，并且与非遗的性质有着莫大的关联，即通过非遗档案资源得以长期安全留存的事实来满足需求者需求的方式。以非利用方式满足需求的需求者，其心中所欲求或考虑的其实是子孙后代利用非遗档案资源的可能性。

通常来说，微观层面所有具体需求的满足都可以通过直接利用的方式来实现，其中传承人和专业研究或工作者选择这种方式的比例最高。一般社会公众，绝大多数是通过间接方式来满足其需求的，究其原因则与非遗档案资源之信息特性有关：因为非遗档案资源，毕竟在很大程度仍属于没有经过加工的原始信息记录，从非遗档案到非遗档案资源，增加的只是更加方便快捷的信息检索工具。在通过第二种方式满足需求的过程中，非遗档案资源建设就相当于是相关文化产品产业链的上游环节，相关文化产品则是满足一般社会公众需求的终端产品。

宏观层面与中观层面需求者需求的实现，一方面，可以通过微观层面细分群体具体需求的满足而得以实现，另一方面，也是极为重要的一方面是，可以通过第三种（即非利用）方式来实现，因为非遗档案资源建设，就是在宏观上为整个中华民族及其子孙后代、在中观上为具体非遗项目的实践群体及其子孙后代保留精神财富。

4.3.3 非遗档案资源建设之需求强度问题

所谓需求强度，是指对某种物品需求的迫切程度。从理性自利人的假设出发，需求强度越高的物品，需求者为获得该物品所愿承受（或付出）的成本也越高，反之则越低。因此，需求强度是影响需求者供给行为选择的重要变量。

　　由于非遗档案资源建设之最终产品——非遗档案资源，属于生存之非必需品，因此，其需求的强弱是具有较大弹性的。而决定其需求强度的因素主要有以下四个方面：一是，非遗实践活动的受欢迎程度；二是，非遗档案资源转化为经济资源的能力；三是，相关群体对非遗档案资源价值的认知程度；四是，相关群体的经济文化发展水平。具体来说则是，非遗实践活动的受欢迎程度越高，非遗档案资源转化为经济资源的能力越强，相关群体对非遗档案资源价值的认知程度越高，相关群体的经济文化发展水平越高，其需求强度也就越高。当然，上述四个因素相互之间多多少少还存着一些关联关系。比如，一般来说，相关群体的经济文化发展水平越高，其对非遗档案资源价值的认知程度通常也越高；非遗实践活动的受欢迎程度越高，非遗档案资源转换为经济资源的能力通常也越强，亦越能够提高相关群体对非遗档案资源价值的认知程度。

　　根据前文有关需求者与需求内容的分析，可以推断：非遗档案资源在宏观层面的需求强度取决于整个社会在上述四个方面的发展情况；而中观层面的需求强度则与具体项目及其所属实践群体在上述四个方面的情况相关，即：具体非遗项目的受欢迎程度，该项目非遗档案资源之经济转化能力，具体项目所属实践群体对档案资源价值的认知情况，及其经济文化发展水平。

　　在微观层面，细分群体对非遗档案资源价值的认知，与其具体需求的内容密切相关。通常而言，与具体非遗项目关系越密切的细分群体，其对非遗档案资源的需求强度往往越大。也就是说，非遗项目内部需求者通常比外部需求者的需求强度大，内部需求者中的非遗传承人通常比普通实践者的需求强度大，外部需求者中专业研究或工作者需求强度通常比爱好者大，爱好者又通常比一般社会公众大。

　　另外，还需要特别指出的，非遗包含不同的具体项目，同一项目档案资源在外延上还有各种具体的分类，不同项目的非遗档案或不同种类的非遗档案，也可能因其价值的不同，转化为经济资源的能力的不同，而有不同的需求强度。综上所述，除了整个社会的相关发展情况以外，在微观层面，细分群体的位置、具体的非遗项目以及具体的非遗档案资源种类，都是影响需求强度的重要变量。

若将非遗档案资源建设拆分为"非遗建档"与"非遗档案保管"两个工作环节分别来看，由于"非遗建档"的工作成果——非遗档案——所包含的信息内容与非遗档案资源建设的最终产品——非遗档案资源——基本相同，因此，其需求强度及相关影响因素，与非遗档案资源建设的情况亦大致相同。而"非遗档案保管"，作为辅助性支持最终产品且只能发生在"非遗建档"之后的工作环节，其需求强度的影响因素除了上述几个方面以外，还要受"非遗建档"工作成果对安全保管环境需求之迫切程度的影响，也就是说，"非遗建档"产生的非遗档案数量越多、时间越长，其对"非遗档案保管"的需求也就越强；反之则越弱。

4.4　非遗档案资源建设的外部性分析

外部性概念是由英国经济学家马歇尔和庇古于20世纪初提出的，是指生产者或消费者在生产或消费活动中对第三方的福利产生了有利或不利影响的现象。[1]由于外部性的存在所形成的特殊投入收益关系，容易造成社会脱离最有效的生产状态，因此，外部性问题通常是公共管理研究关注的重点内容。本节的主要目的是从外部性的角度来考察非遗档案资源建设的基本特性。

4.4.1　消费方面的外部性

需求得到满足的过程，即是消费行为的发生过程。如前所述，非遗档案资源的需求，可分为宏观、中观与微观三个层面，其中宏观层面上整个中华民族的需求，与中观层面上具体非遗项目实践群体的需求一样，都是集体的、抽象的，其需求的满足，需要通过微观层面细分群体中具体个体对非遗档案资源的利用来实现；反过来说，细分群体中个体利用非遗档案

---

[1] 马歇尔. 经济学原理. [M]. 北京: 商务印书馆. 1964. 庇古. 福利经济学. [M]. 北京: 商务印书馆. 2006.

资源满足自身需求的同时，有利于宏观层面上整个中华民族和中观层面上相关非遗项目实践群体的集体需求满足的实现。

因此，从公共管理的视角来看，非遗档案资源在微观层面具体需求的满足上存在非常强的正外部效应，因为个体需求的满足，客观上会使具体非遗项目实践群体与整个中华民族同时受益。非遗档案资源在消费方面的强外部性，为政府采取鼓励并促进非遗档案资源利用的政策提供了正当性。

4.4.2　生产方面的外部性

非遗档案资源建设在生产方面也具有一定的正外部性，因为非遗档案资源生产出来后即使当前没有具体的个体在消费使用，其作为精神财富的长期安全留存，对整个社会中每个人及其子孙后代的生存发展是有潜在价值的。非遗档案资源建设在生产方面的外部性，与前面所提到的非遗档案资源的非利用需求满足方式密切相关。非遗档案资源建设在生产方面所具有的外部性，为公共资源介入支持非遗档案资源生产奠定了理论基础。

4.5　基于公共问题基本特性的非遗档案资源建设治理需求

在讨论治理需求时，首先需要对"生产"和"提供"进行区分。非遗档案资源建设的治理目标是促使非遗档案资源建设得到有效供给，而"生产"和"提供"则是实现供给的两类性质不同的活动。所谓"生产"，就是将资源投入转化为服务或产品的技术过程；所谓"提供"，则是指为生产活动提供资源投入。由于"生产"加"提供"等于"供给"，因此，有效供给问题可以转化为有效生产和有效提供的问题，治理需求则可以转化为非遗档案资源建设在生产和提供两个方面有效的制度安排选择问题。

那么究竟什么是有效的制度安排呢？依据非遗档案资源建设合作治理分析框架的评估标准，有效包括效果和效率两个方面的维度，前者关注的是实际问题的解决程度，后者关注的则是资源的利用效率。除此之外，还需要考虑财政公平与再分配公平、公民自主权与政府责任性的保障等问题。

4.5.1 非遗档案资源建设有效生产的治理需求

对生产制度安排选择有着重要影响的是生产特性。因为生产涉及的主要是将资源投入转化为产出的技术性过程。因此，适用于有效生产的评价准则主要是资源的利用效率。

由于非遗本体档案建档、非遗业务档案建档和非遗档案保管三者的生产特性有较大差异，因此，本部分将基于前文有关三者生产特性的分析结果，来对其分别进行探讨。

对于非遗本体档案建档而言，首先，由于每个非遗项目的档案都具有相对独立性，不同的非遗项目之间差异大，熟悉项目的专业人才在不同的项目之间通用性较差，且生产过程需要跨专业知识与技能的投入，因此，在生产组织中，以具体项目组建专门的生产单位，按照团队结构模式开展工作的制度安排相对更加有效；所谓团队结构，简单来说，就是团队具有较高独立性，成员间密切合作，并共同对结果负责。第二，由于非遗本体档案建档整个生产过程对具体非遗项目实践群体的依赖程度高，生产成果标准化程度低，外部监督实施困难，因此，决策权越靠近具体项目非遗实践群体的生产制度安排，效率通常越高。也就是说，理想的生产制度安排应该是以具体非遗项目的实践群体为中心。第三，由于人力成本在生产总投入中所占的比重极大，对人才的综合素质要求高，除熟悉具体非遗项目的专业人才通用性较低以外，其他类人才都有较高的通用性，因此，越能够发挥这些人才规模经济效应的生产制度安排，通常越有效。最后，由于非遗本体档案建档之核心生产资源时效性强且不可替代，因此，越是根据核心资源之时效性确定优先等级的生产制度安排，越是有效的。

非遗业务档案建档，虽然在生产过程中也需以非遗项目为单位，但不同项目之间业务档案的组成类型差不多，且生产量级小，生产成果标准化程度高，因此，建立统一的标准来开展工作相对效率更高；另外，虽然作为非遗业务档案来源的相关文件资料，在非遗项目实践群体和官方主管机构手中各有一套，但由于建档工作有一定的专业性，单从生产角度来考虑，由官方主管机构对所主管非遗项目统一开展相关建档活动更能发挥规模经济效应。同时，由于官方主管机构为正式组织，且非遗档案管理的形成过程与传统档案基本类似，因此，以官方主管机构为来源主体的建档工作，可借鉴或利用原有的档案管理体制与机制，以降低生产成本。

非遗档案保管之生产特性对于治理安排的影响主要有两个方面：一是，由于其生产所需要的基础设施投资成本大，且工作高度专业化，在生产方面具有很强的规模效应，因此，单从追求规模经济的角度出发，适宜安排物理上的集中生产；同时，虽然不同非遗项目分散在不同地域，但非遗档案保管的生产过程基本可以脱离具体非遗项目实践群体的参与，这亦为其集中生产提供了实现的可能。不过，值得特别注意的是，非遗档案保管还要考虑到具体非遗项目实践群体对非遗档案的方便利用问题，从这个角度来看，非遗档案的存放地点应是越靠近当地越好。数字化能在很大程度上解决这个两难问题，使对非遗档案信息的利用摆脱存放地点的限制。二是，由于其生产过程面临的不确定性小，常规性程度高，因此，推行标准化管理的生产制度安排效率通常更高。

4.5.2 非遗档案资源建设有效提供的治理需求

影响非遗档案资源建设之有效提供的主要因素是消费特性、需求特性和外部性，另外，因提供涉及为生产提供资源的决策，因此，生产特性中对资源投入的需求情况也会对其有一定的影响。由于影响因素众多，非遗档案资源建设的提供问题比生产问题要更复杂。

根据前文的讨论结果，在自然状态下，非遗档案和非遗档案资源属于俱乐部物品，即在消费上具有高排他性、低竞争性。由于高排他性的存在，非遗档案资源在理论上具备以使用者付费方式，即自我供给机制和市场机制，作为提供机制的可能性。所谓自我供给，即使用者自己投资生产满足自我需求。在自我供给机制中，提供者、生产者和使用者都是同一主体；而在市场机制中，提供者与使用者是同一主体，但生产则是由他人来完成的。从评估准则来看，自我供给与市场机制在公共治理中都最符合财政公平（即谁投资谁受益）原则，协商成本也都比较低（其中自我供给机制的协商成本更低），并且无需增加额外公共资源投资的制度安排。不过，单纯依靠这两种机制都无法满足非遗档案资源建设有效供给需要。

单纯依靠自我供给机制，首先便意味着非遗档案资源的使用者被限定在具体非遗项目实践社群内部，因为非遗建档之核心生产资源掌握在具体非遗项目实践者手中，而这显然与非遗档案资源建设之最终目的——使非遗档案成为促进我国社会经济文化繁荣发展的重要战略资源——是不符的；第二，非遗传统上采用口传心授方式传承的特点，会使非遗项目实践者自我供给的非遗档案资源远远低于理想要求；第三，自我供给机制无法利用专业分工优势，在效率上亦并非最佳选择。

相比自我供给机制，市场机制不仅扩大了使用者的范围，同时也扩大了提供者的范围，同时市场机制还能够利用专业分工优势，促进创新，提高资源的配置与使用效率。然而，面对非遗档案资源的有效供给，市场机制亦难担此重任，其原因主要有两个：一是，非遗档案资源的需求者中有比例相当高的一部分群体无法自己付费，这一部分群体就是子孙后代。这一点，可以说与传统档案事业面临的情况相类似。二是由于绝大多数非遗项目正是因为自身面临生存危机才成为"非遗"的，因此，现实需求者（包括内部与外部需求者，尤其是外部需求者）中需求强度高到愿意付费使用的比例和绝对数量都非常低。这两个方面原因带来的共同结果是，通过使用者付费投入到非遗档案资源建设的资源远不能满足有效提供的需求。

需要特别说明的是，通常情况下，自我供给和市场机制是共存的，因为市场机制的协商成本更高，因此，只要有协商成本的存在，市场机制就无法完全取代自我供给机制。

另一方面，非遗档案资源在消费上的低竞争性与非常强的正外部性（需要特别说明的是，正外部性收益的财政平衡并不能通过自我供给或市场机制来实现）的共同作用，使得在提供方面，尽可能地开放非遗档案资源，降低其使用门槛，鼓励非遗档案资源得以充分利用的制度安排应该是值得追求的。这种追求的实现，显然需要公共权力的介入，以降低非遗档案资源消费上的排他性。然而，在非遗档案资源排他性降低的同时，其物品属性也就将由俱乐部物品向纯公益物品转变。在纯公益物品的供给中，自我供给机制和市场机制所遵循的"谁付费、谁受益"原则无法得到贯彻，自我供给和市场机制将彻底失去"用武之地"，因此，治理工具中可以依靠的便只有行政机制和志愿机制，以借助政府和社会的力量和资源来弥补市场的失灵。

由此可见，非遗档案资源建设有效提供对治理提出的需求至少包括以下两个方面：

一是，如何以合理合法的方式有效地降低非遗档案资源消费上的排他性。需要特别说明的是，降低非遗档案资源消费上的排他性存在实现程度的问题。由非遗档案资源的需求特性可知，微观层次上各细分群体对非遗档案资源的需求具体内容和强度是不同的，而满足具体非遗项目内部群体，尤其是非遗传承人的需要，显然最有利于非遗项目的活态传承。因此，政府在降低非遗档案资源排他性的制度安排中，需要优先考虑非遗实践群体之使用权限的保障问题。

二是，如何根据需要有效地通过行政机制和志愿机制弥补自我供给机制和市场机制之不足甚至失灵的问题。然而，行政机制和志愿机制并不是万能的，两者也都有各自的局限性。首先，行政机制和志愿机制，都是提供者和使用者两者相分离的机制。行政机制的提供者是相关政府机构，志愿机制的提供者则是社会中的相关公益机构。相比自我供给机制和市场机制，行政机制和志愿机制因提供者与使用者之间相分离，两者在使供给满足需求方面的协商成本会更高。因此，如何通过制度安排降低协商成本是需要考虑的问题。其次，公共财政资源并非取之不尽用之不竭，行政机制受预算限制，政府的运作本身需要消耗资源，而且这种消耗是非生产性的。而志愿机制的运作取决于社会中相关公益力量的发展情况，与社会资本的积累相关，具有自发性，但同时又存在着很大的不确定性。因此，如何引导和激励社会力量，充分发挥志愿机制是需要考虑的问题。最后，由于公共权力的使用和行政机制的运作以政府强制力为支持，因此，在行政机制运作的过程中，需要特别注意其中的公民相关权利的保障问题和政府责任的承担问题。

非遗本体档案建档与非遗档案保管在生产资源投入方面的特别要求，对其有效提供问题亦有一定的影响。

对于非遗本体档案建档而言，由于非遗本体档案建档之核心生产资源时效性强且不可替代，因此，在提供方面，越能够尽快激励更多的资源同时投入生产的制度安排，越是有效的。与此同时，由于人力成本在其生产总投入中所占的比重极大，且对人才的综合素质要求高，因此，越能够激励更多满足需求的高素质专业人才投入生产的制度安排，相对越有效。

非遗档案保管的生产，前期需要巨大的基础设施成本，但在前期投资完成后，单位生产成本非常低，因此，在提供方面，能够让已拥有相应基础设施条件的主体参与生产的制度安排是相对更优的选择。

5 我国非遗档案资源建设之正式制度分析

本章的主要目的是对我国非遗档案资源之正式制度进行梳理和分析。正式制度是非遗档案资源建设合作治理分析框架之外部治理条件之一，由于正式制度以政府的权威性和强制执行力为后盾，因此，对内部治理结构的形成有着非常重要的影响。在国家和地方两个层面中，本章对正式制度的系统梳理将重点放在前者，因为国家层面的制度是基础框架，我国地方层面相关实践的灵活变动或实践创新，大体都是在国家层面给定框架下或其允许范围内进行的，地域差异对非遗档案资源建设治理的影响更主要体现在制度执行和社会资本方面。

5.1 国家层面非遗档案资源建设相关正式制度

合作治理框架中的所谓正式制度，是指由拥有相应权力的官方机构，通过合法程序制定的，以其外部主体为管理对象，且具有普遍适用性的规则。一般来说，非遗档案资源建设相关正式制度，主要包含在相关主题规范性文件中。

由于到目前为止，我国国家层面尚未出台专门以"非遗档案资源建设"或"非遗档案"为主题的规范性文件，与非遗档案资源建设相关的正式制度可以从"非遗"与"档案"两类主题规范性文件为来源进行梳理。

5.1.1 非遗主题规范性文件梳理

自2005年至今，我国国家层面发布了一系列以非遗为主题的规范性文件。课题组所收集的非遗主题规范性文件时间截止为2020年12月，相关数据来源主要有两个：一是，中国非物质文化遗产网[1]；二是《非物质文化遗产保护法律法规资料汇编》[2]。两个来源中，前者是由文化部（2018年机构改革后与旅游部合并为文化和旅游部）主管、中国非遗保护中心主办的官方网站；后者是由文化部非物质文化遗产司主编并正式出版的书籍。根据数据收集结果，我国国家层面发布之现行有效的规范性文件共9部（详见表5-1），下面将根据发布机关、文件性质、主题内容等三个维度进行分类梳理。

表 5-1　我国国家层面发布的现行非遗主题规范性文件（2005—2019年）

序号	规范性文件名称	文号	发布年份
①	《中华人民共和国非物质文化遗产法》	中华人民共和国主席令第42号	2006
②	《国务院办公厅关于加强我国非物质文化遗产保护工作的意见》	国办发〔2005〕18号	2005
③	《国家级非物质文化遗产保护与管理暂行办法》	中华人民共和国文化部令第39号	2006
④	《中国非物质文化遗产标识管理办法》	办社图发〔2012〕45号	2012
⑤	《国家非物质文化遗产保护专项资金管理办法》	财教〔2012〕45号	2012
⑥	《国家级文化生态保护区管理办法》	中华人民共和国文化和旅游部令第1号	2018
⑦	《国家级非物质文化遗产代表性传承人认定与管理办法》	中华人民共和国文化和旅游部令第3号	2019
⑧	《文化部关于加强国家级文化生态保护区建设的指导意见》	文非遗发〔2010〕7号	2010
⑨	《文化部关于加强非物质文化遗产生产性保护的指导意见》	文非遗发〔2012〕4号	2012

---

[1] 中国非物质文化遗产网〔EB/OL〕. http://www.ihchina.cn.

[2] 文化部非遗物质文化遗产司主编.非物质文化遗产保护法律法规资料汇编〔M〕.北京:文化艺术出版社.

　　首先，以发布机关为分类依据，国家层面发布的9部规范性文件可分为三类，第一类是立法机关发布的；第二类是最高行政机关发布的；第三类是由国家行政职能部门发布的。其中由立法机关，即全国人民代表大会发布的有1部，为2011年由第十一届全国人民代表大会常务委员会通过的《中华人民共和国非物质文化遗产法》，属于法律，是非遗工作领域内所有规范性文件中效力位阶最高的；由最高行政机关即国务院发布的有1部，为《国务院办公厅关于加强我国非物质文化遗产保护工作的意见》（2005），这是我国在非遗保护领域最早发布的规范性文件。该意见所包含的内容，正是在加入"非遗保护国际公约"以后，我国首次在国家层面就如何加强非遗保护工作提出的应对思路，该文件还附有《国家级非物质文化遗产代表作申报评审暂行办法》；而其他7部则均为国家行政职能部门，即文化部或文化部与其他部委联合发布的，它们分别是：《国家级非物质文化遗产保护与管理暂行办法》（2006）、《中国非物质文化遗产标识管理办法》（2007）、《国家非物质文化遗产保护专项资金管理办法》（2012）、《国家级文化生态保护区管理办法》（2018）、《国家级非物质文化遗产代表性传承人认定与管理办法》（2019）、《文化部关于加强国家级文化生态保护区建设的指导意见》（2020）和《文化部关于加强非物质文化遗产生产性保护的指导意见》（2012）。其中《国家非物质文化遗产保护专项资金管理办法》（2012）和《国家级非物质文化遗产代表性传承人认定与管理办法》（2019）分别是在2006年7月13日印发的《国家非物质文化遗产保护专项资金管理暂行办法》（财教〔2006〕71号）和2008年发布的《国家级非物质文化遗产代表性传承人认定与管理暂行办法》（中华人民共和国文化部令第45号）的基础上修订而来的（为了行文语言的简洁性，本部分后面的论述将主要使用上表中的序号数字来指代对应的文件）。

　　其次，以文件性质为分类依据，在国家层面发布的9部规范性文件中，其中属于规范性法律文件的有6部，属于一般规范性文件的有3部。虽然只有立法机关发布的为法律，但③、④、⑤、⑥、⑦也都属于规范性法律文件，它们是由国家行政职能部门发布的，不过，细分起来它们之间也还有区别，③、⑥、⑦是以"令"的形式发布的，为部门规章，属于行政法规系列，其文件效力更高。从标题上可以看出，这5部规范性法律文件在名称中都包含有"管理办法"；其他3部（②、⑧、⑨）则为一般规范性文件，并且在文种上都同属于"意见"。作为党政机关公文，"意见"的主要功能是就重要问题提供解决办法或思路，其标题以采用"完全式表达"方式的更为常见，这也是为什么②、⑧、⑨的标题中包含了发布机关名称信息的原因。规范性法律文件与一般法律文件相比，在文件效力方面，前者比后者更高。正是由于规范性法律文件的效力更高，对执行落实的要求更为严格，因此，很多此类文件会将施行时间定在发布一段时间以后。在6部规范性法律文件中，除了④、⑤是在发布当天即时施行以外，其他4部的施行时间均晚于发布时间。而一般规范性文件则只是在文件落款处注明发布时间。几乎是基于上述同样的原因，政府在进行公共治理时，面对没有经验的新问题，通常会选择先发布"意见"，经过一段实践摸索，再出台规范性法律文件的做法。在9部文件中，规范性法律文件①和⑥就分别是在一般规范性文件②和⑧的基础上历经实践经验总结发展而来的，因此，前者在内容上很多继承了后者的内容。两者相比，规范性法律文件通常增加了相关主体权利和义务方面的规定；而作为党政机关内部工作指导的一般规范性文件通常有更加细致的工作、程序方面的内容。

第三，以主题内容为分类依据，9部规范性文件可分为3大类：第一类以非遗保护之整体或全局工作为主题，包括①、②，共2部；第二类以国家级非遗管理为主题，属于此类的分别是③、⑤、⑥、⑦、⑧，共5部；第三类为其他主题类，即主题内容不隶属于上述三种类别的规范性文件，包括④和⑨，共2部，其中④以中国非遗标识管理为主题，⑨以细分类别的非遗项目为主题，它主要针对的是传统医药、传统美术和传统技艺类等适宜通过生产、流通、销售等手段实现传承和保护的非遗项目。

5.1.2 档案主题规范性文件梳理

虽然我国尚未发布过专门以非遗档案资源建设或非遗档案管理为主题的规范性文件，但理论上来说，非遗档案属于档案的一种类型，非遗档案资源建设工作的开展及参与相关实践的各类主体也应遵从档案领域相关规定。基于这一思路，课题组对档案主题相关规范性文件也进行了梳理。这一部分数据主要来源于国家档案局网站[1]。档案主题相关规范性文件从涉及范围来划分的话，可分为两类：一类是综合性的，即涉及整个档案工作领域的，另一类是单一性的，即仅涉及某一类主体或某一类档案内容的。

综合性的规范性文件主要包括有2部，即《中华人民共和国档案法》（以下简称《档案法》）及《档案法实施办法》，并且这两者之间存在极为密切的关系。从效力上来说，《档案法》由立法机关颁布，属于法律，《档案法实施办法》为最高行政机关颁布，属于行政法规；从内容上来说，《档案法实施办法》是《档案法》在执行层面上相关内容的细化。《档案法》1987年由全国人民代表大会常务委员会通过，迄今为止分别于1996年、2016年、2020年经历了3次修订，2020年的修订版于2021年1月1日施行。《档案法实施办法》1990年经国务院批准，由国家档案局发布，1999年和2017年分别经过了2次修订。

由于非遗工作参与主体包括政府机关，以及各类可能的社会组织甚或个人，因此，课题组梳理的单一性规范性文件，与各类主体档案工作相关。这些规范性文件共有7部，按照涉及的被管理对象来分，主要包括4大类：机关、企业、基层治理组织和档案馆，其中与机关档案工作相关的规范性文件共有3部，分布是：由中央办公厅和国务院办公厅联合发布的《机关档案工作条例》（1983）、国家档案局颁布的《机关文件材料归档范围和文书材料保管期限规定》（2006）、《机关档案管理规定》（2018）；与企业档案工作相关的规范性文件1部，即《企业文件归档范围和档案保管期限规定》（2012）；与基层治理组织档案工作相关的规范性文件2部，分别是：由国家档案局和民政部联合发布的《城市社区档案管理办法》（2015），国家档案局、民政部和农业部联合发布的《村级档案管理办法》（2017）；与档案馆工作相关的规范性文件1部，即《各级各类档案馆收集档案范围的规定》（2011）。从文件效力角度来看，上述所有文件均

---

[1] 国家档案局网站［EB/OL］．https://www.saac.gov.cn/.

属于规范性法律文件，其中《机关档案工作条例》属行政法规，其他均属于国家档案局以令的形式发布的部门规章（详见表5-2）。

表 5-2　与各类主体之档案工作相关的规范性文件

序号	规范性文件名称	文号	类别
1	《机关档案工作条例》	中共中央办公厅、国务院办公厅1983年4月28日印发	行政法规
2	《机关文件材料归档范围和文书档案保管期限规定》	国家档案局令第8号（2006年）	部门规章
3	《机关档案管理规定》	国家档案局令第13号（2018年）	部门规章
4	《企业文件归档范围和档案保管期限规定》	国家档案局令第10号（2012年）	部门规章
5	《城市社区档案管理办法》	国家档案局令第11号（2015年）	部门规章
6	《村级档案管理办法》	国家档案局令第12号（2017年）	部门规章
7	《各级各类档案馆收集档案范围的规定》	国家档案局令第9号（2011年）	部门规章

5.1.3　相关主题规范性文件梳理

之所以要单列一个相关主题，一方面因为非遗保护并非凭空突然冒出来的全新事物，而是与此前的传统文化、民间文化保护一脉相承；另一方面则是因为非遗实际上是一个外延覆盖面相当大的概念，有的规范性文件从标题到正文虽然都没有使用"非遗"两个字，但其所涉内容是非遗大类中所包含的属类或小类。比如，《非遗法》将非遗按照具体表现形式列举了5大类，它们分别是"传统口头文学以及作为其载体的语言""传统美术、书法、音乐、舞蹈、戏剧、曲艺和杂技""传统技艺、医药和历法""传统礼仪、节庆等民俗"和"传统体育和游艺"；除此以外，为了逻辑的周延性还单列了一个"其他非物质文化遗产"类。[1]文化主管部

---

[1]　中华人民共和国第十一届全国人民代表大会常务委员会第十九次会议：中华人民共和国非物质遗产法［EB/OL］．（2011-02-25）http://www.npc.gov.cn/zgrdw/huiyi/lfzt/fwzwhycbhf/2011-05/10/content_1729844.htm

门在实施非遗项目申报与管理时，又在此基础上将非遗细分为了10大类：
"民间文学""传统音乐""传统美术""传统舞蹈""传统戏剧""传
统医药""传统技艺""传统体育、游艺与杂技""曲艺"和"民俗"。

以此为依据，课题组从文化和旅游部以及国家档案局官方网站上找到
了以下3部相关主题的规范性文件：《传统工艺美术保护条例》（1997）、
《艺术档案管理办法》（2001）与《文化部关于进一步加强文化艺术档案
工作的意见》（2008）。

《传统工艺美术保护条例》在思路上遵从的是非遗保护工作的逻辑，
它是由国务院于1997年发布并于当年实施的，其发布时间比我国第一部非
遗相关主题规范性文件早了18年，其关注对象的范围与目前所使用"十大
类非遗"概念中的传统美术类非遗有着较高的重叠；《艺术档案管理办
法》由文化部和国家档案局于2001年发布，《文化部关于进一步加强文化
艺术档案工作的意见》则发布于2008年，两者在思路上均遵从的是档案
工作逻辑，并且在内容与功能上密切相关，前者是后者的源头与基础，
后者同前者一脉相承，是为了更好地落实前者而服务的。它们的关注对
象范围与"十大类非遗"概念之中的"传统音乐""传统美术""传统
舞蹈""传统戏剧"与"杂技"有着较明显的重叠关系，而与"传统医
药""传统技艺""传统体育、游艺""民俗"以及"民间文学"则交集
较小，甚或无交集。

从效力上来说，《传统工艺美术保护条例》和《艺术档案管理办法》
均属于规范性法律文件，但前者效力更高，因为它是最高行政机关颁布
的，属于行政法规，后者是国家行政职能部门颁布的，属于部门规章；
而《文化部关于进一步加强文化艺术档案工作的意见》则属于一般规范
性文件。

5.2 国家层面规范性文件中有关
非遗档案资源建设的规定

本节的主要目的是通过对非遗主题、档案主题和相关主题规范性文件进行解读，并提取其中与非遗档案资源建设相关的正式制度规定。

5.2.1 非遗主题规范性文件中的规定

已出台的非遗主题规范性文件可按其具体内容再细分为以下四类：（1）以非遗保护之整体或全局工作为主题；（2）以国家级非遗项目和国家级代表性传承人管理为主题；（3）以国家级文化生态保护区建设与管理为主题；（4）其他主题类，本部分将按此分类展开讨论。

5.2.1.1 以非遗保护之整体或全局工作为主题的规范性文件

关注非遗保护之整体或全局工作的规范性文件有2部，其中《非遗法》虽然不是最早发布的，但因其效力最高，其他规范性文件都不得与之相违背或冲突，因此，在逻辑上应该首先对其相关规定进行详尽且深入的分析。根据梳理结果，《非遗法》中有关非遗档案资源建设的规定主要包括以下几个方面：

第一，明确使用了"非遗档案"概念，提出了非遗档案资源建设的最终成果形式。

在《非遗法》中，"非遗档案"概念一词总共出现了2次，都在第十三条中，且都是与"相关数据库"连用。《非遗法》第十三条明确提出了要"建立非物质文化遗产档案及相关数据库"，而"非遗档案及相关数据库"，正是非遗档案资源建设所追求的结果形式。

第二，将"建档"列为非遗保存工作的重要举措。

"建档"在《非遗法》中出现了2次，出现的条款分别是第三和第十二条。《非遗法》第三条和第十二条都提出要对非遗予以"认定、记录、建档"。两者的细微不同之处在于：第三条是在对"建档"工作性质进行确认，即在非遗工作从性质上分为"保存"和"保护"两大类的基础上，将"建档"与"记录""认定"一同列为保存类；第十二条则有点类似于对"建档"所归属或密切相关的工作程序进行了确认，即非遗建档与非遗调查密切相关。

需要特别说明的是，《非遗法》之所以在法律名称上没有使用"保护"两个字（在这一点上是不同于《文物保护法》的），就是因为《非遗法》中出现了"保存""保护"两个词并列的现象，并且"保存"和"保护"两类措施所对应的非遗项目范围是相区别的："保存"类措施对应的是所有非遗项目，而"保护"则仅针对有积极意义的项目。与此同时，《非遗法》在第四条明确指出了"有积极意义"的标准，即："有利于增强中华民族的文化认同""有利于维护国家统一与民族团结""有利于促进社会和谐和可持续发展"。这三个"有利于"的标准，归根结底就是要求非遗保护要体现社会主义的核心价值。

第三，明确将非遗保存工作纳入政府公共财政预算的支持范围，并确定由政府文化职能部门承担非遗保存工作的主管之责。

《非遗法》第六条要求"各级人民政府将非遗保护、保存工作纳入本级国民经济和社会发展规划，并将相关工作经费列入本级财政预算"；其第七条则规定，国务院文化主管部门及县级以上地方人民政府文化主管部门各自"负责本行政区域内非遗的保护、保存工作""县级以上人民政府其他有关部门在各自职责范围内负责有关非遗的保护、保存工作"。基于"非遗保存工作"与"非遗建档"之间的包含与被包含关系，《非遗法》的这两条规定，在逻辑上等同于确认了在非遗建档工作方面政府作为提供者和文化职能部门作为主管部门两条基本规则。

第四，对非遗档案及相关数据库信息在消费上的排他性问题做出了规定。

非遗档案及相关数据库信息，即非遗档案资源建设之最终工作成果。《非遗法》第十三条要求"除依法应当保密的外，非物质文化遗产档案及相关数据信息应当公开，便于公众查阅"。也就是，根据法律的要求，非遗档案及相关数据资源原则上应该不具有排他性，结合其作为信息资源在消费上的低竞争性，因此，非遗档案资源建设的最终工作成果在物品属性上接近纯公益物品。同时，《非遗法》第三章所确定的非遗代表性项目名录制度，为非遗档案资源建设之最终工作成果以具体非遗项目为单位奠定了基础。

第五，围绕非遗调查工作的开展，对相关主体在部分非遗档案资料收集、保管方面的权利义务做了规定。

《非遗法》第十二条要求，文化主管部门在进行非遗调查时要收集代表性实物，并对调查中取得的资料进行整理和妥善保存；其他有关部门开展调查所取得的资料，需将复印件汇总交给同级文化主管部门。《非遗法》还确立了非遗代表性传承人认定制度，并规定了其妥善保存相关实物、资料和配合政府部门开展非遗调查的义务。（详见第二十九、三十与三十一条），同时要求各主体在开展非遗调查时，需征得调查对象的同意，且不得损害其合法权益（详见第十六条）。

第十四、十五条分别赋予了国内外个人或组织依法开展非遗调查的权利，并对境外个人或组织开展调查前中后必须遵守的义务做出了特别的规定：首先，调查前需要向省级或国务院文化主管部门报批；其次，调查后需要向文化主管部门提交调查报告及所取得资料之复印件。与之相对照，《非遗法》对国内个人或组织开展非遗调查所取得资料的留存问题没有做规定。

另外，对于调查中发现濒危非遗项目，《非遗法》第十七条要求县级人民政府文化主管部门立即开展记录、收集等抢救性保存措施。

最后，需要特别说明的是，《非遗法》在明确区分"保存工作"和"保护工作"的基础上，在提到国家鼓励和支持公民、法人和其他组织参与非遗工作，并对做出突出贡献者按相关规定给予表彰、奖励时，只列了"保护工作"，而没有提"保存工作"。

国务院2005年发布的《关于加强我国非遗保护工作的意见》，是《非遗法》出台前政府用于指导开展非遗工作实践的一般性规范文件，其很多内容在《非遗法》中都得到了继承和体现。该《意见》还包含两个附件。为避免重复，在此主要梳理其与《非遗法》相比的特殊内容，并将其归纳如下：

第一，确定了国家、省、市、县四级名录申报与管理体系。

《关于加强我国非遗保护工作的意见》提出我国的非遗代表性项目分为国家、省、市、县四个等级，其中国家级项目由国务院批准公布，其他各级项目由同级政府批准公布，并报上级政府备案。需要特别指出的是，《意见》中实际使用的是"非遗代表作"概念，《非遗法》后来将其修改为了"非遗代表性项目"。四级名录体系的构建，为非遗项目的分级管理及逐级申报制度奠定了逻辑基础。

第二，建立了文化主管部门牵头的非遗工作部际联席会议制度。

《关于加强我国非遗保护工作的意见》的附件二和三，确立了由文化主管部门牵头的非遗保护工作部际联席会议制度，及联席会议的部门成员名单。部际联席会议的主要职能是负责拟定相关方针政策、协调处理相关重大事项，其成员单位，除文化部外，还有教育、财政、建设、发展改革、民族、宗教、文物、旅游等领域的主管部门。联席会议制度为政府内部横向跨部门决策和合作奠定了基本框架。不过，档案领域的主管单位没有被列入其中。

第三，确定了保障非遗实践群体在项目申报方面之基本权利的规则。

《关于加强我国非遗保护工作的意见》的附件一，即《国家级非遗代表作申报评定暂行办法》规定，我国的公民、企事业单位或社会组织均可提出非遗代表性项目的申请，但当申报主体并非非遗项目传承人（或团体）时，申报主体须获得申报项目的传承人（或团队）的授权。。

第四，将"建档""保存"作为非遗项目保护计划中的具体措施，并对其工作内容做了更为详尽的规定。

《关于加强我国非遗保护工作的意见》之附件一要求申报主体在申报国家级非遗代表性项目时，需要提供面向未来10年的项目保护计划，而"建档"和"保存"则是其保护计划中需要包含的具体措施内容。该附件还对"建档"和"保存"的工作内容做了具体描述：建档，即"通过收集、记录、分类、编目等方式，为申报项目建立完整的档案"；保存，即"用文字、录音、录像、数字化多媒体手段，对保护对象进行真实、全面、系统的记录，并积极搜集有关实物资料，选定有关机构妥善保管并合理利用"。从"选定有关机构妥善保管"中可以看出，国家层面对"非遗建档"和"非遗档案保存"的生产分别由不同主体承担之模式安排的认可。

5.2.1.2 以国家级非遗项管理为主题的规范性文件

以国家级非遗管理为主题的规范性文件共有5部，其中4部的发布主体是国家文化主管部门，1部为国家文化与财政部门联合发布，关注的内容涉及国家级项目、国家级代表性传承人、国家级文化生态保护区的管理及上述三者的资金支持问题。

2006年的《国家级非遗保护与管理暂行办法》重点关注的是非遗项目，其有关非遗档案资源建设方面的独特规定，主要是围绕非遗项目保护单位的，具体包括以下几个方面：（1）提出了一个新的且非常重要的非遗档案资源建设治理主体——非遗项目保护单位。国家级非物质文化遗产项目需确定保护单位，保护单位由申报地区或申报单位推荐，省政府文化部门审核，国务院认定（详见第六条）；（2）规定由非遗项目保护单位履行全面收集该项目的实物、资料，以及在此基础上进行登记、整理、建档之责，保护单位应向所在地政府文化主管部门就项目保护实施情况报告工作（详见第八条）；（3）要求项目保护单位和其他相关机构妥善保管实物资料（详见第十六条）；（4）赋予项目保护单位提出该项目非遗代表性传承人推荐名单的权利。除此之外，该《暂行办法》还对各级政府在国家级非遗项目管理领域的纵向分工事宜作出了规定，即项目所在地文化主管部门负责该项目之具体保护工作的组织和监督，国家与省级文化主管部门负责各自辖区范围内所有国家级非遗项目保护工作的组织、协调和监督（详见第四条），国家文化主管部门负责组织建立国家级非遗数据库（详见第十四条）。

2019年的《国家级非遗代表性传承人认定与管理办法》，是在2008年同主题《暂行办法》基础上修订而成的。在非遗档案资源建设方面，两者都提出了国家文化主管部门"应当建立代表性传承人档案"。不过，在2008年的《暂行办法》中，国家级非遗项目保护单位被赋予了"全面记录代表性传承人之非遗表现形式、技艺和知识"，"征集并保管代表性传承人的代表作品，建立有关档案"的责任（详见第十一条）。在2019年的《办法》中，与非遗传承人建档的相关内容在以下四个方面做了较大的调整：一是，取消了非遗项目保护单位的建档责任——《办法》全文里就没再出现"项目保护单位"一词；二是，将非遗代表性传承人档案内容由原来的"代表性传承人的非遗表现形式、技艺和知识及其代表作品"改为了"传承人基本信息、参加学习培训、开展传承活动、参与社会公益性活动情况等"（详见第十六条）。这档案内容的规定与《办法》中有关代表性传承人申请时所需要提交的材料内容要求基本是一致的（详见第五条）；三是，在代表性传承人所应承担义务中增加了"妥善保管相关实物、资料"的内容，并将其概括为传承、保管、调查、传播四个方面的内容（详见第十八条）；四是，明确提出应及时更新国家级非遗代表性传承人档案的信息内容"（详见第十五条）。

内容涉及国家级文化生态保护区建设与管理的2部规范性文件，1部为一般规范性文件，即2010年的《文化部关于加强国家级文化生态保护区建设的指导意见》；1部为行政法规，即2018年的《国家级文化生态保护区管理办法》。在非遗档案资源建设方面，前者明确将"建立非物质文化遗产档案和数据库"列入了加强非遗名录项目保护的措施之一；将"珍贵的非遗实物资料、传承人代表性作品的征集"视为非遗基础设施建设的内容，并提出要"充分发挥非遗基础设施在非遗保护、传承、展示、宣传方面的积极作用"。后者要求国家级文化生态保护区建设管理机构"进一步加强非遗调查""建立完善非遗档案和数据库""妥善保管非遗珍贵实物资料""实施记录工程""促进记录成果广泛利用和社会共享"（详见第二十一条）。

2012年的《国家非遗保护专项资金管理办法》确定了国家级非遗——包括项目、代表性传承人、文化生态保护区——管理与保护工作的财政资金支持体制。该《办法》是在2006年的《国家非遗保护专项资金管理暂行办法》（财教〔2006〕71号）的基础上修订而来。该《办法》规定，中央设立专门的财政专项用于支持国家级非遗的保护与管理，其年度具体的预算金额取决于以下三个因素：国家非遗保护总体规划、年度计划和国家的财力情况。根据资金去向的不同，专项资金分为中央本级专项和中央对地方专项转移两类，中央本级专项资金用于支持文化主管部门本级的组织管理和重要部门所属单位的保护补助，中央对地方的专项转移资金则仅用于支持对三类管理对象的保护补助。其中与非遗档案资源建设密切相关的是：组织管理费的支出范围包括非遗数据库的建设，保护补助费的支出范围包括国家级代表性项目的调查、抢救性记录和保存。同时，《办法》还对保护补助费从申报、审批，到拨付、使用，再到验收和监督等整个管理流程中的相关要求做了细致规定。简单来说：就是使用者提出申报，国家文化主管部门审核后，提交建议方案给财政主管部门，财政部门审核后拨付；省级文化和财政主管部门在项目实施完毕后组织验收，验收结果交国家级主管部门备案，后者可根据情况组织对项目开展监督检查和绩效评价。

5.2.1.3 其他类主题的规范性文件

其他类主题的规范性文件共有2部，分别是2007年的《中国非遗标识管理办法》和2012年的《文化部关于加强非遗生产性保护的指导意见》。其中前者主要是对中国非遗标识的使用做出了明确规定，其主要内容为：（1）文化部为中国非遗标识的权利人，授权中国非遗保护中心管理；（2）鼓励标识用于公益活动；（3）商业活动使用标识需取得许可，因标识用于商业活动所得收入应全部用于非遗保护。后者主要针对的是适宜通过生产方式实现传承的传统技艺、传统美术和传统医药药物炮制类非遗，其与非遗档案资源建设有关的内容是：（1）对年老体弱的代表性传承人，要尽快开展抢救性记录，且记录的重点是其"掌握的精湛技艺和工艺流程"；（2）对濒危的非遗项目要优先记录和保存相关资料。

5.2.2 档案主题规范性文件中的规定

档案主题的规范性文件包括综合性和单一组织性两大类。

5.2.2.1 综合性档案管理主题的规范性文件

档案主题的2部综合性规范性文件分别为《档案法》和《档案法实施办法》。

《档案法》中与非遗档案资源建设密切相关的规定有：（1）明确指出档案主管部门在档案事业领域的主管、监督和指导职责。其中国家档案主管部门负责全国档案事业的统筹规划和组织协调，建立统一制度；县级以上地方档案主管部门负责主管所属行政辖区内的档案工作，并对辖区内机关、团体、企事业单位和其他组织的档案工作实行监督和指导（详见1987、1996和2016版第六条，2020版第八条）。可以说，该规定为档案主管部门参与规划、指导、监督非遗档案资源建设相关工作奠定了法理基础。（2）确定中央和地方县级以上各级各类档案馆为集中管理档案的文化事业机构（详见1987、1996和2016版第八条，2020版第十条）。对国家建立的各级各类档案馆文化事业机构身份性质的确定，为其从具体工作开展层面参与非遗档案资源建设奠定了身份基础。

《档案法实施办法》中的相关规定主要包括：（1）各级国家档案馆保管的档案中经济、科学、技术、文化等类档案，可随时向社会开放（详见1999年版第二十条，2017年版第十九条）。由于非遗属于文化大类，因此该规定为国家档案馆所保管的非遗档案即时向公众开放奠定了法理基础。（2）政府各部门在同级档案主管部门同意的情况下，可制定本系统专业档案的具体管理制度和方法（详见1999年版、2017年版第四条）。该规定为非遗档案管理中档案与文化主管部门之间的合作模式提供了一种可能性。

5.2.2.2 单一组织类档案主题的规范性文件

档案领域单一组织类的规范性文件共有7部。

在7部单一组织类的规范性文件中，《机关档案工作条例》《机关档案管理规定》和《机关文件材料归档范围和文书材料保管期限规定》都是针对机关之档案管理工作出台的规范性文件。

1983年出台的《机关档案工作条例》为政府内部档案工作开展确定了基本的组织体系。该《条例》明确规定：（1）机关必须成立相应的档案工作机构，由其负责监督、指导本机关文书部门或业务部门文件材料的归档工作，负责管理本机关的全部档案，并提供利用（详见第四条）；（2）机关档案部门由办公厅（室）领导，各级机关档案部门的业务工作受同级和上级档案业务管理机关的指导、监督与检查（详见第六、七条）；（3）中央和地方专业主管机关的档案部门，负责对本系统和直属单位的档案工作进行指导、监督与检查（详见第四条）。

2006年发布的《机关文件材料归档范围和文书档案保管期限规定》，其主要目的是对机关档案的收集和保存范围进行规范。该《规定》的主要内容包括：（1）明确机关档案的收集范围应主要包括，反映本机关主要职能活动和基本历史面貌的重要文件材料，机关工作活动中形成的在维护国家、集体和公民权益等方面具有凭证价值，以及对本机关工作具有参考价值的文件（详见第三条）；（2）详细列明了机关文书档案的归档范围及保管期限，并指出机关形成的科技、人事、会计及其他专门文件材料的归档范围和档案保管期限，按国家有关规定执行（详见第六至九条）；（3）各部门要根据自身职能和工作实际，制定本机关文件资料的归档范围和文件档案的保管期限，经同级档案部门审批后实施（详见第十二条）。该《规定》在界定归档范围时采用的是价值导向逻辑，按照其所列举的标准，机关在与外部服务或管理对象互动过程中所产生的重要资料应该被包括在内，但在指导实际操作的详细规定中，其所关注的内容只有文书档案。也就是说，该《规定》只是为相关政府机关形成的非遗业务档案被涵盖在"其他专门文件材料"之中提供了法理逻辑上的可能性。

《机关档案管理规定》发布于2018年10月，并于2019年1月1日起开始施行。它是在《档案法》和《机关档案工作条例》基础上发展而来的，其内容的更新体现了档案主管部门对机关档案工作过去经验的总结，以及对新时代环境下档案工作规律的最新认知。

在权力关系设置方面，该《规定》有一个非常重要的创新，就是在重申机关档案工作领域之统一领导，分级管理原则的基础上，强调各级档案主管部门在机关档案工作中的权力与责任，即负责本行政区域机关档案工作的统筹规划、组织协调，及对本级机关档案工作的监督、指导和检查，同时构建了档案部门与相关重要主体的合作关系。这种合作关系主要表现在以下两个方面：一是，档案主管部门与专业主管机关的合作，即要求中央和地方专业部门按照本专业的管理制度，在档案部门的指导下，对本系统和直属单位的档案工作进行监督指导（详见第四条）；二是，机关内部的合作，即要求机关内部建立由分管档案工作的单位负责人、办公厅（室）及相关部门负责人组成的档案工作协调机制，协调处理本机关、本系统档案工作重大事务和重要事项（详见第七条）。在这两个合作关系中，以分管档案工作的单位负责人为桥梁，档案主管部门与机关档案工作之间就有了便捷的沟通渠道。

在机关档案的具体内容方面，该《规定》明确列出了以下六大类：（1）文书、科技（科研、基建、设备）、人事、会计档案；（2）机关履行行业特有职责形成的专业档案；（3）照片、录音、录像等音像档案；（4）业务数据、公务电子邮件、网页信息、社交媒体档案；（5）印章、题词、奖牌、奖章、证书、公务礼品等实物档案；（6）其他档案（详见第二十三条）。在这六大类中，第一类和第二类是根据档案内容来区分的，第一类是所有组织在运作过程中都会产生的文书、科技、人事和会计四大类档案，其中科技大类下又包含三个小类，即科研、基建和设备。第二类专业档案则是专业组织在业务工作开展过程中形成的；第三、四、五类是按载体形式来划分的，它们在内容上应该隶属于第一、第二大类。该《规定》将机关履行行业职责形成的专门档案专列为一类，这显然为非遗业务档案的收集和保管提供了更为清晰的法理逻辑基础。不过，《规定》没有为这类专门档案的收集范围指明或提供需要遵循的具体规范。

除此之外，该《规定》对机关档案工作的机构与人员设置、基础设施配备、业务工作开展、信息化建设及奖励与处罚等五大部分做出了比较详细的规定，所涉内容几乎涵盖了机关档案工作的所有方面，可以说从制度上为进入收集范围之机关文件所形成档案的安全保管提供了较好的保障。

最后，《机关档案管理规定》提出"事业单位以及《社会团体登记管理条例》界定的社会团体可参照执行"（详见第六十九条）。

2012年发布的《企业文件归档范围和档案保管期限规定》适用于我国境内注册成立的企业，其逻辑与《机关文件材料归档范围和文书材料保管期限规定》基本相似。首先，明确企业文件的归档范围为反映企业研发、生产、服务、经营、管理等各项活动和基本历史面貌的重要文件材料，企业各项活动中形成的在维护国家、集体和公民权益等方面具有凭证价值，以及对本企业各项活动具有参考价值的文件（详见第四条）；其次，企业档案从内容上主要分为企业管理、科技、会计、人事和业务五个大类（详见第十、十二条）；最后，详细列明企业管理类档案的归档范围及保管期限，并指出企业应依据本规定和国家及专业相关规定，结合本企业生产组织方式、产品和服务特点，编制本企业的各类文件材料归档范围和档案保管期限表（详见第十五条）。两者的不同主要集中在两个方面：一是在大类划分上，机关档案分类中的文书档案被企业管理类档案替代，且业务档案有专门的"一席之地"，而不是被包含在"其他"里；二是在监督关系上，各级档案主管部门需依照企业资产关系分别负责对企业文件材料归档范围和档案保管期限表编制工作进行业务指导和监督（详见第三条）；国有企业总部的文件材料归档范围和管理类档案保管期限表，需报同级档案主管部门同意后执行（详见第十六条）。也就是说，非国有企业的档案管理不在档案主管部门业务指导和监督范围之内，该《规定》对其而言主要起参考借鉴之用。而通常情况下，与非遗相关的生产性组织，在性质上是非国有的。

城市社区和行政村都是我国治理体系中最基层的组织。《城市社区档案管理办法》于2015年发布，2016年1月1日起施行，按其规定：社区档案工作在业务上接受街道办事处（乡镇人民政府）、同级档案主管部门和民政部门的监督和指导；其归档材料在内容上主要分为文书、科技、会计，其中文书大类下的细分类目主要为社区党建、居民自治、社区管理、社区服务、社区治安，科技大类下的细分类目主要是基建和设备。《村级档案管理办法》2007年发布，2018年1月1日期起施行，其逻辑与《城市社区档案管理办法》大致相同：村级档案工作在业务上接受乡镇人民政府、同级档案主管部门、民政部门和相关部门的监督和指导；归档材料也是主要分为文书、科技和会计三大类。两者相比，最大的不同是：村级组织如果不具备档案安全保管条件，应当将档案交由乡镇档案机构代为保管。由此可见，在城市社区和行政村的归档材料类别中，没有与居民或村民生活方式的记录。

各级各类档案馆是集中管理档案的组织。2011年发布的《各级各类档案馆收集档案范围的规定》适用范围为国家设立的档案馆，以及国有企业、事业单位设立的档案馆，其中国家设立的档案馆包含三个类别：综合档案馆、部门档案馆和专业档案馆。

根据该《规定》，各级综合档案馆的主要收集范围，为同级别党政机关、人民团体、国有企业与事业单位的档案（详见第二条）。此外，本行政区内重大活动、重要事件档案、民生档案，及新中国成立前政权机构、社会组织、著名人物的档案，也列入收集范围（详见第三条）。再者，国有企业破产或转制、事业单位撤销后，其档案亦可由本级综合档案馆接收（详见第六条）。最后，经协商同意，综合档案馆还可以收集或代存行政区内各类社会组织、企事业单位、家庭或个人形成的档案（详见第三条）。这一规定为民间所有的非遗档案进入综合档案馆保存提供了法理逻辑上的可能性。

对于各级部门档案馆与专业档案馆，该《规定》指出：前者的收集范围为本部门及其直属单位形成的档案，后者的收集范围为其所属行政区域某一专门领域或特定载体形态的档案（详见第四、五条）。各级专业档案馆的存在为非遗档案资源建设提供了一种可资参考的思路与法理基础。

另外，在不同级别档案馆的收集范围方面，该《规定》明确要求：省级及以上级别档案馆只接收永久保存的档案，省级以下档案馆接收永久保存和保管期限为30年及以上的档案（详见第七条）。

5.2.3　相关主题规范性文件中的规定

相关主题的规范性文件主要有3部：《传统工艺美术保护条例》《艺术档案管理办法》与《文化部关于进一步加强文化艺术档案工作的意见》。

5.2.3.1　《传统工艺美术保护条例》

《传统工艺美术保护条例》是国务院于1997年颁布的，需要特别注意的是，根据《国务院关于废止和修改部分行政法规的决定（2013）》，为了推进政府职能转变，其做了两点修改：一是，第十二条中增加了"相关行业协会"作为对相关人员授予中国工艺美术大师称号的评审组织主体的内容；二是，删除了内容主要涉及"工艺美术大师所在单位义务规定"的

第十三条。该《条例》中与非遗档案资源建设相关的规定主要有：（1）传统工艺美术保护工作由国务院负责传统工艺美术保护的部门负责，国家对传统工艺美术品种和技艺施行认定制度（详见第四、五条）；（2）国家对认定的传统工艺美术技艺采取的保护措施主要包括：收集、整理、建档；征集、收藏优秀代表作品；以及确定工艺技术秘密的密级，依法实施保密（详见第九条）；（3）对传统工艺美术品中的卓越作品，经组织专家评审后，命名为中国工艺美术珍品；（4）珍品禁止出口，国家征集、收购的珍品由中国工艺美术馆或者省级工艺美术馆、博物馆珍藏（详见第十、十一条）。虽然从概念上看，该《条例》所关注的对象被包含于《非遗法》所关注的对象范围内，且其包含措施中亦有档案资源建设相关内容，但《条例》和《非遗法》的主管部门并不同，前者为国务院负责传统工艺美术保护工作的部门，在地方层面的执行中，多是指定由经济主管部门来负责，比如，《北京市传统工艺美术保护办法》就是规定由市场经济主管部门负责，《广东省传统工艺美术保护规定》要求由县级以上人民政府经济贸易主管部门负责；而后者则从国家层面到地方都是由文化主管部门负责。因此，如何使两者产生协同效应，是非遗档案资源治理中应该要考虑的问题。

5.2.3.2　艺术档案主题规范性文件

《艺术档案管理办法》与《文化部关于进一步加强文化艺术档案工作的意见》两者的规范对象都是艺术档案。前者是由文化部和国家档案局在1983年的《艺术档案工作暂行办法》基础上完善修订而来，于2002年2月1日起正式实施，《暂行办法》同时废止。根据该《办法》对艺术档案概念与艺术档案形成主体的界定，即艺术档案指文化艺术单位和艺术工作者在艺术创作、艺术演出、艺术教育、艺术研究、文化交流、社会文化等工作和活动中形成的有保管价值的记录（详见第二条），它与《非遗法》所列举"民间文学""传统音乐""传统美术""传统舞蹈""传统戏剧"与"杂技"有着较明显的重叠关系。该《办法》规定：（1）艺术档案的管理，在国家档案主管部门负责统筹规划、组织协调、统一制度和监督指导下，文化主管部门负责对全国文化系统艺术档案工作的指导和管理；（2）各级文化主管部门应把艺术档案工作列入部门整体发展规划，在业务上接受同级档案主管部门的监督与指导（详见第三、四条）；（3）文化艺术单位应建立健全艺术档案管理机构，对本单位的艺术档案实行集中统一管理，确保艺术档案的完整、安全和有效利用（详见第五、第七条）；（4）省文化行政管理部门可报请地方人民政府批准设立集中保管艺术档案的专门机构，负责征集、接收和保管辖区内的艺术档案资料（详见第八条）；（5）艺术档案管理部门应积极进行艺术档案资源开发，配合业务部门参与艺术生产和文化交流活动（详见第二十八条）；（6）明确将艺术档案分三大类，综合类、业务类和个人类，三大类下可再具体分不同属类（详见第十九条），并为不同性质业务类活动（文学创作，艺术表演，美术、摄影，社会文化，艺术研究，艺术教育、文化交流）梳理了归档范围（详见该《办法》之附件）。

2008年发布的《文化部关于进一步加强文化艺术档案工作的意见》是在对文化艺术档案工作现状之不满，及对新时代文化发展需要之认识的基础上，以全面实施《艺术档案管理办法》、使档案工作有效服务于文化大繁荣大发展为目的提出来的。该《意见》的主要内容包括：（1）在工作机制方面，提出：要建立文化艺术档案事业经费保障机制，各级文化主管部门要把文化艺术档案工作纳入职责范围和目标管理，要明确负责联系和分管文化艺术档案工作的具体工作人员；（2）在组织建设方面，提出：要加强文化艺术档案馆和文化艺术档案行业协会建设；（3）在业务工作方面，提出：要重视日常文化艺术活动、大型综合活动、知名老艺术家艺术档案收集整理，以及珍贵文化艺术档案的收集、征集工作，加快信息化建设和加强资源开发工作。尤其值得一提的是，《意见》在提到"珍贵文化艺术档案的收集、征集工作"条目时，特别提到了收集、征集、保管"地方戏曲或曲艺、民间手工艺、口述文化、民间活动等具有历史文化价值的记录，使其成为传承民间文化、保护非物质文化遗产的重要载体"。

5.3 地方层面相关正式制度的建设情况分析

有关地方层面非遗档案资源建设相关正式制度的建设情况，课题组主要选择了以各省为非遗保护立法而出台的规范性法律文件为研究对象。根据《中华人民共和国立法法》规定，省级人民代表大会及其常务委员会，可以在不与宪法、法律、行政法规相互冲突的前提下制定地方性法规；省级人民政府，可根据法律、行政法规和本省的地方性法规，制定地方政府规章。因此，各省的地方立法文件只有两类：地方性法规与地方政府规章，且前者的效力高于后者。

5.3.1 全国各省的非遗立法情况

截至2020年9月，全国31个省级行政单位（不含港、澳、台地区，以下同）中，除海南省外，其他30个省级行政单位均已出台非遗地方立法文件。2019年7月，海南省发布了《海南省非物质文化遗产保护条例（草案）》（第二次征求意见稿），并于8月2日公开发出了征求意见的函，也就是说其正式发布的时间应该不远了。基于此，下面的统计将海南省亦包含在内。

表 5-3 全国各省非遗地方性法规或地方政府规章一览表

序号	省份	条例名称	发布时间
1	海南省	海南省旅游和文化广电体育厅关于征求《海南省非物质文化遗产保护条例（草案）》（第二次征求意见稿）	尚未正式出台
2	福建省	福建省非物质文化遗产条例	2019/3/28
3	北京市	北京市非物质文化遗产条例	2019/1/20
4	天津市	天津市非物质文化遗产保护条例	2018/12/14
5	青海省	青海省非物质文化遗产保护办法	2017/12/5
6	四川省	四川省非物质文化遗产条例	2017/6/3
7	内蒙古	内蒙古自治区非物质文化遗产保护条例	2017/5/26

序号	省份	条例名称	发布时间
8	吉林省	吉林省非物质文化遗产保护条例	2017/3/24
9	广西省	广西壮族自治区非物质文化遗产保护条例	2016/11/30
10	黑龙江省	黑龙江省非物质文化遗产条例	2016/8/19
11	湖南省	湖南省实施《中华人民共和国非物质文化遗产法》办法	2016/5/27
12	上海市	上海市非物质文化遗产保护条例	2015/12/30
13	山东省	山东省非物质文化遗产条例	2015/9/25
14	江西省	江西省非物质文化遗产条例	2015/3/28
15	甘肃省	甘肃省非物质文化遗产条例	2015/3/27
16	辽宁省	辽宁省非物质文化遗产条例	2014/11/27
17	安徽省	安徽省非物质文化遗产条例	2014/8/21
18	西藏自治区	西藏自治区实施《中华人民共和国非物质文化遗产法》办法	2014/3/31
19	河北省	河北省非物质文化遗产条例	2014/3/21
20	陕西省	陕西省非物质文化遗产条例	2014/1/10
21	河南省	河南省非物质文化遗产保护条例	2013/9/26
22	云南省	云南省非物质文化遗产保护条例	2013/3/28
23	江苏省	江苏省非物质文化遗产保护条例	2013/1/25
24	湖北省	湖北省非物质文化遗产条例	2012/9/29
25	山西省	山西省非物质文化遗产条例	2012/9/28
26	重庆市	重庆市非物质文化遗产条例	2012/7/26
27	贵州省	贵州省非物质文化遗产保护条例	2012/3/30
28	广东省	广东省非物质文化遗产条例	2011/7/29
29	新疆维吾尔自治区	新疆维吾尔自治区非物质文化遗产保护条例	2008/1/5
30	浙江省	浙江省非物质文化遗产保护条例	2007/5/25
31	宁夏回族自治区	宁夏回族自治区非物质文化遗产保护条例	2006/7/21

从所发布文件的性质来看，31个省级单位中，只有青海省是省政府以令的形式发布的地方政府规章；其他30个均是由省人大或其常委会制定的

地方性法规。

从所发布文件的名称来看，31个省级单位中，福建、北京、四川、黑龙江等16个地区的为"某某省非物质文化遗产条例"，天津、内蒙古、吉林、上海等12个地区的为"某某省非物质文化遗产保护条例"，而湖南省和西藏自治区2个地区的文件是"某某省实施《中华人民共和国非物质文化遗产法》办法"命名的。青海省因其发布的文件性质与其他省都不同，所以在文件命名上也最为特殊，其所发布的文件名为"青海省非物质文化遗产保护办法"（详见表5-3）。

从其发布的时间上看，最早的是宁夏回族自治区，最晚的是海南省。以《非遗法》颁布的时间2011年2月25日为界，在其之前就已出台非遗立法文件的有4个，分别是宁夏、江苏、浙江和新疆。另外，需特别说明的有两点：一是，"非遗"概念在全国推广使用之前，有4个地区曾以"民族民间传统文化"为主题分别发布了地方性法规，这4部地方性法规分别是：《云南省民族民间传统文化保护条例（2000）》《贵州省民族民间文化保护条例（2002）》《福建省民族民间文化保护条例（2004）》和《广西壮族自治区民族民间传统文化保护条例（2005）》。二是，江苏省2006年出台地方性法规后，又于2013年对其进行了修订。宁夏2020年出台了有效期两年的《宁夏回族自治区非物质文化遗产保护管理暂行办法》，课题组认为此举是为条例的修订而做的准备。

5.3.2 地方立法文件中有关非遗档案资源建设的规定分析

各省的非遗地方立法文件在结构、逻辑与内容上都与《非遗法》大致相同。宁夏、浙江、新疆三省的条例是《非遗法》颁布之前出台的，它们的结构虽然与《非遗法》有较大差别，但内容和逻辑与《非遗法》基本一致。

地方立法文件中涉及非遗档案资源建设的内容都主要集中在"非遗调查"、"非遗保存"相关的条文中，其中比较特殊的主要有：

（1）在非遗管理制度建设方面，《天津市非物质文化遗产保护条例（2018）》是唯一一部提出要建立"非遗档案管理制度"的文件，其第八条规定"文化主管部门应当建立健全非物质文化遗产档案管理制度，按照有关规定接收、整理、保管非物质文化遗产档案，并采取必要的保护措施，防止档案的损毁或者丢失。"

（2）在非遗治理主体方面，广西、甘肃两省的条例是仅有的2部在负责保护、保存工作的相关部门中明确提到了"档案部门"的文件。比如，前者列举了"发展改革、工业和信息化、教育、民族、财政、宗教、档案等"16个部门；后者列举了"发展和改革、财政、人力资源和社会保障、住房和城乡建设、教育、民族、宗教、旅游、卫生、体育、新闻出版广电、文物、档案等"12个部门。江苏、上海、福建、四川4个地区的非遗条例，在列举应参与非遗传播的公共文化机构时将"档案馆"也涵盖在内。

（3）在非遗项目分类保护方面，北京、天津、上海、安徽、福建、吉林、四川、广西、青海等9个地区的条例提出，要"依据非遗项目存续状况、项目类别、特点实行分级、分类保护，组织制定和实施保护规划"。其中，上海市条例具体提出对"濒临消失、活态传承较为困难"的非遗代表性项目实行"抢救性保护"；对"受众较为广泛、活态传承基础较好"的项目实行"传承性保护"；对"具有生产性技艺和社会需求，能借助生产、流通、销售等手段转化为文化产品"的非遗项目实行"生产性保护"。

（4）在代表性传承人界定方面，北京、上海、四川、广西四省的条例中明确提出"代表性传承人可以是个人和团体。"从条例出台的时间上看，最早提出"代表性传承人团体"的是上海市。广西及四川的条例表述略有差别，但含义相同。而北京市的条例在上述表述的基础上，提出了"同一个代表性项目有两个以上个人或者团体符合前款规定条件的，可以同时认定为代表性传承人。"

（5）在非遗档案内容方面，有10个省的条例写明要建立关联的建筑物、场所、遗迹及其附属物等保护范围的档案。四川和江西对代表性传承人档案的规定比较特别。四川省条例提出"各级文化主管部门应为本级代表性项目的保护单位和传承人建立档案"，并具体指出了档案的内容应该包括"代表性项目保护规划的实施情况、经费使用、传承和传播展示等情况。"。而江西省条例中在保障措施中提出文化、卫生部门要关心代表性传承人的健康，要"建立传承人健康档案。

（6）在最终成果形式方面，《非遗法》第十三条提出要建立"非遗档案及相关数据库"。地方立法文件中，有25个省份提到了要"建立非遗电子档案、档案数据库及数字化保护平台"相关内容。值得一提的是，江西省条例相关的具体表述是要"运用数字化存储手段系统记录和归档相关资料，建立数据库和数字化保护系统平台。"

（7）在对"保护"概念的使用方面，除了辽宁和安徽两地以外，地方性立法文件名称中没有包含"保护"一词的，其对于"保护"概念的使用基本与非遗法一致，即将非遗工作区分为"保存"与"保护"两类，建立非遗档案属于"保存"类工作。地方立法性文件名称中包含有"保护"一词的12个地区，再加上辽宁和安徽，基本都是将"建立非遗档案"作为非遗保护包含的工作内容。

6　我国非遗档案资源建设的治理结构分析与结果预测

内部治理结构是非遗档案资源建设合作治理分析框架中最重要的组成部分，其核心是相关治理主体在非遗档案资源建设中形成的结构关系。本章将立足我国的本土化实践，首先确定非遗档案资源建设的治理主体都有哪些，然后具体分析其结构关系，并对该结构关系下的治理结果进行预测，最后对其进行评价。

6.1　非遗档案资源建设的治理主体

根据前文有关我国非遗档案资源建设相关正式制度的梳理结果，我国非遗档案资源建设的治理主体可概括为以下10类：（1）非遗项目实践社群；（2）非遗项目传承人；（3）非遗项目代表性传承人；（4）非遗项目保护单位；（5）非遗保护中心；（6）文化主管部门；（7）档案主管部门；（8）公共档案馆；（9）公共图书馆、博物馆（艺术馆）等文化事业机构；（10）社会公众（包括其他各类组织与个人）。基于其与非遗项目之间的关系，上述10类主体大致可划分为三大类：内部主体、外部主体与中间（过渡性）主体，其中前3类属于内部主体，后6类属于外部主体，第4类属于过渡性中间主体（详见图6-1）。

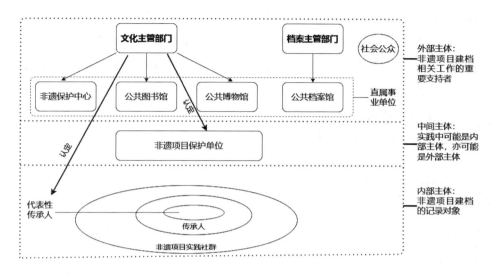

图6-1 非遗档案资源建设相关治理主体关系框架图

6.1.1 非遗项目内部主体

非遗项目的内部主体，对应的是具体非遗项目的所属群体。虽然内部主体包括非遗实践社群、非遗传承人和代表性传承人三类，但其实这三者之间属于从一般到特殊的嵌套包含关系，即非遗实践社群包含传承人，传承人包含代表性传承人。非遗实践社群，是以特定非物质文化遗产项目为核心的民间团体。理论上来说，具体的非遗项目，应该是非遗实践社群某方面社会生活实践的组成部分，是该群体区别于其他群体，或者说是该群体之身份认同的独特标记。

通常情况下，具体非遗项目在自然传承过程中，实践社群里会逐渐出现并形成这样一类相对更为特殊的成员：相对一般成员而言，他们对具体非遗项目相关理念理解得更透彻，对相关知识掌握得更系统，对相关技能使用得更纯熟，并具备传授能力和意愿。这类特殊成员，就是非遗传承人。非遗代表性传承人是指符合政府规定条件并通过官方程序认定的继承人。

按照《非遗法》的规定，代表性传承人应当符合的条件包括三个方面："熟练掌握非遗"；"在特定领域内具有代表性，在一定区域内具有较大影响"；和"积极开展传承活动"。在非物质文化遗产领域，我国建立了国家、省、市、县四级项目名录申请和管理体系。非物质文化遗产代表性传承人与非物质文化遗产项目一样，也分为国家级、省级、市级和区级四个层次。

为了将非遗实践社群中的其他人与传承人、代表性传承人区分开来，课题组将其称为普通实践者。

6.1.2　非遗项目外部主体

虽然文化主管部门、档案主管部门、非遗保护中心、公共档案馆、公共图书馆、博物馆（艺术馆）等公共文化事业机构与社会公众等都属于非遗项目外部主体，但它们相互之间存在着较大的性质差异。

根据《非遗法》的规定，文化主管部门是我国法定的非遗保护、保管工作主管机构。我国国家层面的文化主管部门，在2018年国务院机构改革前为文化部；改革后则变成了原文化部和旅游局合并基础上新组建的文化和旅游部，但部里具体负责非遗工作的内设职能部门——非遗司，其机构设置在改革前后基本没有发生变化。地方层面文化主管部门的改革情况基本亦是如此。

《档案法》明确规定了，档案主管部门为我国法定的档案事业与档案工作主管机构。我国目前的档案主管部门是国家与地方各级档案局。2018年政府机构改革对档案领域的影响主要发生在地方层面。改革前我国从国家到地方在档案机构的设置上采取的都是局馆合一体制，即档案局和档案馆是一个机构两块牌子，局馆的职能分工发生在内部；改革后，全国绝大部分地方层面档案部门都实行了局馆分离设置，具体操作为：档案行政职能划归给同级党委办公室，由其对外加挂档案局牌子，档案馆则由政府直属事业单位调整为党委直属事业单位。非物质文化遗产保护中心是开展非物质文化遗产保护的专业机构，是国家和地方各级政府根据实际需要，经同级编制委员会批准设立的文化主管部门直属事业单位。

一般来说，各地非遗保护中心由当地政府财政全额拨款支持，在文化主管部门的指导下，负责实施与非物质文化遗产保护相关的决策，如：提供相关政策咨询；组织非物质文化遗产的调查记录和相关资料收集；组织人员培训、各种成果推广会或经验交流活动；指导非物质文化遗产项目的申报和保护规划的实施；等等。目前，非遗保护中心在我国有两种存在形式，一种是依托原有文化事业单位，由原文化事业单位对外增挂非遗保护中心的牌子，并承担其相应职责，比如中国非遗保护中心就是2006年在中国艺术研究院挂牌成立的；另一种是独立设置的，比如北京、天津、河北等地的非遗保护中心就是如此。

公共档案馆为专业的档案管理机构；公共图书馆、博物馆（艺术馆）的馆藏则分别以图书和实物（艺术作品）为主。虽然三者的业务领域都有各自的核心关注对象，但三者在性质和使命上是相同的：即在性质上同属于财政支持的文化事业机构，且都肩负着留存和传播人类文明记忆的使命。也正是因为三者的使命与非遗档案资源建设的目的之间有着非常强的契合关系，所以它们在理论上，都是重要的治理主体。需要特别说明的是，前文在分类时，之所以要将档案馆与图书馆、博物馆（艺术馆）等分开单列为一类，主要是因为两类主体的主管单位不同：公共档案馆的主管单位为档案部门，而公共图书馆、博物馆（艺术馆）的主管单位为文化部门。

社会公众，是指除了内部主体以及外部主体中的上述组织以外的其他各类组织和个人，包括私人企业、民办非企业单位、高等院校、科研院所、各领域专家以及普通老百姓，等等。社会公众是非遗档案资源治理主体中非常重要的主体，因为从根本上说，它不仅是非遗保护与非遗档案资源建设工作的终极服务对象，亦是决定非遗档案资源建设治理框架中社会资本状况的重要因素。但或许正是因为其覆盖的范围太广，社会公众也是最不容易引起重视的主体。

6.1.3 非遗项目的中间（过渡性）主体

非遗项目的中间（过渡性）主体，即非遗项目保护单位。与非遗实践群体相比，非遗项目保护单位为边界清晰、结构稳定的正式组织，而非遗实践群体则不是。列入国家代表性项目名录的非物质文化遗产通常有指定的项目保护单位负责项目保护计划的具体实施。和非物质文化遗产代表性传承人一样，非物质文化遗产项目的保护单位也是由政府根据一定的资质条件认定的。

由于政府组织作为非遗项目保护单位有违政事分开的原则，同时，文化部非遗司在2011年下发的《关于国家级非物质文化遗产项目保护单位调整有关事宜的通知》中亦明确提出"原则上，各级地方行政部门不应作为项目保护单位"。[1]因此，在我国的实践中，非遗项目保护单位通常为企事业单位或社会团体。

课题组之所以将保护单位列为非物质文化遗产的中间（过渡性）主体，主要是因为它可能完全由非物质文化遗产项目的内部成员组成，也可能只是部分甚至很小一部分由内部成员组成。

前一种情况，通常是非遗在自然传承过程中，其实践社群内部已经出现了正式组织，比如，国家级非遗"昆中药传统中药制剂"的项目保护单位为昆明中药厂有限公司，而昆明中药厂有限公司则是由历史上自然形成的80余家老字号药铺合并的结果；后一种情况则主要是基于非遗项目所属实践社群没有正式组织，其他相关企事业单位为保护单位，比如"北京童谣"项目的保护单位是北京宣武师范学校附属第一小学。

6.2　非遗档案资源建设的内部治理结构

根据前文所构建的分析框架，非遗档案资源建设的内部合作治理结构，可以具体化为治理主体的位置、边界、认知、行为和报偿等五类关系。

6.2.1　位置关系

所谓的位置关系，即讨论的是在非遗档案资源建设治理主体中存在哪些不同的位置，以及这些不同位置在非遗档案资源建设中的治理责任、权

---

[1]　文化部非遗司. 关于国家级非物质文化遗产项目保护单位调整有关事宜的通知［EB/OL］.（2011-05-27）http: //www. ihchina. cn/Article/Index/detail? id=8912.

限配置与资源掌握情况。在非遗档案资源建设治理主体中，其位置关系的区分主要有两类依据，一是，各类主体与非遗档案之间的关系；二是，各类主体的性质，这两类依据在很大程度上决定了其治理责任、权限配置与资源掌握情况。

实际上，治理主体与具体非遗项目之间的关系本身就决定了非遗档案资源建设治理存在三种大类的位置关系：即内部、外部与中间过渡。

内部主体，即非遗具体项目的实践社群，从其与非遗档案之间的关系来看，整体上在非遗建档生产核心资源的掌握方面具有绝对优势，因为他们是非遗档案，尤其是非遗本体档案，同时也是非遗档案最重要的组成部分的来源主体，因此，非遗实践社群既是非遗档案资源建设工作的源头参与主体，同时，理论上也应该是非遗本体档案的所有者，并拥有参与非遗建档与非遗档案保管的权利。在内部主体中，则有普通实践者、一般传承人和代表性传承人三种位置的区分，三者在生产核心资源的掌握情况上，一般传承人优于普通实践者，而代表性传承人按照正式制度的设计初衷应该优于一般传承人。

从主体性质来看，非遗实践社群属于民间群体，其除了代表性传承人以外的其他成员，与官方之间不存在常规联系，这一方面决定了其权利的行使完全依赖于自觉，其在核心资源掌握上所具有的优势，以及理论上应该具有的权利，都只能转换成道义上的治理责任；另一方面也在很大程度上使其在非遗多媒体信息记录与非遗档案长期安全保管方面的技术、设备以及组织能力资源掌握方面，不仅相对于外部主体没有优势，而且还通常面临着绝对的劣势。

代表性传承人是非遗实践群体中与官方发生日常联系的特殊成员，根据《非遗法》中的相关规定，其法定义务主要在于传承、传播，具体来说包括四个方面（1）开展继承活动，培养接班人；（2）妥善保管相关实物和资料；（3）配合文化主管部门和其他相关部门开展非物质文化遗产调查工作；（4）参与非物质文化遗产公益宣传。

非遗项目保护单位，是承担非遗项目保护具体工作的主体，因此，它是非遗档案之业务类档案的重要来源主体。作为中间（过渡性）主体，非遗项目保护单位，与非遗本体档案之间的关系很大程度上取决于其与具体非遗项目联系的紧密性，即是否属于非遗实践群体成员、是否包含非遗传承人。二者联系越紧密，非遗保护单位在非遗本体档案建档生产核心资源方面所具有的优势就越接近内部主体。

从性质上看，非遗项目保护单位通常为民间组织，在实践中可能是企事业单位，或社会团体，亦或是民办非企业单位。与非遗实践社群相比，非遗项目保护单位作为正式组织，其在组织能力资源的掌握方面更具有优势。另外，由于非遗项目保护单位是上述民间组织在官方认可基础上获得的身份，因此，理论上，它会因官方的选择以及支持而获得更好的资源条件，当然，与此同时它也需要承担官方要求的义务，并接受其相应的监督检查。根据我国相关制度规定，非遗项目保护单位要承担"全面收集项目的资料、实物，并登记、整理、建档"的责任。在文化部2008年发布的《国家级非遗项目代表性传承人认定与管理暂行办法》中，项目保护单位还被赋予了为传承人建档，及征集其代表性作品并保存的职责；不过，2019年发布的同主题《管理办法》取消了这一规定。

对于非遗项目保护单位，需要特别说明的有两个方面，一是，《非遗法》里并没有提到"非遗项目保护单位"概念，它出自文化主管部门制定的部门规章；二是，在我国的非遗管理实践中，有如下几种情况：（1）项目保护单位与申报单位可能为同一主体，亦可能非同一主体；比如，国家级非遗项目"京韵大鼓"，其申报单位为北京市歌舞剧院有限责任公司，但其保护单位为北京曲艺团有限责任公司；（2）同一个非遗项目可能有多家非遗项目保护单位，比如，"天津泥人张"的项目保护单位包括天津泥人张彩塑工作室和天津市南开区泥人张美术馆；（3）同一个组织可能同时作为多个非遗项目的保护单位，比如，北京市延庆区文物管理所既是民间文学类非遗"八达岭长城传说"的保护单位，同时也是传统舞蹈类非遗项目"延庆旱船"的保护单位。

代表性传承人与非遗保护单位都是依附于具体非遗项目，且由国家认定而产生的。我国建立的四级代表性非物质文化遗产项目管理制度，对代表性传承人和保护单位的地位产生了一定的影响。

首先，如果具体非遗项目本身没有进入到四级名录中，那么在这个项目中就不会有代表性传承人与保护单位的位置；其次，非遗项目保护单位对应的级别位置与非遗项目的级别是一致的；第三，代表性传承人的情况在具体管理实践中相对更复杂，应该说非遗项目的级别决定的只是可以设置的代表性传承人的最高级别，因为更低级别的政府，为鼓励更多的传承人参与到高级别非遗项目保护工作中来，可能会在与非遗项目对应级别的代表性传承人之外，认定与本级政府相应级别的代表性传承人，也就是说，国家级非遗项目的代表性传承人除了有国家级以外，可能还会有省、市或区级。

在位置关系中，非遗项目外部主体的情况最为复杂，因为它包括文化主管部门、档案主管部门、非遗保护中心、公共档案馆、公共图书馆、博物馆（艺术馆）等公共文化事业机构与社会公众等六类性质差别较大的主体。

在治理职责方面，文化主管部门是非遗工作法定的行政主管部门，其内部通常设置了专门的科室来具体负责该项职能，比如在文化和旅游部内设了非遗司；非遗保护中心则是非遗行政主管部门直接指导下承担具体非遗保护工作的专业机构。因此，在非遗档案资源建设治理方面，两者的位置关系是：前者负有主管之责，后者则需要向前者报告工作。

在资源掌握方面，由于非遗业务档案是在专业管理组织与非遗实践社群互动过程中形成的，因此，非遗保护中心与文化主管部门亦是非遗业务档案的来源主体。同时，由于非遗业务档案建档的生产过程中所需要的人力、物力等成本投入都相对较低，因此，这两类主体在非遗业务档案建档方面最缺的资源可能是档案意识与档案管理专业技能。

档案主管部门是档案事业与工作领域法定的行政主管部门，理论上应对非遗档案资源治理承担主管之责。在资源掌握方面，档案主管部门最具有优势的领域是档案意识、建档和档案保管的专业知识、技能。

公共档案馆、公共图书馆和博物馆（艺术馆）等文化事业机构，其作为记忆保管专业机构的使命定位，为其参与非遗档案资源建设具体工作提供了理论上的正当性，同时它们在非遗档案保管生产方面都具有专业组织的资源优势，尤其是公共档案馆。

社会公众这一类主体内部也包括很多不同的位置，其中与非遗档案资源建设密切相关的是文化或非遗或档案等相关研究者与研究机构，相关爱好者与爱好者团体，以及相关文化产品或服务的消费者，等等，社会公众没有法定的参与非遗档案资源建设的义务，但因为非遗属于民间，在平等自愿及不损害国家民族及他人利益的前提下，社会公众有权参与非遗档案资源建设工作。

从主体性质上来看，除社会公众以外其他五类主体与行政辖区和官方力量都有着密切的关联。首先文化与档案主管部门本身就是政府组织，非遗保护中心、公共档案馆、公共图书馆和公共博物馆（艺术馆）等文化事业机构都属于直属事业单位，它们与辖区内的具体非遗项目存在着一对多的关系。再者，作为政府组织，文化主管部门和档案主管部门内部存在着行政等级之分，通常来说等级越高，掌握的资源多，配备的专职工作人员也越多，反之则越少。第三，在现行体制下，非遗保护中心、公共图书馆、公共博物馆（艺术馆）等都属于文化主管部门的直属事业单位，而公共档案馆则属于档案主管部门的直属事业单位。最后，社会公众内部的组成情况比较复杂，但总体在性质上属于非官方主体。

6.2.2　边界关系

所谓边界关系，即非遗档案资源建设治理主体与非治理主体之间、不同位置治理主体之间是否存在着明确的边界，不同主体位置的进入与退出规则情况如何。在边界关系上，上述各类非遗档案资源建设治理主体的情况并不完全相同。

首先，非遗实践社群和非官方认定的传承人的边界存在一定模糊性。对于非遗实践社群，一方面，因为社群与组织不同，它本身就不具有明确清晰的边界。虽然居住地行政区划可以帮助界定具体非遗实践社群的大致范围，但它并不是一个完全清晰的边界。另一方面，在一般实践中，放弃和获得团体成员资格通常不需要经过一些严格的程序，也不存在登记。现实情况是，随着全球化、城市化和改革开放，不仅许多非物质文化遗产社区成员离开了原来的居所，而且许多仍在原来居所的非物质文化遗产社区成员不再参与非物质文化遗产实践，从而在本质上放弃了非物质文化遗产社区成员的身份。正是上述情况的存在，导致了很多非遗项目活态传承的后继无人，濒临失传的危险，并催生了"政府干预"。

传承人的边界也是模糊的、动态的，这与非物质文化遗产实践群体成员的情况类似。但由于传承人不能是自封的，对他们的技术掌握和师承通常需要在非物质文化遗产实践社区中得到一定的认可。因此，传承人的准入标准更多的是在非物质文化遗产实践社群成员的心目中，准入门槛远高于普通从业者。

另外，也因为如此，非遗传承人在做出退出选择时，也会比普通实践者面临更多的不舍。

其次，代表性传承人和非物质文化遗产保护单位的边界明确，同时有相对明确的准入和退出规则。因为代表性传承人和非遗保护单位都是经过官方正式程序认定并需要对外公布的，其边界是非常清晰的，谁是或者不是代表性传承人，哪个组织是或不是项目保护单位都是非常明确的。

关于代表性传承人的进入与退出规则，在国家层面主要体现在文化与旅游部2019年发布的《国家级非遗项目代表性传承人认定与管理办法》的相关规定中。实际上，自2008年起实施的相关《暂行办法》就对代表性传承人从公民申请，到上报、评审，再到公示、审定与公布，以及在"无正当理由不履行传承义务"的情况下失去代表性传承人主体身份等一整套进入、退出的流程与规则做了比较明确的规定。2019年的修订则在原来的基础上对认定条件和程序、退出机制做了进一步的完善，增加了过程管理内容，主要包括：（1）从技艺精湛程度、代表性和社会影响力、传承活动开展、品质修养等方面对认定条件做了更为细化的规定；（2）明确每五年开展一批国家级非遗代表性传承人认定工作的时间规划原则；（3）增加材料复核、根据需要安排现场答辩、公众异议等评审程序和环节；（4）公示时间由原来的15天修改为20日；（5）要求代表性传承人每年提交传承情况报告，文化主管部门每年对其义务履行和传习补助经费使用情况进行评估；（6）列举了取消代表性传承人资格的5种具体情形："丧失中华人民共和国国籍的"、"采取弄虚作假等不正当手段取得资格的"、"无正当理由不履行义务，累计两次评估不合格的"、"违反法律法规或者违背社会公德，造成重大不良社会影响的"和"自愿放弃"等。

关于非遗项目保护单位的进入与退出规则，国家层面主要体现在2006年起实施的《国家级非遗保护与管理暂行办法》中，其进入规则中的认定条件是：（1）有该项目代表性传承人或者相对完整的资料；（2）有实施该项目保护计划的能力；（3）有开展传承、展示活动的场所和条件。进入规则中的基础程序则是：保护单位推荐名单由申报地区或者项目单位提出，经省文化主管部门组织专家审查后，报国务院文化主管部门审批。退出规则的主要内容则是：文化主管部门定期组织检查，项目保护单位出现下列三种行为之一时将失去主体资格：（1）擅自复制或者转让标牌的；（2）侵占国家级非遗珍贵实物资料的；（3）怠于履行保护职责的。2019年4月，文化和旅游部组织开展了国家级非遗代表性项目保护单位检查和调整工作，并根据检查结果，对793个涉及更名、撤销、职能调整的保护单位进行调整和重新认定、对14个检查不合格的保护单位给予限期整改、对38个检查不合格的保护单位做出了取消其保护单位资格的决定。

最后，外部主体中的文化主管部门、非遗保护中心、档案主管部门、公共档案馆、公共图书馆与博物馆（艺术馆）等文化事业机构五大类主体，因其均有较强的政府背景，或者就是政府组织，其边界也是非常清晰的，其主体资格是由其组织职能决定的，通常情况下不涉及进入与退出的规则问题。

6.2.3 认知关系

所谓认知关系，是指相关治理主体对非遗档案资源建设的客体范围和治理目标的理解情况，以及是否存在某种统一的共识。非遗档案资源建设的客体，即非遗档案资源。

关于客体范围，虽然《非遗法》等规范性文件中都使用了"非遗档案"一词，并且国家档案局在其2012年编制的《国家基本专业档案目录（第一批）》中明确列入了"非遗档案"类别，但官方的正式文件中对有关非遗档案究竟应该包括哪些内容的问题一直没有给予过具体解释。课题组在实地调研时发现，非遗档案在很多治理主体头脑中都是一个模糊的存在，有的将其直接等同于非遗项目申报材料，很多非遗保护项目单位的相关工作人员以及代表性传承人甚至对"非遗档案"一词非常陌生。另外，研究成果综述表明：即使是在理论界，学者们对"非遗档案"也是缺乏统一认识的。需要特别说明的是，对"非遗"的理解，也是影响非遗档案资源建设客体范围的重要因素。国家建立的代表性项目名录制度，为相关主体从具体非遗项目的角度确定治理对象提供了明确的依据，但与此同时，亦使很多主体认为只有纳入名录的非遗项目才是治理对象。

关于治理目标，目前的正式文件中缺乏对非遗档案资源建设治理目标的专门规定或清晰描述。根据《非遗法》中的相关文字描述，可以从逻辑上推断，其对非遗档案资源建设治理提出的功能上的目标主要是实现对非遗的保存，形式上的目标则是原则上向公众开放的非遗档案及相关数据库。而这样的治理目标，显然会面临两方面的问题：一是，在《非遗法》中"保存"与"保护"区别对待的语义背景下，仅将非遗档案的建设目标指向"保存"，容易导致对其功能性治理目标的弱化理解，即认为非遗档案资源建设与非遗的传承、传播功能没有关系；二是，因非遗档案客体范围不清，其形式上的治理目标亦无法实现具体化。

6.2.4 行为关系

所谓的行为关系：即非遗档案资源建设治理主体的行为选择有哪些，不同行为之间存在何种关联关系，以及不同治理主体的选择权限及其行为规则有哪些。

从公共治理的逻辑来讲，非遗档案资源建设治理主体的行为选择，理论上可以分为五类，它们分别是：规则制定、使用、生产、提供和监督检查。其中规则制定行为，即对于非遗档案资源建设具体应该如何操作制定相关规则的行为；使用行为，即利用非遗档案资源的行为；生产行为，即具体从事非遗实践活动记录、收集、整理、保管与数字化的行为；提供行为，即为非遗档案资源建设生产提供所需要的人、财、物或技术等等支持性资源的行为；监督检查行为，即为使实际的生产行为符合生产规则而采取的监督检查行为。以上五种行为的区分，正是公共问题能得以合作治理的逻辑基础之一。

非遗档案资源建设治理中的规则制定、使用、生产、提供和监督检查行为之间存在着相互影响关系：规则制定为生产、提供和监督检查行为提供了标准和依据；使用是生产和提供的动力，并且在使用过程中能够获得有关实际生产情况最重要的信息；提供行为是生产行为的保障，没有相应资源支持的投入，实际的生产行为就相当于"巧妇难为无米之炊"；监督检查行为为保证规则的执行提供保障或为其修订提供依据。

在目前的体制下，非遗档案资源建设治理主体中，拥有规则制定和监督检查行为权限的主要是文化主管部门。档案主管部门，作为专业行政组织，理论上应该拥有规则制定和监督检查行为权限。其他主体参与规则制定和监督检查的行为没有明确的正式制度保障，其是否拥有该权限，主要取决于上述两类主管部门是否吸纳其作为相关决策信息的提供者。在我国的公共管理实践中，规则制定的通行做法是邀请并组织相关专家进行论证。

在使用权限方面，《非遗法》确定的是"以向公众开放为常态，以保密为例外"的基本原则，除此之外，各类主体的使用权限没有区别。

在生产和供给行为权限方面，除了对境外的组织或个人的相关行为有额外的限制，同时还要求除文化主管部门以外的其他政府部门需将其所取得的资料汇总交给同级文化主管部门之外，《非遗法》对国内各类主体的行为限制只有"需征得非遗实践者的同意，且不得损害其合法权益"这一条。

6.2.5　报偿关系

所谓的报偿关系，即非遗档案资源建设治理主体的价值偏好，以及在其偏好基础上的成本与收益比的情况。报偿关系中包含着重要的激励机制，其背后的逻辑原理是经济学的，当行为选择的收益大于成本时，那么这种行为选择就是可持续的。但不同的主体，对什么是"收益"的定义，即所谓的价值偏好是不同的。再说的通俗一些，价值偏好其实就是各类主体行为选择的动机。

诸多的价值偏好中，针对非遗档案资源建设治理主体而言，实用、财富、政绩、声誉、情感和责任可以说是最主要的六大类，其中实用，追求的是物品的使用价值；财富，追求的是经济收益；政绩，追求的是上级对工作成绩的认可和肯定；声誉，追求的社会声望与名誉；情感，追求的是归属感；责任，即追求的是使命的实现。借鉴马斯洛的需要层次理论模型思路，课题组将这六类价值偏好也进行了层次划分，实用、财富和政绩处于最基础层级，因为它们的满足是相关主体生存和发展的基本条件；情感和责任处于最高层级，因为它们是纯精神层面的；声誉处于中间层级，很多时候声誉可以转化为或带来财富和政绩上的收益。这几类价值偏好并不存在相互排斥或冲突的关系。同一主体的价值偏好，通常是最基础层级偏好与其他类别偏好的组合。在一般情况下，最基础层级的需求占主导地位，也是最具有直接激励作用的因素。而决定治理主体之基础价值偏好和偏好组合的，则主要是主体的性质和职能。

在非遗档案资源建设治理主体中，纯粹属于政府组织的文化主管部门与档案主管部门，其基础价值偏好主要是对政绩的追求。当然，除政绩之外，声誉、情感和责任亦是对政府主体有激励作用的因素。作为政府部门之直属单位的非遗保护中心、公共档案馆、公共图书馆、博物馆（艺术馆）等文化事业机构，其价值偏好情况基本与政府组织相同。对于主要以政绩为偏好的主体，其行为激励因素相对比较简单，上级单位的考核标准就是其重要的激励因素。

作为内部主体的非遗实践群体，理论上其基础价值偏好更多的在于对非遗档案资源之使用价值的追求，情感与责任也会占据重要的地位。但在基本生存状况堪忧的情况下，其成员的价值偏好则很可能会转变为以财富为中心。当然，这种转变也可以说在某种程度上等同于对成员身份的放弃。传承人与代表性传承人的价值偏好与非遗实践群体的情况基本一致，但传承人的身份会使非遗档案资源对他们更具有实用价值，并使他们有更强的情感和责任偏好。目前已经建立的分级名录保护体制，使与之相关的非遗实践群体、代表性传承人和非遗项目保护单位获得了相应的称号，这个称号在很大程度上属于"声誉"激励，但同时也有情感与责任激励的效果。除了称号以外，代表性传承人和非遗项目保护单位还有非遗保护专项经费的支持，该支持经费是不含改善生活的补助的，只能用于非遗保护事宜，因此，这部分经费所起到的激励效果更大程度上相当于"责任"方面的激励。

非遗项目保护单位是否属于非遗实践群体，及其组织性质，是重要的影响变量。非遗项目保护单位若属于非遗实践群体，那么实用、情感与责任，会是其重要的价值偏好；而作为企业的非遗项目保护单位，市场中的生存压力则会使其对经济收益更加敏感。

另外，代表性传承人与非遗项目保护单位都是由政府认定的，因此，政绩对这两类主体而言，也会是重要的基础价值偏好。

社会公众作为外部的民间主体，除了专业工作者会注重非遗档案资源的实用价值以外，其他主体的基础价值偏好主要在于财富。比如，政府部门通过购买服务的方式来让社会公众中的专业人士进行非遗建档生产活动，就是利用财富激励因素。当然，声誉、情感和责任亦能对社会公众有激励作用。

还需特别说明的是，六种价值偏好中，对财富、政绩和声誉的追求，都依赖他人的评价，因此，如果评价者面临信息不对称问题，则可能导致监督检查的质量保障作用失效；而对实用、情感和责任的追求，则包含有自我质量控制的动力，因此，即使存在信息不对称问题，也不会对其生产和提供质量带来影响。

除了偏好以外，报偿关系中还包括成本收益比。根据非遗档案资源建设的生产特性分析，非遗本体档案建档的生产成本非常高，而业务档案建档的成本则要低很多，非遗档案保管的成本与所保管对象的体量有很大关系，非遗业务档案因体量小，其保管成本也要低很多。与此同时，非遗档案资源建设的客体范围没有明确规定。两者共同作用产生的成本收益关系则很可能是：生产两类档案在政绩与声誉两方面的收益相差无几，但成本却有很大的差别。另外，在实用收益方面，由于非遗建档和长期安全保管的价值有很大一部分是为了后来者，因此，从满足当世人的实用收益来看，对其投资的成本是远超收益的。也就是说，只有辅以情感与责任的激励，才有可能平衡这部分投入的不足。

6.3 当前治理结构下的治理结果预测

非遗档案资源建设合作治理分析框架之治理结果，是相关主体在内部治理结构关系约束下，所做出的具体行为选择在非遗档案资源建设治理领域形成的结果。本节以理性自利人假设为基本前提，根据当前我国各治理主体在非遗档案资源建设中形成的结构关系及其主要的价值偏好，从治理主体参与情况、非遗建档情况与非遗档案保管情况三个方面对治理结果进行预测。

6.3.1 治理主体参与情况预测

在治理主体参与情况方面，可以预测：

（1）文化主管部门及其直属事业单位的参与程度将远高于档案部门。主要依据为：文化主管部门的法定主管职责被明确写入了《非遗法》，而档案主管部门理论上虽然应为非遗档案事业与工作的法定主管部门，档案馆是专门的档案业务机构，但在国家层面以非遗为主题的规范性文件中，找不到"档案主管部门"或"档案馆"的字样，地方层面则只有少数几个省有提到。这在很大程度上会影响档案部门参与非遗档案资源建设的积极性，情感上无法获得归属感，并且最重要的一点是在追求政绩方面亦缺乏有利的支持；另一方面，文化主管部门直属的文化事业单位——非遗保护中心、图书馆和博物馆等，表面上"似乎"已经——实际并非如此——可以构成非遗档案资源建设生产过程的闭环，即非遗保护中心负责组织开展非遗建档，图书馆负责保管纸质类非遗档案，博物馆负责保管实物类非遗档案，而档案馆虽然在性质上亦为文化事业机构，但并不直属于文化主管部门，对于文化主管部门而言，选择系统内部的单位开展工作，显然比跨系统合作成本更低。因此，文化主管部门亦没有动力主动邀请档案部门参与治理。

（2）代表性传承人和非遗项目保护单位将会是最重要的参与者。主要依据为：首先，两者都是由政府认定的，在获得"声誉"以及更多资源支持机会等方面正激励的同时，都需要履行相关的法定义务，前者的义务为"配合政府部门开展非遗调查""妥善保存相关实物、资料"，后者为"全面收集该项目的实物、资料，以及在此基础上进行登记、整理、建档"。其次，这两类主体的边界是清晰而明确的，在主体资格上不存在信息不对称的问题。三是，代表性传承人在实用、情感和责任三个方面都具有较强的价值偏好，且掌握着核心生产资源，而保护单位与项目之间的密切程度应该会超过其他组织。

（3）由非遗实践群体中原就存在的正式组织作为项目保护单位的，其参与治理的情况应该会更好。主要依据有两个方面：一是，正式组织相比关系松散的非遗实践社群，通常会有更好的非遗本体档案资料积累基础；二是，在这种情况下，保护单位相当于内部主体，对非遗档案资源的实用、情感和责任有更强的偏好，因此，保护单位会有更强的参与动力。

（4）未获政府认定的传承人很可能不愿意参与。主要依据为：在内部主体中，传承人在掌握核心资源方面具有优势，又对非遗档案的情感、责任和实用价值有更强的偏好，原应是参与治理的重要主体。但在代表性传承人名额有限的情况下，未获得政府认定的传承人，则可能因此产生不公平感而降低参与意愿、降低参与行为。

（5）普通公众参与度很可能不高。主要依据为：虽然相关正式制度赋予了公众参与非遗档案资源建设生产与提供的权利，但并没有为吸纳和支持公众参与治理建立专门的平台，更没有从声望、情感和责任的角度开发针对性的激励机制。而非遗档案资源建设的最终成果在性质上接近纯公益物品，从供给角度来看，对基础价值偏好为财富的普通公众没有吸引力，

6.3.2 非遗档案资源建设情况预测

预测以各类主体的基础价值偏好为前提假设，将非遗档案资源建设分为非遗建档和非遗档案保护两个方面分别分析。

6.3.2.1 非遗建档情况预测

在非遗建档方面，可以预测：

（1）进入代表性名录的非遗项目，绝大部分都开展了非遗档案资料的收集工作。主要依据有三个方面：一是，《非遗法》明确规定文化主管部门要建立非遗档案；二是，进入名录的非遗项目是确定的；三是，每个项目通常都有指定的项目保护单位，且正式制度要求保护单位"履行全面收集该项目的实物、资料，以及在此基础上进行登记、整理、建档之责"。

（2）在所收集的非遗档案中，非遗业务档案的情况好于非遗本体档案，非遗业务档案中项目申报材料更全，非遗本体档案中需要通过多媒体信息技术主动记录的档案资料更少。主要依据为：正式制度对非遗档案所包含的内容未有明确规定，且相关治理主体对非遗档案的客体范围亦未形成共识，而与此同时，在"非遗档案"名义之下，非遗业务档案比非遗本体档案的建档成本要低得多，非遗业务档案中申报材料建档相对最容易，非遗本体档案中需要依靠多媒体信息技术通过主动记录形成的资料建档成本最高。

（3）非遗代表性项目与代表性传承人的级别对建档情况有重要影响，通常级别越高，其非遗档案的建档情况越好。主要依据为：在目前的治理结构中，政府相关组织占据着主要和主导地位，非遗项目与传承人的级别是政府认定的，因此，在政府财政预算有限的情况下，优先选择高级别项目是最符合理性的选择。

6.3.2.2 非遗档案保管情况预测

在非遗档案保管方面，可以预测：

（1）与非遗建档情况相比，非遗档案保管的情况很可能会更糟糕，已经收集的非遗档案资料会有部分甚或大部分得不到妥善保存。主要依据为：首先，正式制度没有关于非遗档案保管的明确规定，更没有明确指定哪一主体应该承担非遗档案保管的责任。相关正式制度对代表性传承人的相关法定义务要求是"妥善保存相关的实物、资料"，对保护单位提出的相关法定义务为"妥善保管实物资料"，都没提"非遗档案"。其次，非遗档案保管生产的前期投入成本比较高，长期保存的现实收益较少，一般的治理主体在投入资源时会倾向于选择仅满足眼前的需求。第三，档案部门参与少，没能给非遗档案保管的生产给予足够的专业指导和进行必要的监督检查。

（2）非遗业务档案比非遗本体档案的保管环境更好。主要依据为：非遗业务档案规模小，载体相对单一，保管成本低，而非遗本体档案规模大，载体多样，保管成本高。同样在"非遗档案"名义之下，选择成本低的活动更符合理性自利人的假设。

（3）非遗档案数据库及共享平台的信息相对简单。主要依据为：非遗档案数据库及共享平台的建设亦需要额外投入资源，在外人对所收集的非遗档案的了解情况存在"信息不对称"的情况下，一般的治理主体会选择成本更低的简单数据库及共享平台。虽然非遗档案数据库作为非遗档案资源最终的成果形式，其使用者是包含非遗实践群体在内的所有社会公众，但社会公众并没有监督检查的权限。

7 我国非遗档案资源建设治理结果之实证检验

本章将对我国目前非遗档案资源建设的实际治理结果进行梳理和分析。实际治理结果的调研分国家、地方和代表性项目案例三个层面，分别对应宏观、中观和微观三个视角。相关数据主要来自文献、官网和实地调研所得，调研的实施时间为2019年-2020年期间。对实际治理结果的分析，除了可以验证预测结果的可靠程度外，更重要的是为了获得对我国非遗档案资源建设治理情况全面系统的把握，以便在此基础上总结探讨其优点和不足。

7.1 国家层面的情况

国家层面情况的调研主要分四个方面：文化部门、档案部门、项目保护单位和社会公众。之所以这么安排的原因有二：一是，内部主体和项目保护单位对应的是具体的非遗项目，不同项目的情况差异很大，因此，对它们的分析主要放在代表性项目案例部分（本部分有关项目保护单位的讨论主要是宏观层面的）；二是，根据前面对非遗档案资源治理主体位置关系的分析，外部主体的位置，根据性质可区分为官方和民间两大类，同时官方大类中又可再分为文化部门与档案部门两类，民间类就是指广义上的社会公众。

7.1.1　文化部门

文化部门是指文化主管部门及其相关直属事业单位。目前，我国国家层面参与非遗档案资源治理的文化部门主要包括作为主管部门的文化与旅游部（2018年机构改革前为文化部）和它的直属事业单位中国非遗保护中心、国家图书馆、文化和旅游部民族民间文化发展中心。

7.1.1.1　文化主管部门

自我国在国家层面启动非遗保护工作以来，原文化部就在内部机构中设置了非遗司，由其负责拟定非遗保护政策和规划，指导非遗调查、记录、确认和建立名录，组织开展非遗保护、研究、宣传和传播。该司下设综合处、规划处、管理处、发展处和传播处五个处室。国家层面文化主管部门在非遗档案资源建设治理方面主要开展了以下几个方面的工作：

（1）发布了相关规范性文件，对项目保护单位和代表性传承人在非遗档案资源建设方面的义务做了规定，构建了国家级非遗专项资金支持体制。

根据文化主管部门发布的规范性文件，项目保护单位的义务是全面收集该项目的实物、资料，并进行登记、整理、建档；代表性传承人的义务为妥善保管相关实物与资料。国家级非遗包括项目、代表性传承人、文化生态保护区，专项资金支出范围包括与非遗档案资源建设密切相关的调查、记录和保存。因这部分内容，前文有关正式制度梳理中有详细讨论，在此就不再赘述。

（2）在全国组织开展首次的非遗项目资源普查，并在此基础上组织认定了1372个国家级非遗代表性项目及其项目保护单位，3068名国家级代表性传承人，设立了24个文化生态保护（实验）区。在2005-2009年的首次全国性普查期间，共搜集与非物质文化遗产有关的珍贵实物和资料29万件，文字记录20亿字，录音23万小时，拍摄图片477万张，编制普查数据14万册，普查登记的非物质文化遗产资源近87万顷。各地按照《艺术档案管理办法》，对有关普查资料进行了整理归档[1]，目前，这些资料都分散掌握

---

[1]　数据来源：文化和旅游部关于政协十三届全国委员会第一次会议第0320号（文化宣传类017号）提案答复的函http://zwgk.mct.gov.cn/zfxxgkml/fwzwhyc/202012/t20201206_916854.html.

在基层文化主管部门的手中。

　　原文化部于2006年、2008年、2011年和2014年分别公布了四批国家级代表性项目名录（前三批名录名称为"国家级非遗名录"，《非遗法》实施后，第四批名录名称改为"国家级非遗代表性项目名录"），共计1372个项，3145个子项，涉及项目保护单位3154个（详见表7-1）。为了对传承于不同区域或不同社区、群体持有的同一项非遗项目进行确认，从第二批国家级项目名录开始，设立了扩展项目名录。扩展项目与此前已列入名录的同名项目共用一个项目编号，但项目特征、传承状况存在差异，保护单位也不同。

表7-1　国家级非遗代表性项目名录公布时间与数量

批次	公布时间	数量	
		项目	子项
第一批	2006年5月20日	518	763
第二批	2008年6月14日	510	1352
第三批	2011年6月10日	191	567
第四批	2014年7月16日	153	463
合计		1372	3145

　　2019年4月，文化和旅游部组织开展了对项目保护单位的检查和调整工作，并根据检查结果，经各地申报，对793个涉及更名、撤销、职能调整的保护单位进行调整和重新认定、对14个检查不合格的保护单位给予限期整改、对38个检查不合格的保护单位取消其保护单位资格。

　　原文化部于2007年、2008年、2009年、2012年，文化和旅游部于2018年，分别公布了五批国家级非遗代表性项目代表性传承人，共计3068人（详见表7-2）。所谓"国家级文化生态保护区"，是为对具有重要价值和鲜明特色的文化形式实施整体统筹保护，经文化主管部门批准设立的特定区域。

表7-2 国家级非遗代表性传承人公布时间与人次

批次	公布时间	人次
第一批	2007年5月23日	226
第二批	2008年1月26日	551
第三批	2010年1月13日	711
第四批	2012年12月20日	498
第五批	2018年5月8日	1082
合计		3068

通常来说，设立的区域应当为历史文化积淀丰厚，国家级非遗项目数量较多，且存续状态较为良好。从2007年到2020年6月，文化主管部门先后设立了24个国家级文化生态实验保护区，涉及闽南文化、徽州文化、热贡文化、羌族文化、客家文化（梅州、赣南、闽西）、武陵山区（湘西、鄂西南、渝东南）土家族苗族文化、海洋渔文化（象山）、晋中文化、潍水文化、迪庆文化、大理文化、陕北文化、铜鼓文化（河池）、黔东南民族文化、格萨尔文化（果洛）、说唱文化（宝丰）、藏族文化（玉树）、齐鲁文化（潍坊）、河洛文化等19个地域文化。文化和旅游部在2019年公布了国家文化生态保护区名单，其中闽南文化、徽州文化、热贡文化、羌族文化、武陵山区（湘西）土家族苗族文化、海洋渔文化（象山）实验保护区入选。

（3）按照《国家非遗保护专项资金管理暂行办法》，与财政部共同为国家级非遗项目、传承人和生态保护区提供专项资金。

2006年到2020年间，文化主管部门通过中央财政拨款支持非遗保护的金额接近94亿元[1]。以2020年为例，文化主管部门共安排了7.26亿元专项资金，支持818个国家级非遗代表性项目的保护传承，249名国家级非遗代表性传承人的记录工作，2484名国家级非遗代表性传承人的传承实践，138期非遗传承人群的研究培训，21个国家级文化生态保护实验区的整体性宣传保护。[2]

---

[1] 数据来源：文化和旅游部对十三届全国人大三次会议第1793号建议的答复http：//zwgk. mct. gov. cn/zfxxgkml/zhgl/jytadf/202012/t20201204_907082. html.

[2] 数据来源：文化和旅游部关于政协十三届全国委员会第三次会议第0957号（文化宣传类047号）提案答复的函http：//zwgk. mct. gov. cn/zfxxgkml/zhgl/jytadf/202012/t20201204_907034. html.

（4）以专项资金支持启动了两个与非遗档案资源建设密切相关的工程："中国非物质文化遗产数字化保护工程"和"国家级非物质文化遗产代表性传承人抢救性记录工程"。

"中国非物质文化遗产数字化保护工程"是原文化部于2010年10月启动，并委托中国非遗中心组织开展的，该工程的主旨是通过探索如何通过数字信息技术，来对非遗进行数字化记录和管理，以便从技术角度为使非遗得到真实、系统、全面的记录，进而得以有效传播、传承提供支持。

根据官方公开发布的信息，该工程在2011年12月25日举办了第一期项目验收展示会，项目成果主要有三个方面：一是对"高密扑灰年画"、"秦腔"和"徽派传统民居营造技艺"3个国家级非遗代表性项目进行了数字化采集试点，共采集文字音视频资料300多小时，图片6000余张，文字50余万字；二是建设非遗资源数据库中项目库和专题库，项目数据库包含1219个国家名录和1488个代表性传承人信息，专题数据库包含三个试点项目的相关信息。三是制定了非遗数字化保护工程标准和工作规范（草案）[1]。

根据课题组对中国非遗保护中心相关工作人员的访谈，该工程由其数字化保护中心负责，主要任务不是进行数字化采集，而主要是以下两个内容：一是建构、完善和维护三个系统，即非遗数据库管理系统、数字化管理系统和信息公共服务平台系统，系统里的数据主要是国家级项目、国家级传承人原始的申报资料，还有与非遗项目相关的多媒体数据，所存数据来源中有很大一部分是由非遗司提供的。目前，这三个系统主要供内部使用，没对社会开放。二是推进非遗数字保护工程标准和工作规范的完善，以更好地指导和规范各级非遗代表性项目的资源采集、记录工作。目前，已形成《数字资源采集方案编制规范》《数字资源采集实施规范》《数字资源著录规则》3个系列标准作为"非遗数字化保护系列推荐性行业标准"的成果，该成果在工作流程上包含了采集方案编制、采集实施、资源著录3个环节，在工作对象上覆盖了非遗10大专业门类。2020年11月，中国非遗

---

[1] 数据来源：http://www.zgysyjy.org.cn/206/30710.html

　　保护中心组织召开了相关论证会，以进一步推动"非遗数字化保护系列推荐性行业标准"的审批和发布工作。

　　"国家级非物质文化遗产代表性传承人抢救性记录工程"是原文化部于2013年开始启动的，在该工程中，国家图书馆中国记忆项目承担了两项重要的职责，一是起草《国家级非物质文化遗产代表性传承人抢救性记录工作规范（试行稿）》（2015）（以下简称《工作规范》，和《国家级非物质文化遗产代表性传承人抢救性记录工程操作指南》（2016）（以下简称《操作指南》）；二是依据指南提供相关指导并组织开展验收工作。而实际承担组织开展抢救性记录任务的主体是各省的非遗保护中心。

　　2013年，原文化部出台了《国家级非物质文化遗产代表性传承人抢救性记录工程"十二五"时期实施方案》，这标志着"国家级非遗代表性传承人抢救性记录工程"正式启动。当时，原文化部选择了31个项目的50位代表性传承人进行试点。2015年，原文化部又印发了《文化部关于开展国家级非物质文化遗产代表性传承人抢救性记录工作的通知》（文非遗函（2015）318），并随通知下发了《工作规范（试行稿）》，记录工程的实操工作随之在全国全面展开。同年开始，在配套经费支持方面，文化部非遗司通过财政部给各省非遗保护中心下发经费，每位传承人的记录预算经费为40万。

　　根据《通知》的内容，原文化部计划在"十二五"期间完成至少300名老年人和体弱多病的全国代表性传承人的抢救记录，力争在"十三五"期间完成全国代表性传承人的抢救记录。同时，《通知》还要求抢救性记录工作要根据继承人的年龄和身体状况，对抢救记录工作要统筹规划，分步实施，具体实施步骤如下：（1）2015年，对300名70岁以上、70岁以下体弱多病的国家级非物质文化遗产代表性传承人进行记录；（2）2016年，开展70岁以上其他国家级非物质文化遗产代表性传承人（以2015年至2015年为准）的记录工作；（3）2017年至2020年，开展70岁以下国家级非物质文化遗产代表性传承人（2015年至2015年，含70岁）的记录工作。

　　从目前各省非遗保护中心所提供的数据来看，该抢救性记录工程的"十二五"规划目标已经实现（详见表7-3，数据截止到2015年）。

表 7-3 国家级非遗代表性传承人抢救性记录情况统计[1]

地区	传承人（人数）
北京	10
天津	16
河北	10
山西	10
内蒙古	0
广东	20
广西	2
海南	6
湖北	10
湖南	10
河南	10
江西	10
山东	9
江苏	32
安徽	10
福建	10
浙江	10
上海	10
四川	10
西藏	10
云南	10
贵州	10
重庆	10
新疆	7
陕西	18
宁夏	7
青海	6
甘肃	不详
辽宁	20
吉林	6
黑龙江	11
合计	320

[1] 数据来源：中国非物质文化遗产网·中国非物质文化遗产数字博物馆；中华人民共和国文化和旅游部；河南省文化和旅游厅。

随《通知》下发的《工作规范》将记录工作分为搜集和采集两部分，其中搜集的文献包括纸质文献、数字及音像文献和实物文献三大类（详见表7-4），而采集的内容又包括传承人口述、传承人项目实践、传承人传承教学，其中各类的具体内容及要求详见及表7-5。需要特别说明的是，实物文献，指的是对各类实物通过拍摄或扫描等数字化保存方式获得的信息，该工程原则上是不收集各类实物的。

表 7-4　国家级非遗代表性传承人抢救性记录文献采集内容

资料搜集内容	纸质文献	史志典籍
		论述论著
		研究论文
		申报文本
		申报辅助材料
	数字及音像文献	电子书
		电子图片
		申报片
		宣传片
		电视专题片
	实物文献	通过拍摄或扫描等方式获得的各类实物的数字化信息

表 7-5　国家级非遗代表性传承人抢救性记录文献采集内容

抢救性采集	传承人口述	人生经历、个人风格特色、技巧经验，及其背后的民俗背景、文化生态、文化记忆等。
	传承人项目实践	时间、地点、场地、环境、过程、受众等，以及传承人的项目实践能力，包括传承人的技艺绝活、经验思想、风格特征、代表作品等。
	传承人传承教学	记录传承人以口传、项目实践演示、现场指导的方式，教授徒弟、学生的完整过程。

为了使采集工作有统一的标准，同时也为了使采集工作在开始之前有可预期的完成时间期限，很多类别项目的非遗传承人项目实践记录要求中提出了参考的量化标准（详见表7-6），而传承人传承教学，则要求以一个故事、一出戏剧、一套舞蹈或一部作品的制作过程为例，展示项目教学、学习和实践的全过程。

表7-6 国家级非遗代表性传承人抢救性记录之传承人项目实践采集的量化要求

项目类别	量化要求
民间文学	应保证传承人口述文本的完整、全部录制。
传统音乐	歌曲类不低于20首（必须含稀缺曲目），器乐曲类不低于10首（必须含稀缺曲目）。
传统舞蹈	应保证传承人所掌握舞蹈的完整、全部录制。
传统戏剧	选择传承人代表剧目3-5出完整录像；采集3-5部剧本，除汉语版本外，少数民族地区要提交本民族语言的版本。
曲艺	代表性作品完整录像1-3段，代表性曲本文本1-3部。
传统体育、游艺与杂技	相关民俗事项在环境中的全程录制。
传统美术	至少拍摄1-2件代表性作品的完整制作过程，至少拍摄5件以上代表作品（标明作品是否原创或复制）。
传统技艺	至少拍摄1-2件代表性作品的完整制作过程，至少拍摄5件以上代表作品（标明作品是否原创或复制）。
传统医药	工艺和诊疗的全程拍摄和录制。
民俗	在特定时间空间中活动的完整过程。

除此之外，《工作规范》还对记录工作卷宗的内容做了详细要求（详见表7-7）。

表7-7 国家级非遗代表性传承人抢救性记录工作卷宗包含的具体内容

序号	内容要求
1	传承人基本信息登记表
2	工作方案及预算表
3	抢救性记录工作小组成员表
4	工作人员保密协议
5	搜集资料清单
6	资料搜集与使用授权书
7	伦理声明（传承人）
8	伦理声明（记录者）
9	著作权授权书
10	资源采集、收藏与使用协议
11	传承人口述访谈问题
12	拍摄日志
13	场记单
14	采集及整理资料清单
15	口述通稿
16	精选照片

2016年，原文化部又委托国家图书馆在《工作规划》及其实践的基础上起草了《操作指南》。相比《工作规范》，《操作指南》的贡献除了细化相关指导以外，还主要包括：在验收环节增加了实施者的自评估要求；在工作卷宗相关附件中增加了《元数据表单》《自评估报告》和《提交资料清单》；增加了记录成果后续使用的内容，要求记录工程实施单位应在本单位对记录成果进行妥善保存，并积极开展和促进成果的使用与传播。

《工作规划》和《操作指南》是传承人记录项目验收的重要依据。根据对国家图书馆中国记忆项目相关工作人员的访谈，因项目成果质量要求高，且录制时间要求长（比如，传承人口述记录建议时长5小时，最低要求的时长为3小时），项目验收的周期时间较长，采集成果若有问题还需要再沟通，让实施者修改直至符合要求为止。截止到2020年底，国家图书馆已完成了2015-2017三年间所实施记录项目的验收工作，涉及的传承人数量大概为700多位。为保证项目成果质量，相关工作人员表示，除了《操作指南》中对成果的硬性指标外，记录工作还有一个前置性的质量监控手段，即要求每位代表性传承人的记录项目必须要有两个全程负责的人，一个是项目负责人，需由省非遗保护中心的工作人员担任，另一个是对该非遗项目有研究的学术专员，以保证记录成果的学术性和文献价值。

该工程项目在2018年之后去掉了"抢救性"一词，导致这一变化的原因主要是：一方面，后期拍摄的代表性传承人的年龄与身体状况比较好的占多数；另一方面，又有新增的代表性传承人，为了对每位传承人进行详细记录，记录工作需要由"抢救性"转变为"常态化"。所以，目前基本上每年各省的非遗保护中心都会有记录工作任务，并形成了一个固定的操作模式：即各省根据本地国家级传承人的数量情况、自己的能力情况制定国家级代表性传承人记录工作计划，向非遗司申报；非遗司经过审核后下达批复，之后第二年按批复下发财政经费，下发经费后会打到各省的非遗保护中心，然后各省非遗保护中心再委托给外包的团队来实施采集。项目完成后，各省需要提交三份记录成果，通过验收后，三份成果一份交由国家图书馆保存，一份交给中国非遗中心，一份交给文化和旅游部民族民间文化发展中心。

另外，在知识产权方面，根据《工作规范》中有关文献采集、收藏与使用协议和伦理声明的范本模板，传承人对采集内容是否公开有最终决定权，采集所得口述史料和采集影像、声音所形成的文字稿，其著作权归各省非遗保护中心和传承人共同享有；采集所得项目实践和传承教学的音视频及照片的著作权归省非遗保护中心享有。

截止到2020年底，文化主管部门通过中央财政累计投资了5.45亿元，支持了1363名国家级非遗代表性传承人的抢救性记录。[1]目前入选国家级非遗代表性传承人的数量为3068，因此，通过中央财政支持记录的人数约占总人数的44%。由于第五批代表性传承人是在2018年认定的，因此，原文化部在2015年制定规划时的总人数为1986，若以此为基数，那么十三五期间完成记录的比例接近70%。完成记录的代表性传承人的年龄都在65岁以上，体现了抢救性记录的原则和思想。[2]

（5）组织探索非遗项目的全面记录方案及成果梳理。

2018年，文化和旅游部在总结对国家级代表性传承人记录工作实践经验的基础上，拟定了针对非遗项目开展记录的工程方案。目前，正在开展对已有记录成果的梳理和遴选工作，以统计汇总形成记录成果目录和非遗记录成果档案。文化主管部门将相关的具体实施任务委托给了民族民间文化发展中心。截止到2020年，已汇集民间文学、民俗类685项国家级非遗代表性项目记录成果信息12108条。[3]

7.1.1.2 相关直属事业单位

中国非遗保护中心、国家图书馆和文化和旅游部民族民间文化发展中心作为直属事业单位，其与文化主管部门之间的互动模式，主要为在其自身组织使命定位范围内，接受文化主管部门的委托开展相关工作。

---

[1] 数据来源：《文化和旅游部关于政协十三届全国委员会第三次会议第2361号（文化宣传类125号）提案答复的函》http://zwgk.mct.gov.cn/zfxxgkml/zhgl/jytadf/202012/t20201204_907077.html

[2] 数据来源：文化和旅游部关于政协十三届全国委员会第三次会议第0957号（文化宣传类047号）提案答复的函http://zwgk.mct.gov.cn/zfxxgkml/zhgl/jytadf/202012/t20201204_907034.html

[3] 数据来源：文化和旅游部关于政协十三届全国委员会第三次会议第2361号（文化宣传类125号）提案答复的函http://zwgk.mct.gov.cn/zfxxgkml/zhgl/jytadf/202012/t20201204_907077.html

7.1.1.2.1　中国非遗保护中心

中国非遗保护中心是2006年在中国艺术研究院挂牌成立的，该中心自身没有独立的编制，但中国艺术研究院在原来组织内部结构的基础上增设了非遗保护办公室来主要承担相关工作，办公室除综合办公部门外，还下设有管理保护部、理论室和数字化保护中心3个机构，共有在编工作人员21名。自成立以来，该中心在非遗档案资源建设治理方面开展的工作主要包括：

（1）参与国家层面非遗主题相关规范性文件的起草和论证工作。

目前国家层面已出台的包括《非遗法》在内的9部非遗相关主题规范性文件，除了《国家非遗保护专项资金管理办法》以外，其他8部规范性文件，中国非遗保护中心都有参与相关调研、起草和论证工作。

（2）开展"中国非遗数字化保护工程"相关研究和实施工作。

中国非遗保护中心受文化主管部门委托，负责该工程的相关研究和实施工作，其工作内容主要是建构非遗相关数据库和拟定数字化采集行业推荐标准，有关该工程的进展及成果前文都有详细梳理，此处不再赘述。

（3）组织评审申报联合国教科文组织非遗名录（名册）项目的材料，并开展相关项目资源采集工作。

截止到2020年12月，中国入选联合国教科文组织非遗名录（名册）的项目共计42项，其中，人类非遗代表作34项；急需保护的非遗7项；优秀实践名册1项。2018年，中国非遗中心启动了对入选人类非遗代表作的项目的拍摄采集工作，目前完成采集的项目有6个，所采集的数据资源就存储在"中国非遗数字化保护工程"所开发的系统里，相关信息目前没有对外开放。

（4）主办"中国非物质文化遗产网·中国非物质文化遗产数字博物馆"。

"中国非物质文化遗产网·中国非物质文化遗产数字博物馆"[1]创建于2006年，为国家级公益性非遗保护专业网站，其使命定位为"集政策宣

---

[1]　中国非物质文化遗产网·中国非物质文化遗产数字博物馆.［EB/OL］.www.ihchina.cn

传、资讯传播、成果展示、知识普及于一体"。2018年6月，中国非遗保护中心启动了网站的改版工作，新版网站于2019年3月发布上线。改版后的网站在内容提供、数据整合、视觉呈现和互动检索等方面进行了优化和提升，比如，增加了将我国国家级和入选联合国教科文组织非遗相关名录的基本信息数据进行了整合，实现了项目与传承人之间的对应关联，并可按时间、地区、名称、关键词等条件进行检索；加大了对非遗项目的多媒体资源展示力度；等等。

（4）参与其他与非遗保护、研究和传播相关的工作。

中国非遗保护中心还承担了国家级文化生态保护实验区的考察、论证及评估验收工作，"国家级非遗保护研究基地"的命名及专项课题立项、验收工作；组织实施"'十三五'时期非遗保护传承研究课题"等学术研究工作、举办与项目申报、文化生态保护区建设等专题培训活动；举办了多种非遗宣传展示、学术研讨活动，出版了《非物质文化遗产概论》、《国家级非物质文化遗产名录图典》（第一批至第三批）、《国家级非物质文化遗产项目代表性传承人大典》（第一批至第三批）、《中国非物质文化遗产年鉴》等理论研究和保护实践成果。

另外，还需要说明的是，中国非遗保护中心的依托单位中国艺术研究院，是我国唯一一所集艺术研究、艺术教育、艺术创作、文化艺术智库和非遗保护为一体的国家级综合性学术机构，拥有戏曲、音乐、美术、舞蹈、曲艺等14个研究所；艺术学科建制最为齐全的艺术类研究生教育机构；国画、书法、篆刻、雕塑等7个艺术创作机构，以及多个学术刊物和文化艺术出版社。到2020年12月底，全院共有在职人员612人，其中具有高级职称的297人，这些专家学者都是各艺术学科的带头人或国家重点课题承担者，有在读博士、硕士生研究生近千人。中国艺术研究院还有收藏服务机构——艺术与文献馆，其特色藏品中就包含有音像档案、艺术实物和图片等。所藏的"中国传统音乐录音档案"于1997年入选联合国教科文组织首批《世界记忆名录》；2003年，《民间音乐家阿炳六首乐曲原始录音》《冼星海〈黄河大合唱〉手稿》入选第二批《中国档案文献遗产名录》。中国艺术研究院自身就是古琴艺术、昆曲、汉字书法、金石篆刻和北京四合院传统营造技艺等5个国家级非遗项目的保护单位。根据对相关工作人员的访谈，虽然非遗办公室是中国艺术研究院里专门负责非遗工作的部门，但其实很多业务工作都是由各个业务所来支持完成，也就是说，非遗办公室独自完成的工作主要是事务性的，涉及业务的工作内容则是由办公室组织，全院协助配合来完成。

7.1.1.2.2　国家图书馆

国家图书馆是我国国家层面承担国内外图书文献收藏和保护、提供文献信息和参考咨询服务，并指导协调全国文献保护、图书馆业务职能的文化事业单位。其前身是京师图书馆；新中国成立后，更名为北京图书馆。1998年，更名为国家图书馆，对外称中国国家图书馆。目前，在组织结构设置方面，除了综合办公机构以外，国家图书馆的业务部门主要有：中外文采编部、典藏阅览部、立法和决策服务部、参考咨询部、数字资源部、信息技术部、缩微文献部、社会教育部、展览部、古籍馆、国家古籍保护中心办公室、民国时期文献保护工作办公室、《中华传统文化百部经典》编撰工作办公室，国图艺术中心和出版社等。

中国国家图书馆在非遗档案资源建设治理方面开展的工作主要包括：

（1）负责组织"国家级非遗传承人抢救性记录工程"项目验收与成果保存。有关"国家级非遗传承人抢救性记录工程"的内容前文已介绍，此处不再赘述。在国家图书馆的内部机构中，承担组织其项目验收工作的是社会教育部下设的中国记忆项目中心。项目成果会有专门的库房存放，另外，数字资源会对接到数字资源部，由其备份并上传到相关管理系统。目前已经完成记录的700多位传承人的数字资源大概有200-300T的存储量。

（2）依托"中国记忆项目"开展了与文字、丝绸、大漆、年画等专题相关非遗档案资源建设。这些专题相关档案资源建设亦是由中国记忆项目中心来完成的。中国记忆项目中心是基于"中国记忆项目"而设立的。2011年，国家图书馆基于新媒体时代下如何发挥图书馆之"记录历史、传承记忆、服务公众"的思考提出了开展"中国记忆项目"的动议，并于2012年进入实验阶段。该项目以整理中国现当代重大事件、重要人物专题文献并对外提供服务为核心内容，具体在操作方式上，即通过采集口述、影像，收集手稿、信件、照片和实物，以形成多载体、多种类的专题文献资源集合；通过在馆借阅、在线浏览、多媒体展览、专题讲座等形式向公众提供服务。中国记忆项目已建设的专题资源超过15个，形成的影音资源超过了1400小时。到2020年底，在线发布的专题有6个，分别是"我们的文字""中国当代音乐家""大漆髹饰""中国年画"和"东北抗日联军"，其中"我们的文字""蚕丝织绣""大漆髹饰"和"中国年画"就是与非遗相关的项目，这4个专题共发布了对41位传承人的口述史访谈影像记录片段，视频总时长约13小时；35个项目的技艺专题影像记录片段，视频总时长约12小时。在资源建设方面，"我们的文字"是其中采集成果规模最大的专题，"总共对30位国家和省级代表性传承人做了影像记录，拍摄的内容既包括传承人口述史，也包括技艺展示，所形成影像资料的时长在400小时左右。

（3）作为国家级非遗项目装裱修复技艺（古籍修复技艺）的保护单位参与相关非遗档案资源建设。装裱修复技艺（古籍修复技艺）是2008年入选国家非遗代表性名录的项目，其保护单位为国家图书馆。国家图书馆主要负责该项工作的是古籍馆文献修复组。2002年，古籍馆在启动修复《永乐大典》工作中，首次提出了为古籍修复工作"建立档案"的理念并进行了实施，即把此次《永乐大典》整个修复工作过程，包括修复材料、修复方法、修复原则的选择，以及古籍修复的时间、位置、操作人员等所有的信息，全部记录下来，随同修复完成的《永乐大典》一同保存，为后来人的再次修复提供参考。2012年，就职于古籍馆修复工作组的杜伟生被认定为该非遗项目的代表性传承人。

（4）提出全国图书馆界共同开展记忆资源抢救与建设的倡议。2015年12月，在"中国记忆项目资源共建共享研讨会"上，国家图书馆牵头，联合各地公共图书馆和高校及研究机构图书馆等31家单位（参与联合倡议的图书馆名单详细见表7-8），向全国图书馆界发出抢救和建设记忆资源的倡议。其在倡议书中提出"抢救记忆，保存记忆，是历史和时代交给图书馆人的使命"，在记忆资源建设上，"要采用口述史访问的方式，将原本只存在于人们脑海之中的珍贵记忆保存起来"，"要采用影音拍摄的方式，把濒临消失的传统技艺、传统艺术和文化现象记录下来"，"要收集大量的散落在民间的、在学者手中的、在不同机构当中的记忆资源"。不过，该项目启动的首个同时也是目前在进行中的全国图书馆系统的记忆资源共建共享项目与非遗没有直接关联，为"图书馆学家"专题。[1]

表 7-8　联合倡议"开展记忆资源抢救与建设"的31家单位

公共图书馆	国家层面（1家）	国家图书馆
	省级图书馆（21家）	首都图书馆、天津图书馆、河北省图书馆、辽宁省图书馆、吉林省图书馆、黑龙江省图书馆、浙江图书馆、福建省图书馆、江西省图书馆、山东省图书馆、湖北省图书馆、湖南省图书馆、广东省立中山图书馆、广西壮族自治区图书馆、重庆图书馆、云南省图书馆、陕西省图书馆、甘肃省图书馆、青海省图书馆、宁夏图书馆、新疆维吾尔自治区图书馆
	地级市层面（4家）	苏州图书馆、杭州图书馆、深圳图书馆、广西壮族自治区桂林图书馆
高校和研究机构图书馆	高校图书馆（3家）	北京大学图书馆、武汉大学图书馆、中山大学图书馆
	研究机构（2家）	中国科学院文献情报中心、北京大学信息管理系（前身为图书馆系）

7.1.1.2.3　文化和旅游部民族民间文艺发展中心

文化和旅游部民族民间文艺发展中心为国家层面文化主管部门直属的文化科研管理单位，其主要任务是对中国民族民间文艺资源进行调查、搜集、记录、整理、保护和研究工作。民族民间文艺发展中心成立于1998年，其主旨就是为了抢救和挖掘民族民间文艺遗产，弘扬中华民族的优秀传统文化，与非遗保护工作的使命定位基本一致。除综合办公部门外，目前该中心下设有4个职能部门：规划研究处、项目管理处、数字资源中心和传播交流处。

自成立以来，民族民间文艺发展中心在非遗档案资源建设治理方面开

---

[1]　数据来源：中国记忆项目实验网站http://www.nlc.cn/cmptest/tjztwz/201512/t20151231_111924.htm.

展的主要工作包括：

（1）开展非遗项目记录方案探索与组织已有记录成果的梳理工作。

受文化主管部门委托，民间文艺发展中心承担了针对非遗项目的记录方案研究和探索以及对已有记录成果的梳理工作。2018年8月，民族民间文艺发展中心组织了首次的"非遗记录成果梳理和遴选工作培训班"。目前相关探索主要聚焦在民俗和民间文学类非遗项目上，截止到2020年底，民族民间文艺发展中心对民间文学类国家级非遗代表性项目——"亚鲁王"和民俗类国家级非遗代表性项目——"七夕节（乞巧节）"开展了案例研究，并通过委托课题的方式组织开展对"西施传说""民间信俗（石浦—富岗如意习俗）"两个国家级非遗代表性项目的记录实践及探索性研究。

（2）收集保存了《十大民族民间文艺集成志书》调查及编纂过程中积累的大量档案资料，并以之为基础建设了"中国传统文化艺术基础资源数据库"。

20世纪70至80年代，原文化部组织开展了对民族民间文艺现象的调查，收集资料约50亿字，并委托民族民间文艺发展中心对其进行编纂出版。《十大民族民间文艺集成志书》最终298卷395册，约5.8亿字。2015年，民族民间文艺发展中心启动了基础资料的收集工程，旨在将散落在民间的未出版的原始资料收集起来。截止到目前，已收集各省、市、区、县所编写的民间文学县卷本7000余册，艺术集成资料本3500余册，彩插15000张，随文图9000余张，档案150余卷，公共图书5000余册，音像资料30万首，乐谱资料以及各省戏曲曲艺光盘17000张、12750小时，以及《十大民族民间文艺集成志书》的数字化转储资料约110万条，均保存在中心专门的资料室中。除此之外，中心还以上述资料为基础，初步建成了"中国记忆——中国民族民间文艺资源数据库"，以及"中国民间文学数据库"、"中国戏曲多媒体数据库"、"中国古琴文化数据库"、"中国传统节日史志文献数据库"等专题数据库。

（3）备份留存"国家级非遗代表性传承人记录工作成果"，并开展相关数据库建设工作。有关"国家级非遗代表性传承人记录工作成果"的备份保存前文已有梳理，此处不再赘述。

7.1.2　档案部门

档案部门，是指档案主管部门及其相关直属事业单位。目前，档案部门在国家层面是主管部门与事业单位合一的设置模式，即国家档案局与中央档案馆是一个机构两块牌子，由中共中央办公厅领导，负责主管全国档案工作与事业，以及党和国家中央机关档案的收集保管和提供利用。国家层面档案部门在非遗档案资源建设治理方面主要开展了以下几个方面的工作：

（1）在《国家基本专业档案目录》"文化类"专业档案中新增"非物质文化遗产档案"。2012年10月，国家档案局将非物质文化遗产档案列入第一批《国家基础专业档案目录》（以下简称基础目录）中。

《基础目录》包括100个条目，分两个批次。该目录单列出的"文化类"专业档案，两批次一共包括9个条目：覆盖艺术、电影、非遗、新闻宣传报道、出版社书稿、大型运动会、博物馆文物、考古和邮票设计9个方面。

国家档案局在关于印发《国家基本专业档案目录（第一批）》的通知里明文要求，"凡列入本目录的专业档案，是满足各项事业和人民群众基本需求必须建立的档案种类，是国家档案资源的重要组成部分，是各专业主管部门和各级档案行政管理部门监管的重点项目。中央和国家机关各专业主管部门（多个专业主管部门的由排名在前的部门牵头）应根据本目录会同国家档案局负责编制相应种类的专业档案归档范围和管理办法。在国家出台相应制度前，各省级专业主管部门可会同省级档案行政管理部门编制本地区的相应种类的专业档案归档范围和管理办法"。不过，截止到2020年底，国家层面仍尚未出台有关非遗档案归档范围与管理办法。

（2）在《全国档案事业发展"十三五"规划纲要》中提出鼓励开展非遗建档工作。国家档案局在2016年4月印发的《全国档案事业发展"十三五"规划纲要》中，就优化和丰富档案馆藏方面明确提出了"鼓励开展口述历史档案、国家记忆和城市（乡村）记忆工程、非物质文化遗产建档等工作"。[1]

7.1.3 非遗项目保护单位

非遗项目保护单位是由文化主管部门认定的，负责具体非遗项目保护计划执行和实施的组织。由于保护单位对应的是具体的非遗项目，不同类别项目的情况差异较大，且单位自身的特点与性质对其在非遗档案资源建设治理方面的参与情况有非常重要的影响，因此，本部分将主要对已获得认定的国家级项目保护单位的性质特点及其与非遗项目类别的关系进行分析，而有关保护单位参与治理的具体行为选择与结果将在代表性项目案例研究部分给予讨论。

截止到第五批，我国共认定了3154个国家级非遗项目（包括子项）。根据2019年11月文化和旅游部公布的根据检查结果重新调整后的国家级非遗项目保护单位最新名单，目前有4个非遗项目没有认定保护单位，它们分别是中医正骨疗法（罗氏正骨法）、中医正骨疗法（林氏骨伤疗法）、伯牙子期传说和黎族服饰。在3150个项目保护单位中，事业单位有2316个，占比约3/4；企业有444个，约占15%；社会组织有270个，约占9%，这是排名前三的组织类型；另还有机关单位80个，约占3%；高校与科研单位18个，基层自治组织15个，两者合起来占比1%（详细数据见表7-9）。需要特别说明的是，上述统计是以对应具体项目的保护单位为依据的，实际涉及的组织数量并没有这么多，因为有一些组织同时作为好几个非遗项目的保护单位。

表 7-9　国家级非遗项目保护单位的性质、数量与占比情况

单位性质		数量	占比
事业单位		2316	73.52%
企业	国有企业	143	4.54%
	民营企业	301	9.56%
社会组织		270	8.57%

---

[1]　数据来源：https://www.saac.gov.cn/daj/xxgk/201604/4596bddd364641129d7c878a80d0f800.shtml.

单位性质	数量	占比
机关	80	2.54%
高校与科研单位	18	0.57%
基层自治组织	14	0.44%
其他	8	0.25%
合计	3150	100%

从非遗项目类型与保护单位类型之间的关联关系来看，较为明显的有两点：一是，以企业作为项目保护单位多是适宜采取生产性保护的传统技艺、传统美术和传统医药药物炮制类非遗项目，另外还有一些传统戏剧、曲艺或杂技项目，其保护单位（演出团体）也属于企业；二是，民间文学、民俗类非遗项目多是由基层文化机构或是社会组织作为其项目保护单位。

7.1.4　社会公众

在我国的非遗实践中，作为外部主体的社会公众在非遗档案资源建设治理中的参与行为主要包括：

（1）对官方开展的非遗档案资源建设相关工作提供意见或建议。在我国的实践中，社会公众对非遗档案资源建设相关工作提供意见或建议的方式主要有两种：一种是作为专家被官方邀请参加相关工作。目前，全国各地（至少是省级及以上层面）非遗保护中心都建有专家库，在开展非遗相关工作时会根据专业对口情况邀请他们来参加。比如，前面提到的"中国非遗数字化保护工程"一期项目的验收以及"非遗数字化保护系列推荐性行业标准"论证会中就邀请了非遗保护及信息技术领域专家学者参加；"国家级非遗代表性传承人记录工程"的开展要求每个项目都必须有一位学术专员全程参与把关，并对记录的成果质量负责。除此之外，一些高校在文化主管部门的委托下，举办相关培训活动或开展相关课题研究。在非遗传承人员培训中，截至2019年6月，共计有110余所院校参与研培计划，先后举办研修、研习、培训班670余期，培训学员2.8万人次；文化主管部门先后委托了北京师范大学、上海社会科学院、北京大学、中国艺术研究院、河南师范大学等多所高校和科研院所开展非遗相关课题研究，以为制定非遗政策提供学术支撑。邀请专家学者或委托研究机构的做法，可以说，是我国政府在治理实践中形成的应对和解决专业问题的一种常见手段。

社会公众参与非遗档案资源建设相关工作的另一种方式是主动提供意见建议。目前，以这种方式参与治理最官方的途径是通过人大代表或政协代表提交提案。从2018年到2020年期间，全国人大代表和政协代表向文化和旅游部提交的非遗主题建议共14份（人大5份，政协9份），其中涉及非遗档案资源建设的有7份，具体内容涵盖"加强口述档案建设""做好非遗记录""建立非遗资源数据库""建立非遗资源收集网络库"等等。

（2）以提供外包服务或接受委托的方式参与官方开展的相关具体工作。目前，"国家级非遗代表性传承人记录工程"的具体采集工作，基本都是以通过招标外包给社会中的专业公司或机构来完成的。因相关内容前文有涉及，此处不再赘述。

在社会公众所包含的主体中，以接受委托方式参与官方开展的非遗档案资源建设具体工作的主要是高校，被委托的内容主要是为非遗传承人群提供相关培训。截止到2018年4月，参与中国非遗传承人群研培计划的高校名单增至112所。不过，由于"研培计划"的主旨是为了提高传承人实施生产性保护的能力，因此，培训内容以弥补非遗传承人群"文化修养之缺、美术基础之缺、设计意识之缺、市场意识之缺"为主，与非遗档案资源建设没有直接关联。

（3）以公益活动的方式参与开展非遗档案资源建设治理。社会公众以公益活动方式参与非遗档案资源建设治理的典型方式又可大致分为以下四类。

一是，直接进行生产性活动，即开展非遗记录、建档和保存相关工作。比如，中国传媒大学教授杨岩组织了75岁以上戏曲艺术家口述史的录制和拍摄，留下了许多珍贵的数字资料。在这个方面个人参与最具代表性的案例是管祥麟和他的"56民族民间艺术博物馆"。他从20世纪80年代就开始自费对民间文化艺术进行田野调查，并通过录像、摄影、笔记、录音和征购实物等五种方式对民间濒临消亡的艺术品进行抢救性记录、征集和收购。从1983到2001年的18年时间里，他抢救了一万多件民间艺术珍品，留下7万多张照片，6000多分钟的影像记录，180多万字考察笔记，在其创办的"56非遗网"中，他还专门策划了一个栏目"消亡馆"，专门展示曾经存在，但如今已近消亡的手艺原型和人物纪录片。他的最终目的是筹建"56民族民间艺术博物馆"。[1]在这方面企业类组织主体参与最具代表性的案例是2015年，酷狗音乐启动了"传统戏曲数据库建设与数字传播"项目。截止到2018年8月，通过与粤剧院等地方剧院的合作，酷狗音乐获得了唱片公司及相关机构的授权，完成了10部地方传统戏曲的数字化建档，涉及198位戏曲大师，1万多个戏曲曲目。民间志愿者类组织主体参与最具代表性的案例是襄阳拾穗者民间文化工作群（简称"拾穗者"）。这个团队成员都是利用业余时间来开展相关工作的志愿者，其职业背景中既有国家公务员、人民教师、编辑记者，也有企业工程师和自由职业者。从2005年至今，"拾穗者"通过实物收集和文字影音记录等方式开展了南漳古山寨、老河口木版年画、漳纸工坊、文化岘山、樊城历史街区、襄阳古城、三国遗迹寻踪、荆山古村落保护、汉水流域田野调查、文化遗址探访等十余个民间文化保护项目。[2]

　　二是，赋能非遗实践社群，帮助其自我记录、建档和保存。在此方面，最具代表性的为云南乡村之眼乡土文化研究中心发起的"乡村之眼公益影像行动计划"（简称"乡村之眼"）项目，旨在致力于帮助西部乡村的农牧民通过自己独特的民族文化视角，以录像的方式记录家乡的自然生态和文化传统，以及现代化和全球化冲击下生活方式的变化。自2007年起，"乡村之眼"为云南、青海、四川、广西等省（自治区）的乡村社区提供了记录影像培训，陪伴了近300位乡村影像拍摄者的成长，制作了300多部记录片。2020年，该研究中心在"乡村之眼"的基础上，开启了帮助地方建设"乡土文化影像传习馆"的项目，以发挥"影像档案的资料功能和社会教育功能"。[3]

---

[1]　数据来源：http：//topics. gmw. cn/2018-08/22/content_30700246. htm.

[2]　数据来源：http：//blog. sina. com. cn/s/blog_545231050102wr3m. html.

[3]　数据来源：http：//www. xczy. org/aboutus.

三是，通过捐款给相关专业组织或平台，间接支持非遗记录、建档和保存。比如，2009年范曾先生向四川省非遗保护传承展示中心捐赠了300万元人民币，用来抢救、保护四川省羌族非遗。[1]再比如，2020年8月到10月，普通公众通过腾讯公益为"乡土文化影像传习馆"项目捐款28463.43元。[2]

四是，构建相关平台以汇聚各方面资源和力量来支持非遗记录、建档和保存。比如，广东的仓东文化遗产保育与发展中心的"仓东计划"。该计划的主旨是对仓东传统村落进行整体保护，在运作上与仓东村及周边村民、城市居民、华侨、高校、学者、学生、媒体、运营商、当地政府、市场、公益团体等不同利益主体合作，尝试构建一个多元合作平台，尽可能让参与其中的各个利益主体发挥主观能动性，在项目的发展中找到自己的位置。该计划的资金来源主要是村民和社会各界的捐赠，以及项目运作过程中的收入。目前，该计划完成了村民的口述史的记录，制作了普通话、广州话、英文三语一体的纪录片。目前正在进行第二轮深度调查阶段，以记录村中的动植物生长状态和特性及其跟当地生活方式的关系。

7.2　地方层面的情况

在地方层面非遗档案资源建设治理结果的实证研究中，课题组主要采取的是"点面结合"的方式，在"面"上关注全国各省的整体情况，在"点"上则选择几个比较有代表性的地区进行更为深入的考察。

7.2.1　各省的整体情况

本部分将从两个方面来考察全国各省在非遗档案资源治理结果方面的整体情况，一是非遗工作体系的建设情况；二是相关主体参与非遗档案资源建设的情况。因社会公众参与非遗档案资源建设的情况在国家层面部分

---

[1]　数据来源：http：//www. zgysyjy. org. cn/201/27621. html.

[2]　数据来源：https：//gongyi. qq. com/succor/detail. htm? id=1000022854.

已做了详细讨论，所以，在相关主体中重点考察的是各省级行政地区具有官方背景的主体，即文化部门和档案部门。

7.2.1.1 非遗档案资源治理基础工作体系建设情况

非遗档案资源建设与非遗工作的开展密切相关，非遗档案资源治理基础工作体系主要包括与非遗相关的制度建设、组织构建、财政投入和名录认定等四个方面。

（1）制度建设

截止到2019年末，全国除港澳台以外的31个省级行政地区中，有29个颁布了本地区非遗保护相关主题条例。多个地区制定了地方的非遗保护专项资金相关管理办法——如，北京、浙江、广东、安徽等，以及非遗代表性项目和代表性传承人管理相关的规范性文件——如，河北、重庆、贵州等。因有关地方正式制度前文已有详细分析，此处不再赘述。

（2）组织构建

自非遗保护工作在全国开展以来，各省级行政地区都在文化系统内部构建非遗档案资源建设治理需要依托的地方组织体系——非遗处和省级非遗保护中心。截止到2019年末，全国共有29个省级行政地区在省级文化和旅游行政部门单设了非遗处，31个省级行政地区均设立了省级非遗保护中心，负责本省区域内的非遗保护具体工作，并配备了数量不等的专职工作人员。在这31家省级非遗保护中心中，有16家是独立设置的机构（详见表7-10），其余15家的设置形式则为挂靠于原直属文化事业单位——如文化馆、群众艺术馆、文化艺术研究院（所）等（详见表7-11），两种形式的比例大致相等。除个别情况外，大多数省级以下市县都遵循这一思路，非物质文化遗产保护专门机构相继成立。

根据官方统计数据，截止到2019年末，在国家、省、市、县四级非遗管理体制中，政府设立的非遗保护机构有2453个，工作人员约1.7万人[1]。与此同时，我国除港澳台外共有省级行政区划单位31个，地（市）级行政

---

[1] 数据来源：文化和旅游部关于政协十三届全国委员会第三次会议第0957号（文化宣传类047号）提案答复的函http://zwgk.mct.gov.cn/zfxxgkml/zhgl/jytadf/202012/t20201204_907034.html.

区划单位333，县级行政区划单位2846个。[1]根据我国行政区划统计数据，加上国家层面的，理论上我国应设立的非遗保护机构为3211，与已经建立的2435之间有776个缺口。课题组实地调研发现，没有设立专门非遗保护工作机构的基本都集中在县级行政区划单位。

表7-10 全国各省级非遗保护中心的设置情况（独立机构）

序号	单位名称	成立时间	内部机构设置	编制人数	实际人数	备注
1	河北非遗保护中心	2004年	管理部、保护部、数据信息部	15人	15人	
2	山西非遗保护中心	2006年	综合办公室、申报与项目管理科、技术科	16人	13人	
3	广西非遗保护中心	2006年	行政办公室、保护与研究部、信息资料部、宣传与社会教育部	22人	21人	
4	贵州非遗保护中心	2006年	办公室、项目部、活动部、数据信息部和政策理论研究室	14人	12人	
5	浙江非遗保护中心	2008年	办公室、项目部、活动部	8人	7人	外聘11人
6	北京非遗保护中心	2009年	办公室、保护科、管理科	15人	12人	
7	内蒙古非遗保护中心	2009年	办公室、管理科、保护研究科和档案资料技术科	25	25人	
8	四川非遗保护中心	2009年	行政办公室、项目保护部、数字化保护部、信息资料室、展览部等部室	不详	不详	
9	辽宁非遗保护中心	2010年	保护部、数据管理部、编辑部、财务部和办公室	26人	23人	

[1] 数据来源：中华人民共和国行政区划统计表https://baike.baidu.com/reference/1292734/69d9L_j0H6nmol60d3igKTHt3tAxh0CnB_3GclRIFc_kJsjSR8TryYsFyWEbiPZrNw37QwmIqmcYZAqH4Ns-_5SRHP2LOsDp.

序号	单位名称	成立时间	内部机构设置	编制人数	实际人数	备注
10	河南非遗保护中心	2011年	办公室、管理保护部、理论研究部和典藏部	12人	14人	
11	安徽非遗保护中心	2011年	办公室、保护部、研究部	15人	10人	
12	云南非遗保护中心	2011年	办公室、规划保护部、传承培训部、资料管理部和信息采编部	35人	32人	
13	吉林非遗保护中心	2013年	项目管理部、编辑研究部、数字化保护中心、非遗资料室、录音工作室	不详	8人	
14	江西非遗研究保护中心	2014年	研究部、保护部、计算机部、社会工作部和办公室	22人	13人	
15	黑龙江非遗保护中心	2014年	管理部、研究部、综合办公室	15人	11人	
16	甘肃省非遗保护中心	2017年	不详	不详	不详	

表7-11　全国各省级非遗保护中心的设置情况（合署办公机构）

序号	单位名称	成立时间	合署办公单位	非遗工作专职人数	备注
1	湖北非遗保护中心	2003年	湖北省群众艺术馆	12人	
2	广东非遗保护中心	2005年	广东省文化馆	5人	
3	重庆非遗保护中心	2005年	重庆市文化艺术研究院	不详	整个文化艺术研究院现有在职职工38人
4	新疆非遗保护研究中心	2005年	新疆自治区艺术研究所	不详	整个艺术研究所现有专业技术人员30人
5	宁夏非遗保护中心	2005年	宁夏回族自治区文化馆	8人	

序号	单位名称	成立时间	合署办公单位	非遗工作专职人数	备注
6	上海非遗保护中心	2005年	上海市群众艺术馆	10人	
7	陕西非遗保护中心	2007年	陕西省艺术馆	11人	
8	江苏非遗保护中心	2007年	江苏省文化馆	5人	
9	海南非遗保护中心	2007年	海南省群众艺术馆和省艺术研究所合	5人	
10	湖南非遗保护中心	2007年	湖南省文化馆	6人	
11	青海非遗保护中心	2007年	青海省艺术研究所	不详	省艺术研究所现有在职职工16人
12	山东非遗保护中心	2007年	山东省文化馆	8人	
13	福建非遗保护中心	2008年	福建省艺术馆	不详	整个省艺术馆有在职职工35人
14	天津非遗保护中心	2009年	天津市群众艺术馆	6人	
15	西藏非遗保护中心	2011年	西藏自治区群众艺术馆	编制10人（现有5人）	

（3）财政投入

截止到2019年，全国各省市都设立了非遗保护专项资金，县级层面大多也设立了专项资金，部分没有建立专项资金的县，亦在公共文化项目资金中安排了非遗保护相关经费，用于支持开展非遗相关工作。

2011年到2015年5年间，除港澳台外，地方层面（含新疆生产建设兵团）非遗财政资金累计投入389296万元，其中省级层面的累计投入163731万元，各省的平均值为5116.6万元；市级层面的累计投入101909万元，各省的平均值3184.7万元；县级层面累计投入为123656万元，各省的平均值3864.3万元。这5年间，省级层面累计投入金额排名前三的为四川、浙江和北京，其投入金额分别为23652万、18740万和13550万元；累计超过5000万元的还有其他7个省级行政地区，它们分别是江苏、山东、广东、海南、贵州、云南和陕西。市级层面累计投入排名前三的为四川、浙江和广东，其投入金额分别为14651万、12627万和7018万元。累积超过3000万元的还有北京、山西、上海、江苏、福建、山东、重庆、西藏等8个省（市、区）。

2015年当年，全国地方层面（含新疆生产建设兵团）除港澳台外，非遗财政资金投入合计101772万元，其中省级层面投入38719万元，市级层面投入30931万元，县级层面投入32122万元（详见表7-12）。省级层面投入排名前三的为浙江、北京和贵州，分别投入金额为4720万、3719万和2616万元，年投入金额超过1000万元的还有内蒙古、江苏、福建、山东、河南、湖北、广东、海南、四川、云南、陕西、甘肃等12个省（市、区）；市级层面财投入排名前三的为福建、四川和浙江，其投入金额分别为5903万、3736万和2622万元，年投入额超过1000万元还有北京、山西、内蒙古、上海、江苏、广东、重庆和西藏等8个个省（区、市）。[1]

表7-12　全国地方层面非遗工作财政投入情况（2011-2015）

	5年投入累计额（万元）	各省5年平均累计投入额（万元）	2015年投入额（万元）
省级层面	163731	5116.6	38719
市级层面	101909	3184.7	30931
县级层面	123656	3864.3	32122
总计	389296	12165.6	101772

（4）名录认定

除了组织推荐和申报本省（市、区）国家级非遗代表性项目、国家级非遗代表性传承人、国家级文化生态保护（实验）区以外，截止到2019年末，各省认定的省级非遗代表性项目15777项，省级代表性传承人16432名，省级文化生态保护区146个。[2]截止到2018年初，全国各地认定的市级

---

[1]　数据来源：非遗司. 各地贯彻落实《中华人民共和国非物质文化遗产法》情况评估报告, 2017. https://www.mct.gov.cn/whzx/bnsj/fwzwhycs/201702/t20170210_765216.htm.

[2]　数据来源：http://zwgk.mct.gov.cn/zfxxgkml/zhgl/jytadf/202012/t20201204_907082.html.

非遗代表性项目为43787项。[1]

7.2.1.2 文化部门参与非遗档案资源建设治理的情况

省级层面参与非遗档案资源建设的文化部门主要是作为文化主管部门的省文化和旅游厅（非遗处）和其直属事业单位的省非遗保护中心。省级层面没有类似于文化与旅游部民间民族文艺发展中心那样的直属文化科研管理机构，但各省都有省级公共图书馆和博物馆。

（1）省级文化主管部门和非遗保护中心

鉴于省级文化主管部门和非遗保护中心的性质及定位上的特点，两者的互动关系基本为后者在前者的指导下开展工作。在非遗档案资源建设治理方面，省级文化主管部门和非遗保护中心开展的工作主要包括：

①推动前述非遗档案资源治理基础工作体系的建设。

作为负责非遗工作的专业部门，前述非遗档案资源治理基础工作体系建设都是在文化部门的组织和推动下完成的。因相关内容前文有详细讨论，此处不再赘述。

②在参与国家层面两大工程的同时，大部分的地区还在本省财政经费支持下，开展了对省级及以上的非遗项目、传承人开展了数字化采集记录和相关资料收集。

在国家专项资金支持开展的两大与非遗档案资源建设直接相关的工程中，"国家级非遗代表性传承人记录工程"自2015年以后是全面推开的，目前已成为各省非遗保护中心的常规工作。不过，各省国家级代表性传承人的数量是不同的，其中排名前三的是浙江、江苏和山西，其传承人的数量分别为196、178和150，数量最少三个地区的是海南、宁夏和吉林，分别为19、22和22，因此，各省在参与该工程的任务量和进度计划安排会有差异。各省代表性项目数量的多少对其代表性传承人数量有重要影响，但并非唯一影响因素，比如上海的国家级非遗项目只有63个，在全国排第24，但其国家级传承人的数量高达120位，在全国排第10（详见表7-13，截止到2019年底）。

---

[1] 数据来源：http://zwgk.mct.gov.cn/zfxxgkml/fwzwhyc/202012/t20201206_916854.html.

表 7-13　全国各省国家级非遗代表性项目和传承人的数量及占比情况[1]

序号	地区	国家级非遗代表性项目数量	占项目总数量的比例	国家级非遗代表性传承人数量	占传承人总数量的比例
1	浙江	233	7.4%	196	6.4%
2	山东	173	5.5%	104	3.4%
3	山西	168	5.3%	150	4.9%
4	河北	148	4.7%	149	4.9%
5	广东	147	4.7%	132	4.3%
6	江苏	145	4.6%	178	5.8%
7	贵州	140	4.5%	96	3.1%
8	四川	139	4.4%	107	3.5%
9	新疆	133	4.2%	114	3.7%
10	福建	130	4.1%	143	4.7%
11	湖北	127	4.0%	102	3.3%
12	云南	122	3.9%	125	4.1%
13	湖南	118	3.8%	121	3.9%
14	河南	113	3.6%	127	4.1%
15	北京	102	3.2%	105	3.4%
16	内蒙古	89	2.8%	82	2.7%
17	安徽	88	2.8%	119	3.9%
18	西藏	88	2.8%	96	3.1%
19	陕西	78	2.5%	78	2.5%
20	青海	73	2.3%	88	2.9%
21	江西	70	2.2%	70	2.3%
22	甘肃	68	2.1%	68	2.2%
23	辽宁	67	2.1%	58	1.9%
24	上海	63	2.0%	120	3.9%
25	广西	52	1.7%	49	1.6%
26	吉林	44	1.4%	22	0.7%

[1]　数据来源：中国非遗网. http://www.ihchina.cn/.

序号	地区	国家级非遗代表性项目数量	占项目总数量的比例	国家级非遗代表性传承人数量	占传承人总数量的比例
27	重庆	44	1.4%	59	1.9%
28	海南	40	1.3%	19	0.6%
29	黑龙江	34	1.1%	31	1.0%
30	天津	33	1.0%	42	1.4%
31	宁夏	18	0.6%	22	0.7%
合计		3145	100%	3068	100%

"中国非遗数字化保护工程"在地方上的实施与非遗项目的数字化采集记录相关，不过，该工程还处在试点阶段，参与首批试点的省份包括辽宁、江苏、河南、福建、云南、山东、安徽、贵州、湖北、辽宁、湖南和西藏等，涉及国家级非遗项目33项[1]。此后，海南、山东、河北、贵州、福建、湖北、广东、重庆、辽宁、吉林、江西、黑龙江、广西、云南、河南、黑龙江和安徽等地区参与了第二批试点，涉及国家级非遗项目47项。[2]

除参与国家专项资金支持的工程以外，各省级行政地区还在地方财政支持下开展对省级及以上项目、传承人开展了相关资料收集或数字化记录工作。比如，海南省征集了黎锦实物500多件（套），包括黎族五大方言男女服饰、省级以上传承人作品以及龙被等珍稀品类。

云南省在国家层面两大工程正式推行到地方以前，就开始了数字化采集工作探索，先后共完成13个项目和39位传承人的采集。截止到2016年底，内蒙古完成了80余项自治区级非遗项目和207位传承人的抢救性记录工作；安徽已完成非遗项目采录111项，其中国家级60项，省级51项。海南、湖南、吉林等省也启动了对省级非遗项目的采录工作。2017年，四川省参照国家级的相关标准启动了省级非遗代表性传承人的记录工作，截止到2018年，共形成视频素材约32.1小时、成片约25.2小时，图片4700余幅，文

[1] 数据来源: https://www.mct.gov.cn/whzx/zsdw/zgysyjy/201312/t20131211_775211.htm.

[2] 根据中国非遗保护中心对各省非遗中心的访谈记录提供的信息整理http://www.ihchina.cn/fangtan。另外，本部分涉及的的数据，除特别注明以外，均来自对访谈记录的整理。

字7.6万余字，音频约26.8小时，资源总量约4.8TB；浙江、湖北省也于2016年启动了省级传承人抢救性记录工作。广东省启动了"省非遗代表性传承人口述史"建设项目，截止到2016年，已完成对14位省级传承人的口述史采集；天津自2009年起开始对各级传承人进行口述历史采录，截止到2016年末，共采录92位传承人。

在这一方面有两个地区的做法相对比较特别，一是河南，二是山西。河南省的主要思路是"以全覆盖为目标，分类别、分阶段"进行操作。河南省于2012年、2015年、2017年先后启动了"河南省稀有剧种抢救工程""河南省传统美术抢救保护工程"和"河南省传统工艺振兴计划——传统技艺抢救保护工程"。在前两个工程中，共录制剧目313部，收集剧目剧本约1900部、曲谱1557部，以及相关实物5800余件；完成250项传统美术类项目、306名传承人口述访谈的录制，积累视频素材约30TB，录音300余小时，图片素材约2TB，收集作品、工具等相关实物26824件。山西的做法是通过开展综合性的"乡村文化记忆工程"，将存续于乡村的非遗项目及相关建筑和生产、生活实物进行普查、整理，建立基础档案和数字化档案。2016年，山西省完成了对襄垣县虒亭镇的试点工作。

③部分省份对所留存的非遗资料进行了归档整理，并对纸质资料进行了数字化。

目前地方层面文化部门所掌握的档案资料，除了采集记录工作成果外，主要包括两大类：项目和传承人申报工作资料以及普查工作时获得的资料。目前，省级文化部门的关注重点在前者。比如，到2017年底，在系统整理方面，四川对国家级和省级非遗代表性项目和传承人的申报资料进行了立卷整理，共存档1500卷；陕西、山东、青海、宁夏、内蒙古也都对省级及以上项目和传承人的申报档案进行了系统整理。在数字化方面，陕西对其保存的所有纸质档案1086卷全部进行了数字化；新疆对部分非遗资料开展了数字化转录；青海对已经整理建档的省级及以上非遗项目和传承人档案进行了数字化处理；河南省对传统美术类国家、省、市、县四级非遗项目和传承人的818套纸质档案全部进行了数字化。

④绝大部分省份都建有专门的网络宣传平台，少数省份开展了数据库平台建设。

表7-14 非遗网络宣传平台设立情况

网络宣传平台类型	涉及的省级行政地区
自建非遗专门网站（18个）	天津、河北、内蒙古、黑龙江、吉林、山东、湖北、湖南、安徽、江西、江苏、浙江、上海、云南、贵州、四川、广西、海南
自建非遗微信公众号（22个）	北京、天津、河北、黑龙江、吉林、辽宁、内蒙古、宁夏、甘肃、山东、河南、湖北、湖南、上海、江苏、浙江、云南、四川、贵州、福建、江西、广西

在专门的网络宣传平台建设方面，截止到2019年底，在除港澳台的31个省级行政地区，自建非遗专门网站的有18个，自建非遗微信公众号的有22个，未建专门网站或微信公众号的，也大多依托本省的公共文化云平台或是其合署办公单位的网站或微信公众号设立了非遗专题栏目（详见表7-14）。

在非遗档案数据库建设方面，截止到2017年底，上海建设了用于保存各级非遗项目、传承人数字档案的"上海市非遗信息管理平台"；贵州省建立了"贵州省非遗数字化管理系统"，山东建立了非遗资源数据库；福建针对闽南文化生态保护实验区建立了非遗数据库，但上述数据库（平台或系统）都是供内部使用的。只有陕西省建设的"陕西省非遗数据库"通过与省公共文化数字平台对接，实现了资源的共享，在内容上基本包含了本省国家级和省级非遗项目申报书的全部信息，以及传承人的基础信息，并提供了搜索引擎和非遗资源分布电子地图。

（2）省级公共图书馆和博物馆

省级图书馆在非遗档案资源建设治理中的主要贡献是非遗数据库的建设与开放，其数据来源通常是从非遗处或省非遗中心获得。到2018年，北京、天津、山西、吉林、黑龙江、江苏、浙江、安徽、江西、湖南、广西、四川、陕西、甘肃、青海、宁夏和新疆等17家省级图书馆在其网站设置了非遗主题相关数据库。从覆盖项目的数量来看，其中数据库收录的非遗项目数量超过100个的是北京、吉林、安徽、江西、湖南、广西和陕西等

7家；从内容详细程度来看，其中吉林、黑龙江和陕西的信息内容较为丰富。[1]

各省的公共博物馆基本很少直接参与非遗档案资源建设治理，更多是作为非遗的展示和交流场所，具体来说有两种方式：一种是举办临时性的非遗相关展览；二是有部分博物馆设置了专门的非遗展区。另外，需要特别说明的是，2017年，原文化部非遗司内部成立了传播处，该处的职能之一就是要推进非遗专题博物馆相关建设。目前全国省市县三级非遗专题博物馆正处在井喷期。[2]

7.2.1.3　档案部门参与非遗档案资源建设治理的情况

省级层面的档案部门主要是省档案局和档案馆，前文提到，2018年政府机构改革前我国档案部门采取的是局馆合一体制；改革后，绝大部分地方层面档案部门都实行了局馆分离设置。在非遗档案资源建设治理方面，省级档案主管部门理论上可以开展的工作应该包括制定相关规范性文件，但从实际调研的结果来看，截止到2019年底，全国除港澳台以外的31个省档案局，尚没有一家发布非遗档案主题的规范性文件。目前，省级层面档案部门在非遗档案资源建设治理方面开展的主要工作包括以下几个方面：

（1）主动开展非遗建档工作

在这个方面最具代表性的案例是陕西省档案馆。2014年，陕西省档案馆启动了非遗建档工作，并配备专人，落实了开展工作所需的经费和设备，以期逐步建立健全非遗档案名录全宗。[3]

（2）征集（接收）非遗档案

部分档案馆或通过修订档案征集办法将非遗档案纳入征集范围或根据相关线索直接开展非遗档案征集工作，比如，辽宁省档案馆2019年发布的

[1]　程焕文，陈润好，肖鹏．"后申遗"时代图书馆非物质文化遗产数据库建设进展［J］．图书馆论坛，2018，38（12）：1-7.

[2]　杨红．我国非遗馆建设情况及发展趋势［EB/OL］．（2019-02-13）http：//www. ihchina. cn/Article/Index/detail? id=18124.

[3]　王璞，徐方．陕西省档案馆启动非物质文化遗产建档工作［J］．陕西档案，2014（04）：4.

《辽宁省档案馆档案资料征集工作办法》中明确将著名民间艺（匠）人和非遗传承人的档案资料纳入征集范围[1]。近年来，湖北省档案馆开展了非遗档案征集工作，截止到2018年底，湖北省档案馆共征集国家级和省级非遗档案实物200多件。与此同时，亦有一些档案馆接收了传承人或项目保护单位的非遗档案捐赠。比如，2018年10月，广东档案馆接收了潮绣非遗传承人佘燕璇捐赠的潮绣作品《千里江山图》[2]；2019年5月，湖南省档案馆接收了炭精画非遗传承人作品的捐赠。[3]

（4）为省文化部门非遗建档提供帮助和指导

在这方面的典型案例是青海省档案馆。青海省非遗中心聘请省档案馆将该省的国家级、省级非遗项目、传承人资料进行了整理、建档和数字化。

7.2.2 代表性地区

之所以选择北京市、云南省作为代表性地区开展深入调查，主要因为综合以下三个方面考虑可以推断两者应该是全国非遗保护工作中表现相对优秀的典型代表。这三个方面的考虑分别是：首先，北京和云南作为省级行政单位，两地目前列入国家级非遗项目名录的数量在全国省级单位之中都处于中间偏上的位置；其次，两地在非遗保护方面的财政投入经费在全国排名都比较靠前；最后，北京为我国的首都，而云南则是全国民族民间文化保护工作的先行者。

而选择衡阳市作为代表性地区，主要是因为湖南省非遗资源比较丰富，且衡阳市属于历史文化名城，又是典型的地级市。

---

[1] 辽宁省档案馆. 辽宁省档案馆（辽宁省工业文化发展中心）档案资料征集工作办法［EB/OL］. （2019-09-25）http://www. lnsdag. org. cn/lnsdaj/xwfbs/ggtz/content/ff8080816d131e33016d65e d7f0700c9. html.

[2] 千里江山图.［EB/OL］.（2018-10-18）https://www. sohu. com/a/260370176_100191052.

[3] 长沙市非物质文化遗产传承人凌受祥儿子向湖南省档案馆捐赠两幅炭精画作品［EB/OL］. （2019-09-23）http://www. zgdazxw. com. cn/news/2019-05/23/content_280969. htm.

7.2.2.1　北京市的非遗档案资源建设治理情况

北京的非遗资源非常丰富。北京因3000余年的建城史、800多年的建都史及多民族长年融合发展史，使其非遗资源既包括以"燕京八绝"为代表的宫廷艺术，也包括以天桥地区为代表的老北京市井文化，以及以北京蒙镶、北京内画鼻烟壶为代表的极具民族或地域特色的项目。截止到2019年，北京列入国家级非遗代表性项目的有102个、市级项目273个、区级项目909个；京剧、皮影戏等项目被列入联合国教科文组织人类非遗代表作名录；共有国家级代表性传承人105人、市级传承人254人、区级传承人731人。

（1）规范性文件制定方面

2006年，北京市政府办公厅发布了《关于加强本市非物质文化遗产保护工作的意见》。2015年，原市文化局与市财政局联合制定了《北京市非物质文化遗产保护专项资金管理办法》。2019年，北京出台了《北京市非物质文化遗产条例》。《条例》中涉及非遗档案资源建设治理的特别要求主要包括以下几个方面内容：一是，乡镇人民政府、街道办事处要协助文化主管部门做好辖区内的非遗保护、保存工作；二是，市、区文化主管部门要对非遗代表性项目的内容和形式、核心技艺和传承情况等给予全面、真实、系统的记录，记录的标准和工作程序由市文化主管部门组织制定；三是，市区两级文化主管部门应"建立规范化的非遗档案及相关数据库"，且市级文化主管部门应将市区两级相关数据纳入全市统一的数据库。

（2）组织机构建设方面

2006年，由原市文化局牵头建立了北京市非遗保护工作联席会议制度，此后又在局内设置了非遗处；2009年，成立了北京市非遗保护中心，中心为市文化主管部门直属的正处级全额拨款事业单位，内设办公室、保护科、管理科，三者的大致分工情况是：办公室主要负责综合行政工作、人才培养（包括工作人员和传承人的研修研习培训），微信公众号的日常维护；管理科负责记录保存工作，目前正在做的是非遗图书出版，传承人记录；保护科主要负责宣传、展示活动。中心核定的事业编制15人，现在编12人。2009年前，市非遗中心的相关职能主要是由北京文化艺术活动中心来承担的。

在北京市所属的16个区中，除了西城区文化和旅游局下设了非遗处以外，其他15个区大多是由文化科或公共文化科负责非遗相关工作；只有西城、东城和石景山3个区成立了区级非遗保护中心，其中西城和石景山区为独立设置，东城区则是依托于其区第二文化馆挂牌成立的，其他除怀柔区以外的12个区县，均是由区文化馆负责非遗相关具体工作事宜，而怀柔区的非遗具体事务工作主要由区博物馆负责。

（3）在非遗建档保存方面

目前北京市对非遗保护中心、非遗项目保护单位和非遗代表性传承人如何开展非遗建档保存工作没有制定统一的要求和标准，各主体都是根据自己对权利义务的基本理解和实际情况开展相关工作。

在非遗业务档案方面，目前只有申报材料得到了有意识的收集归档。北京市级及以上非遗项目和传承人的申报材料主要保存在是文旅局非遗处；区级非遗项目和传承人的材料则在区级文化部门。根据自下而上逐级申报的原则，市级及以上项目相关材料区级文化部门和申报单位也有，比如，西城区文化部门就拥有其所属208个非遗项目（包括国家级非遗项目36项，市级非遗项目67项，区级非遗项目208项）的申报资料。具体来说，如果该区没有设独立的非遗保护中心，那么这些材料则大多保存在区县文旅局，如通州区等，而设有独立非遗保护中心的，如西城区的申报资料就都保存在西城区非遗保护中心。

在非遗本体档案方面，北京市级层面主要参与的是国家层面推行的非遗普查和"国家级非遗代表性传承人抢救性记录"工程。非遗普查大致从2005年开始，2009年结束，普查是按项目收集资料的，目前相关资料都留在区文化部门。国家级非遗代表性传承人抢救性记录项目从2016年开始，每年记录10位左右，截止到2020年底，共记录了48位，但目前只有2016年的完全结项，其他的要么还在拍摄过程中，要么还在自评估，或是等待市文旅局验收，或是等待文化和旅游部组织的验收过程中。承担该工作的是市非遗保护中心，具体则是通过招标委托第三方来完成，记录成果除向国家层面提交三份以外，中心也会自留一份，目前它们主要是作为内部资料留存。在区级层面，只有西城区非遗保护中心开展了专门的记录工作。该中心选择了30项濒临失传的非遗项目，为其传承人录制视频进行资料留存，录制的内容包括教学视频、教学手册和操作工具，记录成果亦保存在中心。

市非遗保护中心并没有专门的库房和机房，纸质资料都存在办公室的柜子中，数字资源就直接存在电脑的硬盘中。另外，市级层面于2010年启动过国家和北京市级非遗代表性项目实物档案资料征集工作，共征集319件（套）非遗相关作品，涉及38个项目。因中心没有专门的保存环境，中心通过与首都图书馆达成合作协议，使征集到的资料于2017年入藏首都图书馆。

（4）在非遗数据库与数字平台建设方面

无论是市还是区级层面，都尚未建有能用于非遗档案信息管理的数据库，数字化的资源都是直接存储在首都图书馆。在数字信息发布平台方面，北京市非遗保护中心通过与首都图书馆合作，在首都图书馆的"北京记忆"网站设置了"非遗传承"栏目[1]，其所提供信息主要是有关该非遗项目基本情况的文字介绍，截止到2019年底，相关信息覆盖了十大类非遗，涉及项目218项，约占全部市级项目比例的80%。在区级层面，东城、海淀、顺义等区在其区文化馆官网上设置了非遗专题栏目，提供与非遗项目介绍相关的基本信息。

（5）档案部门的参与方面

截止到目前，档案部门在非遗档案资源建设治理方面的参与相对是比较零星的。市级层面北京市档案局（馆）曾于2014年启动实施了工艺美术大师口述档案采集项目，内容包括其从业经历、技艺技法、作品展示和对行业的突出贡献，该项目共采集了20位工美大师的口述档案，形成了3000多分钟的高清视频资料。[2]区级层面，2006年6月，崇文区（现已并入东城区）档案局就非遗档案的收集保管与区文化馆联系，并对其进行跟踪指

[1] "非遗传承"栏目［EB/OL］. https://www.bjmem.com.cn/web/guest/non-material.

[2] 大师口述档案 记录濒危技艺［EB/OL］.（2016-06-16）http://www.bjma.gov.cn/bjma/330228/330308/308977/index.html.

导。2013年，大兴区档案局与本区非遗主管部门联系，指导非遗档案收集并启动了本区非遗档案资料征集工作。2016年，通州区档案馆对国家级非遗传承人汤夙国生前捐赠的300余件作品、手稿等进行规范整理，并专门建立了"面人汤"艺术馆。

7.2.2.2 云南省的非遗档案资源建设治理情况

云南地处我国西南边境，是国内少数民族最多的省份，有26个世居民族，且有15个少数民族为云南独有，因此，云南的非遗资源具有非常鲜明的民族特色和地域特色。到2019年底，云南省共有四级非遗项目7631项，其中，国家级105项（涉及122个保护单位）、省级450项（涉及610个保护单位）、州（市）级2103项、县（市、区）级4973项，并有"傣族剪纸"和"藏族史诗《格萨尔》"两个项目入选联合国教科文组织认定的"人类非遗代表作名录"；全省共有四级非遗传承人11055人，其中，国家级125人、省级1307人、州（市）级2302人、县（市、区）级7321人。

（1）规范性文件制定方面

早在2000年，云南省就在全国率先制定并颁布了《云南省民族民间传统文化保护条例》。2010年，云南省文化厅办公室发布了《云南省非物质文化遗产项目代表性传承人认定与管理办法（试行）》。2013年，《云南省非物质文化遗产保护条例》颁布实施。该条例中涉及非遗档案资源建设治理的特别要求主要包括以下两个方面：一是，明确指出非遗保护专项资金的构成包括"政府拨款、社会集资和接收国内外捐赠等"；二是，明确规定非遗保护机构在建立健全登记入库、管理使用制度的前提下，"可以依法接受组织或个人的捐赠资金、资料和实物"。

（2）组织机构建设方面

云南省文化主管部门即省文化旅游厅下设了非遗处，负责主管非遗相关工作。2008年，云南以在省文化馆加挂牌子的方式成立了云南省非遗保护中心，作为负责非遗保护具体工作开展的专业机构，并在文化馆原有编制的基础上增加了10个编制。到2011年，非遗保护中心工作人员从文化馆分离出来，与原云南图片社、音像出版社等机构合并组建了新的独立的云南省非遗保护中心，编制为35人，目前在岗32人。中心内设办公室、规划保护部、传承培训部、资料管理部、信息采编部，非遗档案资源建设相关工作主要由资料管理部负责。

（3）非遗建档保存方面

在非遗建档保存方面，同北京市的情况一样，云南省也没有针对非遗保护中心、项目保护单位或非遗传承人制定统一的要求和标准，各相关主体主要是根据自己对权利义务的理解和实际情况来开展相关工作。但云南省非遗保护中心具有较强的档案意识，配备了专门工作人员负责非遗档案工作。

在非遗业务档案方面，省非遗保护中心不仅对省级及以上的非遗项目和传承人申报材料进行了系统的整理，并且还对其参加或举办的各种非遗相关活动，尤其是非遗品牌活动，包括民族民间歌舞乐展演、全省的传统戏剧和曲艺的汇演，文化和自然遗产日活动，以及培训活动等记录进行了有意识的收集和归档。

在非遗本体档案方面，在国家层面记录工程开展之前，省非遗保护中心就进行了数字化记录相关探索。2014年，中心完成了傈僳族阿尺木刮等13个项目的数字化采集记录，共访谈了相关传承人39位。2015年，国家层面"国家级非遗代表性传承人抢救性记录"工程开始正式启动后，省级层面的采集记录工作就停止了。从2015年到2020年，云南省参与的国家级非遗传承人记录工程项目一共开展了6批，完成了对54位传承人的记录。截止到2020年底，2015、2016年的项目已经完全结项，2017年的项目还在验收当中。每一批项目的完成周期大约2年多，拍摄周期大概1年，基于少数民族和地方方言的原因，采集记录资料后期整理需要的时间非常长。2014年，云南作为国家非遗中心的数字化保护首批试点单位，开展了对6个国家级非遗项目的试点采集记录，2017年完成了结项。

在非遗档案的保存方面，中心没有符合条件的专门档案库房，目前纸质档案保存在文化馆腾出来的两小间房屋中，空间和物理环境都与理想的保存条件有较大差距。中心在未独立出来之前，还曾经征集过少数民族服饰等实物档案，目前亦没有良好的存放条件。最近几年，中心在对以前累积的纸质档案开展数字化工作，目前该工作还在进行中。数字化档案资源主要是存储在硬盘上，中心有一个机房，并且对数字化档案做了双机备份，同时在重庆还做了异地备份。

（4）在非遗数据库与数字平台建设方面

目前云南尚未建成具有管理系统功能的非遗档案数据库，数字化的资源都是人工编目的方式直接存储在硬盘中，处于有资源无系统的状态。在数字信息发布平台方面，云南省非遗中心自建了"云南非物质文化遗产保护网"（www.ynich.cn），提供有关云南省级及以上非遗项目和传承人的基本情况介绍，截止到2019年底，相关信息覆盖了十大类非遗，涉及项目125项，传承人761位。

（5）档案部门参与方面

截止到目前，云南省级层面档案部门尚没有以非遗为专题开展专门的工作。云南省于2011年开始开展少数民族专题档案的建设工作，该专题涵盖了部分非遗档案资源（包括非遗传承人口述）的采集和收集，截止到2019年底，少数民族专题档案建设已覆盖18个少数民族，口述访谈约200余人，每人访谈时长约2小时。同时省档案馆也收集了部分相关的实物档案。[1]少数民族档案资源是按照少数民族名字来进行分类整理的，一个民族一个全宗。

7.2.2.3 衡阳市的非遗档案资源建设治理情况

衡阳市为湖南省地级市之一，位于湖南省中南部。衡阳是历史文化名城，拥有2200多年的建城史。衡阳市的非遗具有浓厚的湖湘地域特色。截止到2020年7月，经普查发现，衡阳市有记录的非遗项目2000多项，已纳入保护名录的284项，其中国家级5项，省级21项，市级73项；有各级代表性传承人346名，其中国家级6名，省级20名，市级105名。

（1）规范性文件制定方面

在湖南省颁布《湖南省实施〈中华人民共和国非物质文化遗产法〉办法》之后，衡阳市政府以此为根据于2017年出台了《衡阳市非物质文化遗产管理办法》。该办法在管理机制方面，提出要实行市、县市区、乡镇

---

[1]　数据来源：课题组2020年10月对云南省档案馆相关工作人员的访谈记录。

（街道）、村（社区）四级保护管理机制；非遗保护经费安排方面，要求市县两级在做经费预算时，区分组织管理经费和保护补助经费，其中组织管理经费，用于与非遗保护、保存相关工作。保护补助经费主要用于支持非遗项目的保护和活态传承，以及支持市、县市区级代表性传承人的传习活动。

（2）组织机构建设方面

衡阳市在市文化主管部门，现为衡阳市文化旅游广电体育局，内部下设了非遗科，负责主管辖区内的非遗工作。从人员编制上来说，该局总共46人，除局领导1正4副、7位科长为固定编制以外，其他12人编制为统一调配使用，并不固定在某一科室内，目前非遗科除科长外，还有1名工作人员。

市文化主管部门直属事业单位市文化馆（群众艺术馆）内部设置了非遗保护中心办公室，有5名专职工作人员，负责非遗保护具体工作的开展。2020年，非遗保护中心办公室从市文化馆中分离出来，挂牌"衡阳市非物质文化遗产保护中心"，成为独立机构，截止到2020年7月，新机构的办公室还在准备当中。

（3）非遗档案资源建设方面

在非遗建档保存方面，同其他绝大多数地区一样，市级层面没有针对非遗保护中心、项目保护单位或非遗传承人制定统一的要求和标准，各相关主体主要是根据自己对权利义务的理解和实际情况来开展相关工作。

在非遗业务档案方面，市文化馆非遗办主要留存了市级及以上非遗项目和传承人的申报材料，但因为人手不够，这部分材料未得到全面系统的核查和整理。另外，因市文化馆没有专门的档案库房，只有资料室，这部分材料就作为一般材料放在资料室中。

在非遗本体档案方面，市级层面主要是配合开展"国家级非遗代表性传承人抢救性记录"，记录的成果并未在市级层面留存。市级层面划拨的经费支出主要是用于举办各种活动，而无法支持开展非遗本体档案的建设。

市级层面没有进行非遗数据库和数字平台建设。与非遗相关的信息主要是通过市文化旅游广电体育局官网（https://www.hengyang.gov.cn/wlgtj/）

以新闻的形式发布。

（4）档案部门参与方面

市档案部门基本没有参与非遗档案资源建设治理相关工作。

7.3 代表性非遗项目案例

代表性项目案例研究主要是从非遗项目保护单位微观角度来考察非遗档案资源建设治理情况。课题组选择了传统戏剧类项目京剧、传统技艺类项目景泰蓝和传统体育类项目抖空竹。之所以选择这三个项目作为代表性案例，除了在非遗项目类型上希望尽可能多样化以外，还有想覆盖更多种性质的项目保护单位。另外，鉴于相关正式制度对项目保护单位在非遗档案资源建设治理职责方面的规定是要求其"履行全面收集该项目的实物、资料，并进行整理、建档"，因此，本部分对项目保护单位的考察重点在于其对非遗本体档案的管理情况。

7.3.1 传统戏剧类代表性非遗项目：京剧

有"国粹"之美誉的京剧，根植于中国优秀灿烂的传统文化，是我国范围内影响最大的传统戏剧剧种，其典型的艺术元素通常被视为中国符号或中国传统文化的象征。2006年，京剧被列入我国第一批国家级非遗代表性项目名录；2010年，又入选联合国教科文组织人类非遗代表作名录。

7.3.1.1 项目保护单位背景情况

由于京剧的流传范围很广，在第一批入选国家非遗项目名录时，共有5个申报地区，经国家文化主管部门认定的项目保护单位有6家。它们分别是中国国家京剧院、北京京剧院、天津京剧院、上海京剧院、山东省京剧院、沈阳京剧院（机构改革后与其他几个文化机构共同组成沈阳市文化演艺中心）。从其与非遗实践社群之间的关系来看，京剧院在很大程度上属于非遗项目内部主体。由于这些京剧院都是隶属文化部门的事业单位，且都是原文化部评定的国家重点京剧院团，成立时间亦较为接近，而中国国家京剧院为其中唯一直接隶属于国家级文化主管部门的单位，因此，课题组将其选为重点考察对象。中国国家京剧院成立于1955年，原名为中国京剧院，京剧大师梅兰芳为首任院长。因各地方院团对外交流都被称为中国京剧院，2007年，中国京剧院更名为中国国家京剧院（以下简称"国家京剧院"）。

7.3.1.2　京剧艺术档案工作概况

作为一家国家级的剧院，国家京剧院从成立起就开始开展了档案工作，只不过当时的内容比较简单，亦没有明确的规范要求和指导。1983年文化部和国家档案局联合颁布了《艺术档案工作暂行办法》，2001年又在《暂行办法》的基础上出台了《艺术档案管理办法》，并于2002年2月1日起正式实施。国家京剧院的相关档案工作才逐渐转向规范化。

对于京剧这一具体项目而言，其非遗本体档案就是京剧档案。近年来，国家京剧院从组织建设和制度建设等方面加强了对京剧档案的管理。

在组织建设方面，国家京剧院在其内部机构"艺术规划办公室"下设了资料室，并配备了两名专职工作人员，负责在"艺术规划办公室"主任的领导下开展京剧档案工作。在分工上，主任负责京剧档案管理工作的统筹和规划，两名工作人员负责具体实施。两名工作人员中一人为京剧专业背景；另外一名则是档案学专业背景的管理人员，为国家京剧院于2015年招录的。

在制度建设方面，除了2001年的《艺术档案管理办法》和2008年的《文化部关于进一步加强文化艺术档案工作的意见》外，国家层面还先后发布了《文化部加强文艺基础资料抢救、保护、管理工作的通知》《文化部办公厅关于进一步加强艺术档案管理工作的通知》和《文化部办公厅关于加强大型文化艺术活动档案管理的通知》。2011年6月，国家京剧院参照上述艺术档案管理相关文件，制定了《国家京剧院艺术档案资料收集管理办法》。

7.3.1.3　京剧档案的建档情况

《艺术档案管理办法》将艺术档案分为业务、综合和个人三大类。《国家京剧院艺术档案资料收集管理办法》则在此基础上，根据本组织专业实践活动的安排、京剧的特点及档案形成规律等，对京剧档案的收集范围进行了类别的细分和内容的具体化。在三大类的属类设置上，将业务类档案确定为剧目档案，并细分为新创作剧目和复排剧目两类；将综合类档案确定为演出活动档案，并细分为日常演出、大型演出和公益性演出三类活动；将个人类档案的来源对象和范围确定为院内具有正高级职称者的艺术资料。在属类的具体内容方面，明确剧目档案包括剧本、导演阐述、音乐曲谱、舞美设计图、全剧录像资料、演出说明书及宣传材料、有关会议的发言纪要、获奖证书奖杯等；演出活动档案，为演出剧目的音像资料和剧照、演出海报、说明书及宣传资料、新闻发布会的新闻纪要等。在档案收集方面，剧目档案由创作中心负责；综合档案主要由演出部门负责；正高级职称者的艺术资料则由人事部门负责。

除此之外，国家京剧院还启动了"老艺术家口述史档案采集项目"，旨在采集老艺术家们的艺术人生和参演戏剧等信息，该项目主要以外包公司提供摄影摄像专业技术支持的方式进行。

在档案整理方面，由于以前一直缺乏专职的，尤其是档案学专业背景工作人员，因此，前期积累的京剧档案基本没有得到系统的整理。近几年，国家京剧院的重点工作主要是对前期积累的剧目档案和演出档案进行清点、整理和编目。与档案整理同时进行的是数字化扫描。京剧档案的数字化扫描，以工作人员带领外包团队的方式来开展，具体实施上按照先善本再纸质，再到照片和音像档案的顺序进行。2015年，善本的数字化完成，2020年，纸质档案已基本完成数字化。

7.3.1.4 京剧档案的保存情况

在实体档案的保存方面，国家京剧院在其地下停车场三层的一角设置了专门的京剧档案库房，从选址来看，为防光和防高温提供了较好的环境条件。库房面积大约在200平方米左右，从目前的存储占用情况来看，在空间上能够满足未来较长一段时间的档案存储需要。库房内部配备了密码型铁皮档案柜，外部安置了密码型防盗门，防盗措施相对较为完善。

在数字档案的保存方面，国家京剧院于2015年建成了京剧档案管理系统，所有电子档案和数字化的档案文件最终都要上传到该系统中，且所有数字化的档案都保证有两个备份。

7.3.1.5 京剧档案资源建设的经验与问题

通过调研数据可以看出，国家京剧院在前期京剧档案资料的累积方面有较好的基础，应该说，这在较大程度上得益于其在性质上属于国家级文化主管部门直属的事业单位，且有国家层面出台的艺术档案相关管理制度作为工作开展的指导依据。

自京剧2006年入选国家级非遗代表性项目以后，尤其是2010年入选联合国教科文组织人类非遗代表作名录以后，国家京剧院在京剧档案管理相关组织建设、制度建设以及数字化建设等方面都有了突破性的进展。国家京剧院目前所拥有的档案库房条件和专职人员配备情况，也是其他很多传统戏曲项目保护单位无法相比的。当然，若是与理想状态相比，尤其是从非遗档案资源建设来看，目前的京剧档案工作在基础业务、对外交流与服务，以及人员配备方面还是存在些许差距。

（1）在基础业务工作方面

在京剧档案的收集范围方面，或许是因保存条件所限，相关珍贵实物档案没有被纳入收集范围；个人档案方面，除了老艺术家以外，其他高级职称者仅收集简历和剧照。整理工作相对落后，对纸质档案的整理则仅限于分类、编号和标页码，所开发的数字化档案管理系统相对还比较简单。在档案保存方面，库房的防潮、防虫、防火和防霉相关措施还不能满足长期保存的需要，数字载体资料也还没有实现异地备份。

（2）在对外交流与服务方面

虽然京剧的项目保护单位在2006年第一批入选时就有6家，后来2008年，2011年，第二、第三批又增加了3家，但在京剧档案资源建设方面，国家京剧院从未与兄弟院团进行过专门的交流沟通和经验分享。

国家京剧院目前的档案工作重心主要还在基础层面，对如何通过京剧档案资源建设工作促进京剧的有效传播和传承方面还未有深入思考，京剧档案的价值尚未得到有效开发。国家京剧院的官方网站中，有关京剧档案的资源亦相对较少。

（3）在人员配备方面

目前国家京剧院仅有两位专职的工作人员，由于京剧档案整理前期遗留的任务多，且数字化建设要同步推进，仅这两项工作就要占用两人绝大部分时间和精力，因此，现有的人力资源构成根本不足以支撑理想状态的京剧档案工作。

7.3.2 传统技艺类代表性非遗项目：景泰蓝制作技艺

景泰蓝，亦称"铜胎掐丝珐琅"，因在明朝景泰年间制作技艺成熟，且当时的作品多以蓝色为主，故得名"景泰蓝"。景泰蓝曾主要为宫廷皇家所用。清朝灭亡后，离开皇宫的工匠们在各处开办了很多民间作坊。后随着国家各种战乱，景泰蓝制作技艺曾一度濒于灭绝。新中国成立后，政府开始对景泰蓝制作技艺进行抢救和保护，其中梁思成和林徽因起到了关键作用。一方面，林徽因提出要将景泰蓝与民众日常生活相结合的思想，另一方面，他们在清华大学成立了工艺美术小组（这个小组里还有后来被认定为首批国家级非遗景泰蓝制作技艺代表性传承人的钱美华大师）。通过调研，该小组摸清了北京仅存几家相关生产作坊的情况，同时还成立了研究景泰蓝技艺的国营特艺实验厂，并将许多四散在民间的艺人请来参加实验并记录工艺。

北京是景泰蓝的发祥地和重要产地。2006年，"景泰蓝制作技艺"被列入国家级首批非遗名录。

7.3.2.1 项目保护单位背景情况

景泰蓝制作技艺的项目保护单位为北京市珐琅厂有限责任公司。该公司属于我国景泰蓝行业唯一一家中华老字号，前身是北京市珐琅厂，成立于1956年1月，是由42家私营珐琅厂和专为皇宫制作的造办处合并而成。2002年11月企业改制，名称改为北京市珐琅厂有限责任公司（以下简称"北京珐琅厂"）。北京珐琅厂在全国景泰蓝行业属于龙头企业，曾于1963年编制了《景泰蓝工艺操作规程》和《工序质量标准》，1996年，又参与起草了《中华人民共和国景泰蓝工艺品行业标准》。

目前北京珐琅厂拥有全国景泰蓝行业近三分之二的国家级大师和高级

技师，它不仅是景泰蓝制作技艺的项目保护单位，同时也是该项目的生产性保护示范基地。从其与非遗实践社群之间的关系来看，该保护单位在相当高的程度上属于非遗项目内部主体。

7.3.2.2　景泰蓝制作技艺档案工作概况

北京珐琅厂从1956年建厂就开始开展企业档案管理相关工作，第一批档案为建厂时的公私合营档案。非常遗憾的是，合并之前的42家景泰蓝作坊的档案都已经遗失。

目前，该厂企业档案管理的职能由办公室负责承担，具体负责此项工作的为办公室的一名员工，除负责档案管理外，该员工同时还承担办公室部分其他工作。

北京珐琅厂将所有企业档案分为了党群工作、行政管理、经营管理、生产技术管理、照片、产品、科学技术研究、基本建设、设备仪器、会计和干部等11大类。由于有关传统技艺类非遗项目的档案应该包括哪些并没有相关正式制度规定，因此，只能从学理层面根据其所包含的信息内容来判断，这11大类档案中，与景泰蓝制作技艺最密切相关的是科学技术研究、生产技术管理、产品和干部4类档案及照片类档案中的部分内容，而其他6类档案基本则都来源于北京珐琅厂作为正式组织相关部门一般运作过程的记录。根据北京珐琅厂目前的档案管理体制，其对组织运作过程档案和涉及景泰蓝制作技艺的档案在建档和保存方面都进行了区分。

7.3.2.3　景泰蓝制作技艺档案建档情况

与北京珐琅厂作为正式组织运作过程相关的档案，通常都是由形成部门指定一名人员兼职负责档案收集，并按规定时间和周期移交到档案室。而与景泰蓝制作技艺密切相关的档案，即科学技术研究、生产技术管理、产品及照片类档案，北京珐琅厂则是采取主动采集的收集方式，具体来说便是：当非遗传承人或是工艺技师创造出有归档价值的新技艺、新方法时，厂里会主动选取合适的载体进行采集，以形成文字、图片、实物和音像视频等形式的档案，制作好后直接归档，并对接触相关工作的人员进行严格控制。干部档案下设专业技术人员和名人卷宗两小类，名人主要是指代表性传承人和工艺大师，名人档案的收集内容主要是其每年个人履历和重要作品的更新。

北京珐琅厂的11大类档案在分类时分别用大写英文字母从A到K进行标注，其中除基本建设类和设备仪器类下面未分小类外，剩下的9大类下面都划分了小类，小类用大类的大写字母加尾标阿拉伯数字表示而成。办公室的兼职档案员会把从收集来的档案，按照类别、标题、时间和保管期限进行排序整理，并装入档案盒，档案盒盒脊上标注时间、卷号和保管期限。

7.3.2.4 景泰蓝制作技艺档案保存情况

在档案保存方面，涉及景泰蓝制作技艺的档案在保管期限上均为永久保存，其他档案则主要是根据《企业档案管理办法》相关规定设置保管期限。

在档案保存的硬件环境条件方面，北京珐琅厂拥有面积大约为30多平方米的一个档案库房，库房配备了档案密集柜和用于调节温度的空调设备。

北京珐琅厂自建有电子化的档案检索系统，该系统能够录入档案的题名、时间等基本信息，其作用是通过输入想要查阅档案文件的题名或其他基本信息，找到档案在档案室中的具体位置。在提供利用时，本厂职工可以查阅与其工作范围相关的档案，但所有档案都绝对不允许带出单位。

2015年10月，在北京市国有文化资产监督管理办公室、东城区国资委的支持下，北京珐琅厂建成了中国首座景泰蓝艺术博物馆。博物馆面积为1000平方米，分为东厅和西厅。东厅为景泰蓝历史文化资料馆，涵盖了景泰蓝发展史、珐琅厂自1956年成立以来的珍贵历史资料和大事记、老艺人和大师的生平及艺术特点、大师的文稿、图纸、书刊、手记等，新中国成立后企业各时期经典代表作品、原始工具、企业自主研发的制作工具，还有多年来企业荣获的部分证书和奖牌。西厅为景泰蓝珍宝馆，以高仿元明清时期制作风格的珐琅器为主，同时陈设有珐琅厂建厂以来部分大型经典作品、老艺人作品和大师代表作品。另外，该博物馆还配套有1000平方米的技艺展示互动区和1000平方米的精品销售区。

此外，北京珐琅厂还开通了官方网站、官方微博和微信公众号，并利用VR虚拟现实技术对景泰蓝艺术博物馆进行了数字化处理，通过上述网络平台为公众提供模拟真实参观体验的数字博物馆服务。

7.3.2.5　景泰蓝制作技艺档案资源建设的经验与问题

北京珐琅厂在性质上属于自负盈亏的企业，其在景泰蓝制作技艺档案的前期积累方面有非常好的基础，且具有较强的档案资源建设与开发利用意识，并基本构建了适于本厂的相关档案资源建设工作机制。应该说，这在很大程度得益以下几个方面原因：一是，新中国成立后政府在抢救和保护景泰蓝制作技艺方面的探索性努力；二是，北京珐琅厂作为老字号企业的规范管理传统；三是，在景泰蓝入选国家级非遗代表性项目后，北京珐琅厂作为项目保护单位和生产性保护示范基地，受到了包括北京市国有文化资产监督管理办公室、东城区国资委和东城区档案局（馆）等相关政府部门的关注和支持；四是，相关档案工作的开展能给企业带来良好的声誉和经济效益。

当然，与理想状态相比，尤其是从非遗档案资源建设来看，目前北京珐琅厂的景泰蓝制作技艺档案工作在基础工作及人员配备方面仍存在些许差距。

（1）在景泰蓝制作技艺档案建设方面

景泰蓝制作技艺档案建设方面的基础工作还有待完善，这主要体现在以下三个方面：一是，与之相关的档案工作缺乏成文的正式制度规定；二是，档案整理相对比较粗糙，并且对所建档案缺乏明确的统计数据；三是，未开展工艺大师口述档案采集。北京珐琅厂虽然设置了干部档案大类来收集专业技术人员和工艺大师的档案，但其收集的档案信息内容相对比较简单，主要是履历和代表性作品，而未对他们，尤其是工艺大师进行口述档案采集。

（2）景泰蓝制作技艺档案保存方面

现有库房条件不能满足长期保存的需要。北京市珐琅厂仅拥有一个面积30多平方米的档案库房，需要不同保存环境的不同载体的档案无法实现分库房存放。且该库房只有空调和档案密集柜，没有设置专门的恒温恒湿和防火系统，库房的窗户没有窗帘，阳光可以照到最边上的档案柜，亦不符合档案长期保存的防光要求。另外，到目前为止，北京珐琅厂尚未对前期积累的景泰蓝制作技艺相关档案开展数字化工作。

（3）在相关人力资源配备方面

北京珐琅厂的档案管理缺乏档案学专业背景工作人员，甚至连一名全职档案员都没有，这样的人力资源配备情况，显然很难支撑理想状态的景泰蓝制作技艺档案相关工作。

另外，需要特别说明的是，项目保护单位之所以在景泰蓝制作技艺档案的传播利用方面做得更好，而在档案基础业务工作方面不够扎实，课题组认为其原因主要在于：非遗档案相关基础业务工作的价值是潜在长远的、隐形的；而档案传播利用工作的价值是即时体现的、直观的；作为企业的北京珐琅厂在传承非遗文化的同时需要考虑生存和盈利问题，景泰蓝档案的传播和利用工作直观可见，效果明显，既向广大群众宣传了非遗文化，又增加了趣味性，可以更好地挖掘潜在客户、宣传企业加大盈利能力，自然更加受到重视。

7.3.3 传统体育类代表性非遗项目：抖空竹

空竹，顾名思义，是一种通常以竹子为材料制作的玩具，其基本形制为中间为细腰轴，两端连接空心轮，轮周有哨口。抖空竹，即将绳缠在空竹的中腰轴上，绳子两端系着短杆，通过抖动短杆带动空竹旋转飞舞，哨口发出声响。另外，空竹的制作也是抖空竹项目不可或缺的组成部分，不过"制作"和"抖"两者是完全不同的，制作空竹的匠人一般都会抖空竹，因为这亦符合制作者对产品进行检验和优化改进的需要，但大多数的抖空竹者通常不自己制作空竹。

据有资料可考，空竹在明朝永乐年间就已出现，因为当时流传下来的剔红漆盘上刻有孩童都抖空竹的景象，因此，抖空竹的发展至少已有六百多年的历史。在发展过程中，抖空竹所使用空竹样式逐渐多样化，不仅出现了单轮空竹，甚至还出现了以茶壶盖、手绢等为道具的异型空竹。抖空竹曾是我国民间汉民族较为普遍的活动，尤以天津、北京、河北及东北三省最为盛行。然而，随着现代城市生活方式的变化，抖空竹面临着存续文化空间萎缩的局面。2006年，"抖空竹"被列入国家级首批非遗名录。

7.3.3.1 项目保护单位背景情况

抖空竹的项目保护单位为北京市西城区广内空竹文化艺术团（以下简称"空竹艺术团"），该艺术团是2008年在西城区民政局注册的民办非企业单位。由于空竹艺术团成员都是抖空竹实践者，因此，从其成员与非遗实践社群之间的关系来看，该保护单位属于非遗项目内部主体。

空竹艺术团中除了骨干成员外，其他成员实际上具有很大的不稳定性，艺术团主要是靠各类演出活动来吸引成员，没有专门的办公办事人员。不过，空竹艺术团虽然是民间艺术团体，但其背后挂靠的是西城区（原宣武区）广安门内街道办事处（以下简称"广内街道办"）。2004年时，广内街道办在广泛调研的基础上确定将空竹打造成作为街道的文化品牌项目，并在街道办下设了一个空竹工作办公室。后来，空竹办公室具体承担了申报非遗的工作。抖空竹成功申报为国家级非遗后，广内街道办便将空竹文化相关工作交给了文教科文体组负责（2019年街道办机构改革后，该主管部门变成了街道办市民中心文体组）。因街道办不允许成为保护单位，2008年，在街道办的支持下，广内街道的空竹"铁杆玩家"注册了空竹艺术团。2009年，广内街道办建立了北京空竹博物馆。博物馆免费向公众开放，日常运作主要靠12名空竹艺术团成员作为志愿者轮班支持，因此，博物馆既无盈利亦无支出。另外，在广内街道办的支持下，还成立了以空竹艺术团成员为骨干的广内街道空竹协会，协会会员有3000余人，并在京城各大公园设置了空竹活动站70多个。目前，空竹艺术团和协会的法人均为国家级非遗代表性传承人李连元，前两者的办公地点也主要在空竹博物馆，同时李元良亦是空竹博物馆的志愿者之一。

抖空竹项目包括"抖"和"制作"两个方面内容，抖空竹一共两名国家级代表性传承人，除李连元以外，还有一位是张国良，他亦是空竹艺术团和协会的骨干成员。与李元良的专长主要在于"抖"不同，张国良的主要专长在于"制作"。因制作与生产密切相连，张国良开办了一个空竹工作室，注册名称为"张国良空竹文化传播有限公司"，据本人讲这实际上是家庭作坊性质的，目前专职工作人员只有他和徒弟郭晓霞两人。因为工作室的场地需要大笔租金支出，且两人的生活费亦需要依靠工作室的运营，所以工作室的生产和发展面临着较大的经济压力。

7.3.3.2 抖空竹档案工作概况

由于空竹艺术团作为项目保护单位本身缺乏专门的办事办公人员，因此，该单位抖空竹相关档案工作实际上是由其主管单位广内街道办来组织规划的。另一方面，由于空竹制作技艺的传承主要是由张国良所开办的空竹工作室来承担的，因此，该工作室即空竹制作技艺档案的主要来源主体。

7.3.3.3 抖空竹档案建档情况

有关抖空竹档案的日常收集与管理，目前是没有专门规划的。当然，这并不是说相关工作完全没有开展。事实上，相关工作主要开展在抖空竹项目申报与空竹博物馆的筹建过程中。为筹建空竹博物馆，2007年，广内街道办面向全社会开展了一次系统性的空竹相关文献记录和实物档案的收集与整理工作，此次共收集了相关实物465件，相关资料40余本（册）。除此之外，在广内街道办组织下空竹艺术团、协会参与或承办的空竹相关活动资料，街道办对自身认为非常重要的部分进行了资料收集和记录，比如，空竹艺术团2008年参加奥运会相关演出资料，以及广内街道办主办的中国"广内杯"空竹邀请赛相关资料。

除此之外，作为空竹艺术团和协会法人的李元良，出于个人的习惯，会对个人的相关荣誉证书，空竹艺术团、协会以及博物馆举办或参与的相关活动中，自己认为重要的部分进行记录。相对而言，这部分记录是缺乏系统性的。张国良的空竹工作室自2008年起开始有意识地记录个人与工作室参与的社会活动、相关新闻报道、获奖情况与新设计的作品，并按年度整理为年志。2019年，根据"国家级非遗代表性传承人抢救性记录工程"实施规划，北京市非遗中心启动了对抖空竹代表性传承人张国良的访谈拍摄，该项目陆续拍了一年时间，主要记录了空竹制作的具体内容，包括材料的选取、具体工具的使用方法和技巧、制作过程中的关键要领，空竹的历史文化、品种及抖空竹的方法和技巧等内容。

7.3.3.4 抖空竹档案保存情况

在空竹博物馆筹集时期所收集到的相关资料与实物档案，以及李元良的个人证书等，目前绝大部分就保存在空竹博物馆的展柜中，另有少部分（主要是照片）放在宣南文化博物馆。空竹艺术团、协会和博物馆在广内街道办组织下所参与的重大活动记录资料中，只有参与2008年奥运会相关活动的相关资料完整地移交到了街道办档案室，其他活动资料最后的留存情况则相对不太确定。

李连元个人对空竹艺术馆、协会和博物馆相关活动所进行的资料收集和记录，其存放地点是由个人决定的，目前部分存在空竹博物馆的办公室里，部分存放在个人家里。

张国良工作室整理的打印的纸质版年志就放在工作室的某个柜子里，电子版存放在工作室的电脑里。另外，该工作室还布置了一个展厅，用于存放和展示工作室设计制作的空竹作品实物档案，以及个人的相关证书。北京非遗保护中心对张国良的访谈拍摄过程中对上述信息也做了采集。该项目目前还处在后期的制作整理阶段。按照"国家级非遗代表性传承人抢救性记录工程"的要求，项目最后的采集成果会提交三份，最终由国家图书馆、中国非遗保护中心和民族民间文艺发展中心三家单位分别保存。

7.3.3.5 抖空竹档案资源建设的经验与问题

在抖空竹项目案例中，基层政府机构为打造街道文化品牌对该项目的非遗档案资源建设给予了极大的资源支持，这一支持主要集中在空竹博物馆的建设上。再加上国家层面开展的"国家级代表性传承人抢救性记录工程"，应该说，这两个方面的工作使抖空竹项目相关的重要基础档案资料得到了积累。但另一方面，政府所认定的项目保护单位实际上属于非遗实践者组建的社团，而另外与之密切相关的工作室则属于家庭作坊，这两类组织在档案资源建设能力上都相对比较弱，因此，抖空竹档案资源建设还面临着以下几个方面的问题：

（1）在档案基础业务工作方面

抖空竹档案资源的建设自空竹博物馆建成以后，便没再有系统的规划。目前，档案资料的收集是不系统的，且主要靠相关人员的自发意识来推动，亦没有系统的整理登记。从抖空竹档案资料的保存情况来看，除了街道办档案室有专业库房以外，其他几个保存地方，甚至包括空竹博物馆，都与长期保存的理想条件相去甚远。

（2）在相关资源支持方面

从制度维度上来说，目前各个层面都没有对抖空竹、传统体育类非遗或是所有非遗的档案资源应该如何建设提供可资参考的指南或相关要求。

从人力维度上来说，抖空竹项目，无论是空竹艺术团、协会还是空竹博物馆都没有安排专人负责档案资源建设，因为这三个机构实际上都属于既没有财务收入也没有支出的组织，本来就没有专门的办公办事人员。在张国良的工作室中，主要是由其徒弟郭晓霞来对相关资料进行简单的收集记录并整理成年志，但无论是张国良还是郭晓霞都没有接受过任何有关档案工作的培训。

7.4 我国非遗档案资源建设治理结果特点总结

上述有关国家、地方和代表性项目三个层面实际治理结果的梳理和分析，用相对比较翔实的数据，大体印证了前文有关主体参与情况和非遗档案资源建设治理结果的预测。本部分将从最终建设成果和参与主体情况两个方面，对目前我国非遗档案资源建设实际治理结果的特点进行总结。

7.4.1 参与主体方面

在参与主体方面，我国非遗档案资源建设实际治理结果的特点主要包括：

首先，在提供领域，政府在外部主体中占据着绝对主要的地位，民间主体的相关投入少。这一点在资金投入上表现得极为明显，自《非遗法》颁布以来，中央以及各地对非遗专项资金的投入力度基本呈逐年增加趋势，但总的来说，非遗专项资金的来源是比较单一的，主要是政府的财政投入。而在各级政府的投入中，又呈现出层级越高相关投入越多的特点。

其次，在生产领域，外部主体中参与具体生产的主体主要为各级非遗保护中心（或承担该相关职能的文化馆或群众艺术馆），部分公共图书馆参与了非遗档案资源数据库建设，公共博物馆基本没有参与相关工作，公共档案馆的参与相对比较零星和被动。

最后，代表性传承人和非遗项目保护单位除配合政府开展相关工作外，基于对非遗档案之实用价值和情感寄托的追求，亦会有一定的自觉意识主动开展相关工作，但个体的差异极大，具体参与情况在很大程度受其自身能力限制和生存发展压力的影响。

7.4.2　建设成果方面

在参与主体方面，我国非遗档案资源建设实际治理结果的特点主要包括：

首先，政府投入支持的非遗本体档案建设成果，主要集中在高级别传承人和项目上，具体来说，就是集中在国家级代表性传承人和部分国家级、省级项目及省级传承人上。

其次，非遗业务档案中的申报资料（包括非遗项目和代表性传承人）在文化主管部门或其直属的负责承担非遗保护工作的事业单位内部，通常得到了有意识的收集，但其保存情况则不甚理想，尤其是在基层组织中，因相关工作人员频繁变动，甚至有出现档案资料丢失的情况。

再次，非遗项目内部主体（主要指代表性传承人、传承人）以及项目保护单位自建的非遗本体档案，在多数情况甚或绝大多数情况下，离全面系统和长期保存的理想状态有很大差距。

最后，已建成的非遗档案数据库或共享平台多数还做不到信息的充分、及时分享。很多主体甚至认为开通了相关网站或利用网络提供了非遗相关信息，就等同于建立了非遗档案数据库。

8 国外非遗档案资源建设治理实践与经验借鉴

　　研究国外的非遗档案资源建设治理相关经验，必须立足于国外非遗保护与传承的实践现状，充分认识到不同国家非遗保护的制度体系和运行机制的区别。受国家政体和国体影响，加之地域发展和文化历史的差异，不同国家的非遗保护各具特色，这种特色进而间接反映在非遗档案资源建设治理上。

　　按照区域划分，国外非遗保护实践突出的国家可以划分为三大类，以日本和马来西亚为代表的东亚国家，以英国、法国为代表的欧洲国家，以美国为代表的北美国家。上述国家并非都是联合国教科文组织《保护非物质文化遗产公约》的缔约国，例如英国和美国就是目前少数尚未加入公约的国家。但这并不意味着这些国家不存在非物质文化遗产，或不存在非遗保护活动，更不代表这些国家不重视非遗保护工作。本部分以中英文研究文献、相关政府工作报告及网络资料（如非遗保护项目网站）为主要数据来源，以日本、马来西亚、英国、法国和美国五个国家为例，对其非遗概念、非遗保护法律制度、运行机制、非遗档案资源建设治理现状和经典案例进行综合分析，总结其在非遗档案资源治理中的经验和教训，以期为我国非遗档案资源建设政策引导策略方案的设计提供重要参考借鉴。。

8.1　日本非遗档案资源建设治理实践与经验借鉴

　　日本是最初提出保护文化遗产（包括非物质文化遗产）的国家。早在1950年，日本颁布的《文化财产保护法》中，"无形文化财"的概念被首次提出，非物质文化遗产被视为受保护对象，纳入法律保护范围。2003年日本加入《保护非物质文化遗产公约》。在历史上日本对非物质文化遗产长期重视，其非遗保护的法律政策和制度体系也不断完善，是世界公认的文化遗产保护最为成功的国家之一[1]。

　　日语中有"文化财"和"文化遗产"两种说法。"文化财"是日本国内法律中的一个概念，指的是在日本漫长的历史中诞生和孕育，并流传至今并受到保护的全体人民的宝贵文化遗产，具有历史性、价值性和共有性三个特点。[2]而"文化遗产"的概念则是日本加入《世界文化和自然遗产保护国际公约》之后，在日本国内普及开来的新词。二者在意义和内涵上基本相同，在日本国内也存在二者混用的情形。

　　在最新修订的《文化财保护法》中，"文化财"包含以下类别：无形文化财、有形文化财、纪念物、民俗文化财、埋藏文化财、传统建筑物群、文化财选定保存技术等几大类。值得注意的是，这一分类是一种依据文化遗产性质进行的"工作分类"，从学术研究角度来看具有叠加性和交叉性，例如在"无形文化财"之外还设立了"民俗文化财"，并将其进一步做"有形"和"无形"之分。

　　按照我国目前对"非物质文化遗产"的定义，在概念内涵上与之对应的日本的非物质文化遗产，其应该包括两个部分："无形文化财"和"无

---

[1] 郑土有. 非物质文化遗产保护中的"儿童意识"——从日本民俗活动中得到的启示 [J]. 江西社会科学, 2008（09）：24-29.

[2] 周星，周超. 日本文化遗产的分类体系及其保护制度 [J]. 文化遗产, 2007（01）：121-139.

形民俗文化财"[1]。其中"无形文化财"是指具有较高历史和艺术价值的传统戏剧、音乐、音乐舞蹈、工艺美术等非物质文化;"无形民俗文化财"是指有关衣食住、生计职业、信仰、年节岁时等方面的风俗习惯、传统的民俗艺能、民俗技术等。

8.1.1 日本的非遗保护现状

8.1.1.1 日本非遗保护的法律制度

日本没有单独的非物质文化遗产保护立法,然而,1950年颁布的《文化财产保护法》将"无形文化财"和"无形民俗文化财"区分开来,作为独立的文化遗产加以保护,其强势的地位为非物质文化遗产的保护提供了坚实的法律保障。《文化财保护法》的数次修订都对非物质文化遗产的保护起到了重要作用。

《文化财产保护法》是保护包括非物质文化财产和非物质民间文化财产在内的文化财产的重要法律依据和制度基础。《文化财保护法》自1950年颁布以来,主要进行了八次大改动,共计36次修订。该法于1954年建立了重要无形文化财认定工作,确立了保管人身份认定制度,增设了非物质民俗资料备案制度;1968年的修订中,保护文化财产委员会被撤销,由文化部取代。新成立的文化部委托首都、地、县教育委员会直接保护和管理文化财富,加强文化财富保护的组织建设;1975年修订时,考虑到传统文物保护修复技术没有继承者,修复材料制作困难,该法在第五章中增加了新的一节"文物保护技术保护",将传统文物保护技术作为非物质文化遗产进行保护。此外增添条款还指出要对被指定的"重要无形民俗文化财"加强保护措施;1996年修订时,增添了"文化财登记制度",并拨出专项资金用于非物质文化遗产的登记和录入,同时规定小学生在校期间必须看一次能剧,日本政府官员必须用能剧、歌舞伎、狂言等传统艺术招待外宾等等;2004年修订中,该法在"民俗文化财"下设"民俗技术",增添了

---

[1] 钱永平. 日本非物质文化遗产保护研究综述[J]. 湖北民族学院学报(哲学社会科学版), 2010, 28 (05): 89-94.

"登录纪念物""登录有形民俗文化财"制度[1]；2018年修订中，该法将文化遗产计划和变更的决定权下放到地方，推动了非遗传承在地方的自主和协调发展[2]。

由于无形文化财并不像历史建筑一样拥有一个有形的实体对象，在日本，保护传承人被认为是保护"重要无形文化财"的核心内容。《文化财保护法》规定"重要无形文化财"的传承人认定，有"个别认定"、"综合认定"和"传承者团体认定"三种方式。"个别认定"用来认定可以以高水平展示被指定为"重要无形文化财"的技能的人，以及高水平掌握被指定为"重要无形文化财"的技术的人。"综合认定"是指"重要无形文化财富"的技术只能由两人以上的团体共同进行高水平展示，或者该技术有多人高水平地掌握，在这两种情况下，这些人被认定为该"重要无形文化财"的团体成员。"传承者团体认定"则是指当被认定为"重要无形文化财"的艺术能力或技术在性质上缺乏个人特征，且拥有该项技能或技术的人数量众多时，对成为主体成员的群体认定。一般而言，在演剧、音乐、舞蹈等艺能领域实施"个别认定"和"综合认定"，这两种认定中的传承人也被称为"人间国宝"；在工艺领域则通常实施"个别认定"和"传承者团体认定"。[3]

相比其他国家而言，非遗传承人认定制度是日本非遗保护的一大优势，一直以来为日本的非遗保护保驾护航。[4]因此有必要对其进行具体介绍。

（1）"人间国宝"认定制度。人们通常所说的"人间国宝"，实际上是媒体常用语，指的是"个人认定"和"综合认定"所认定的传承人。一旦非物质文化遗产传承人被国家认定为"人间国宝"，国家每年将安排200万日元（约13～14万元人民币）专项资金，支持传承人致力于研究、

[1] 王晓葵. 日本非物质文化遗产保护法规的演变及相关问题[J]. 文化遗产, 2008（02）：135-139.

[2] 中村淳, 周先民. 日本文化财保护法的发展历程[J]. 遗产, 2019（01）：136-155+321.

[3] 刘晓峰. 谁是"人间国宝"？——日本"重要无形文化财"的传承人认定制度[J]. 艺术评论, 2007（06）：41-43.

[4] 이명진. A Comparative Studies on the Transmission of Traditional Performing Art Schools and Intangible Cultural Heritage System in Korea and Japan—Focusing on Kyougen and Pansori—[J]. 비교민속학, 2012, 49.

改进和创新传统技术，培养传承人，改善他们的生活和艺术条件。此外，日本在税收制度上还对非物质文化遗产传承人给予一定优惠。根据法律规定，一旦被认定为"人间国宝"，就有责任和义务将自己的技艺和作品向后人披露和传承。如果坚持"保密"，拒绝泄露自己的技能或所谓的"绝活儿"，或因其他原因不愿或不能传授自己的技能，将被取消资格。换言之，"人类国宝"在享有较高社会地位的同时，也要肩负起传承自身技艺的重任。

（2）"非遗传承团体"认定制度。[1]1950年的《文化财保护法》中仅设立了"保持者"的个人认定制度。1975年修改后，加入了"保持团体"认定制度。保持团体是指"因艺术或工艺技术的性质缺乏个人特色且有多数人拥有这种艺术或者工艺技术，由这些人构成主要成员的团体就是保持团体"。日本对"无形文化财"和"无形民俗文化财"的团体认定方式并不相同。前者为法定的"事前认定"，后者为备案的行政登记，属于"事实认定"。《文化财保护法》第四章第七十一条和第一百四十七条规定"指定重要文化遗产时必须同时认定该文化遗产的保持者或保持团体（即传承团体）"。第八十七条规定，重要无形民俗文化遗产的财政预算可以补贴"地方政府或其他认为适合保存的人员"。适合保存的人员可以是主要从事有关重要非遗保存工作的民间团体，例如特定地区的民俗艺能保存会等。

日本传承人认定制度下的非遗实践群体汇集了保护非物质文化遗产急需但又分散的社会力量，作为"社区"的重要组成部分，承担着传承群体记忆和传统文化的责任。

8.1.1.2　日本非遗保护的运行机制

日本的非物质文化遗产保护已形成国家、地方公共团体、各种社区组织及非政府组织等互相配合，普通民众广泛参与的立体格局。主要参与者如下：

（1）日本文化厅：最高管理机构；

---

[1]　刘潇宇. 论日本非遗传承团体的法律制度及对我国的启示 [J]. 湖南人文科技学院学报, 2020, 37
　　（03）：16-19.

（2）市町村、都、道、府、县的教育委员会：对文化财进行直接的保护和管理；

（3）民间文化遗产保护组织和团体：各类保存会、社区艺术团体等民间非政府组织；

（4）研究机构：拥有官方背景的国家文化财产研究所和奈良国家文化财产研究所等。民间研究机构主要分布在日本的大学博物馆和图书馆，如早稻田大学戏剧博物馆、松尾大谷图书馆等；

（5）博物馆：日本举办民俗相关展览的公私立博物馆多达120余家，如日本第一家民俗博物馆——阁楼博物馆，另外还有乡土博物馆、社寺博物馆等；

（6）公众参与：日本人的积极参与对非物质文化遗产的保护和利用起着重要作用。日本迅速的现代化进程使日本人对自己的文化遗产产生了高度的危机感，积极参与非物质文化遗产的保护和利用。

8.1.1.3 日本的代表性非遗项目

目前联合国教科文组织确定的日本非物质文化遗产共有21项，包括能乐，人形净琉璃文乐，歌舞伎，雅乐，小千谷缩·越后上布，奥能登田神祭，早池峰神乐，秋保插秧舞，女孩舞蹈节，大日堂舞乐，题目立（祭祀活动），阿依努古式舞蹈，组踊（一种舞剧），结城捻线丝绸，壬生花田植（耕种活动），佐陀神能（祭祀舞蹈），那智田乐（舞蹈活动），和食（料理），和纸（造纸技术），山，鉾，屋台行事（祭祀踩车巡游），来访神（民俗节庆活动）等。

8.1.2 日本非遗档案资源建设治理实践

8.1.2.1 日本非遗档案资源建设现实状况

日本非遗档案资源建设主要体现为非遗建档和相关记录的留存工作。非遗建档要求在制度层面主要体现在《文化财保护法》中。该法第三章第五十六条规定了重要无形文化财产的认定和解除认定程序，指出对被列入"人间国宝"名录者要建立文字、图片、声像等各方面的材料，利用现代记录手段对传承人的技能进行全方位的记录，以展览、出版、演出等活动公开其技艺与成果。该法第三章第二部分中还明确规定了无形文化财的指定规则、无形文化财保持者或保持团体的认定规则，以及无形文化财的保存展示、记录档案制作等规定。

总体来看，日本非遗保护中的记录性活动主要体现在以下方面：

（1）"文化财登录制度"：自1996年起日本政府拨专款进行非物质文化遗产的登记录入工作，这项工作可以看作是对本国非遗项目进行摸底的清单记录。

（2）传承人的项目支出记录：传承人被认定为"人间国宝"后每年可以领取一定数额的补助金，但需每年向国家报告其"补助金"的支出明细。

（3）非遗类博物馆的记录保存：在无形民俗文化财领域，一些非遗类博物馆采用影像民族志等方法对重要民俗文化财相关口头文献及相关实践场所、实践仪式或活动、实物环境等进行数字记录。日本还实施了著名的"全球数字博物馆项目"，以博物馆为重点，支持在网络环境下检索数字馆藏。

（4）研究学会类的非遗保存和收集活动：例如东京文化财研究所下属的无形文化遗产部，邀请技艺即将失传的非遗传承人来录制相关视频，并搜集、调查和记录那些很少上演的作品和表演的各种数据，建立非遗的相关视听影音档案。

（5）日本档案馆非物质文化遗产馆藏资源：日本档案馆充分利用已有馆藏，建立了非物质文化遗产相关数据库（如日本和服形象数据库），同时通过举办档案展览等方式，保护和宣传非物质文化遗产。

8.1.2.2 日本非遗档案资源建设治理方式

从制度层面而言，日本对非遗传承人的建档和记录保存有法可依，但尚未见到对管理和保存手段、责任主体及审核方式的具体规定，非遗档案保管工作也缺少相关规范。

从档案部门来看，档案馆对非遗的档案保存和开发利用有所参与，但采取的还是传统的馆藏资源数字化开发、档案展览等方式，并未与其他部门形成合作机制，更未起到主导作用。

从实践层面来看，非遗的资料搜集和保存主要由从事非物质文化遗产保护和传承的各种各样的博物馆、研究会等组织和团体主动进行，政府主要通过对认定项目提供经费来予以整体支持。

8.1.3 日本非遗档案资源建设治理经典案例

日本福岛县只见町的民具保存与活用运动[1]

只见町位于日本福岛县西南端和新潟县接壤的山地，隶属于南会津郡，面积747.53平方公里，居民1949户，共有5652人。2003年会津只见的生产用具和劳作服收藏品共计2333件被指定为"国家重要有形民俗文化财"。

只见町内的民具收集活动从20世纪60年代末就开始了。早期以"公民馆"为中心，当地的老人会一些有识之士开始收集民具，到70年代前期进入大量收集阶段。1989年只见町为纪念町制实施30周年需要编纂"町史"，其中一个重要组成部分就是"民俗编"。町教育委员会组织"只见町民俗资料分类整理事业"，把对历年来收集的民具进行集中整理和分类看作是只见町民俗资料调查工作的重要组成部分。民具及其组合所具有的民俗学的资料价值，还有它所反映的民众生活文化和生产生活技术体系的价值，需要经过一番严谨、科学的资料整理程序之后才能显现并得到认可。只见町的民具整理、记录和分类工作，大体上分为两个阶段。

第一阶段：从1990年起，作为"町史"所需民俗资料的调查之一环而进行的民具整理和分类工作。1990年2月，町教育委员会制定了《只见町民俗资料分类整理事业实施要项》，目的是要把历代祖先传下来的农具和各种用具以及衣物等民俗资料进行系统的整理和分类，进而以此为基础，进行民俗文化财的展示、保存与活用，最终把它作为本地区的文化遗产传承给后世，并让它为町的现代文化建设及其发展而服务。1991年11月，该町出版了《图说奥会津只见的民具》一书，从4300多件整理好的民具中精选了700多件，由职业摄影师摄影，并配以详尽的民具分类表和解说文字等。

第二阶段：从1998年接受文化厅的"传统文化传承综合支援事业"的

---

[1] 周星. 垃圾、还是"国宝"？这是一个问题 ——以日本福岛县只见町的民具保存与活用运动为例［EB/OL］.（2009-08-20）. https：//www. chinesefolklore. org. cn/web/index. php？NewsID=5526&Page=1.

经费补助起，该町以申请"国家指定重要文化财"为目标，进一步深入开展了民具的保存与活用活动，进行了更为规范、彻底和正式的民具整理与分类、记录工作。只见町民具整理、分类与记录的基本步骤与程序包括：（1）民具的清扫与修补：亦即清除掉灰尘、污渍和锈蚀等，修补残破朽坏的部分。（2）将民具逐一搬到整理工作室，予以统一编号和建立卡片档案。（3）为每一件民具建立编号（包括村落编号与民具编号）和所含信息详细的档案，其具体做法是填写政府指定的卡片。民具卡片一大一小，小卡片将直接系在民具物件之上，大卡片则作为"民具台帐"汇编成册，然后存档。大、小卡片上记载的编号和信息要求必须一致。（4）为每一件民具逐一摄影拍照，民具照片经整理成册，并成为民具档案的组成部分。（5）为每一件民具绘制准确精到的实测图，这些实测图也成为民具档案的组成部分。（6）必要时，派专人就某件民具对某些人进行深入的访谈调查，留存访谈记录。（7）必要时，对某些已经消失的民具进行复制和再现。（8）对某些民具的制作过程及使用方法进行演示，并对制作技能和作业现场全程录像。（9）对民俗资料（民具）调查卡片，按项目进行绵密、细致的分类整理，由此才可编成所谓的民具档案"台账"。（10）编辑印行高水平、高质量的《民具志》。（11）把民具分门别类地妥善保管在仓库，或予以公开的陈列展示。（12）选择有可能被"指定"为"国家重要有形民俗文化财"的民具，编制总结报告。

通过系统的民具整理和分类工作，只见町形成了分别由多达7000多张的民具卡片、照片和实测图等构成的这一批民俗资料。正是由于经过了上述严格、细致和充实的学术性记录，实现或完成了"国家指定民俗文化财"所必需的调查、整理、系统性分类以及保存场所的确认等条件，2003年1月，国家文化审议会向文部大臣提出将"会津只见的生产用具和劳作服装收藏品"指定为"国家重要民俗文化财"的报告建议，同年予以批准通过。这些民俗档案资料涉及诸多领域的生活文化及技术体系，能够反映出不同地域间的文化交流，既是民俗学的基本资料，也是民众生活史、文化史和地方史研究的重要史料和依据。

8.1.4　日本对我国非遗档案资源建设治理的启示

日本的非遗档案资源建设治理工作对我国主要有两点启示：

（1）在非遗建档上，应该区别不同类型的非遗项目。日本有学者研究发现，尽管联合国《公约》的"非遗"概念在内涵上更偏向于民俗非遗，但现实中一般非遗项目申请成功的案例更为常见，这是因为不同形式的非遗项目在建档记录方式和难度上差异较大，而民俗类项目尤为棘手。一般非遗项目多为传统戏剧、音乐、艺能、乐舞、工艺技术等，可以脱离特定环境以艺术形式独立发展，表演主体具体、表演场地有限，表演过程更易记录和留存；而民俗非遗往往发源于民族节庆和当地区域地理环境，参与群体众多，活动场景和形式都更为宏大和多变，在记录上有很大难度。日本将民俗文化遗产单独分类，在这方面的非遗档案资源建设上积累了一定的经验。例如日本福岛县只见町的保存与活用运动，以民具为记录对象，通过对民具的建档整理体现该地的民俗发展历史，为民俗类非遗的建档保存工作提供了良好的案例。

（2）非遗建档保存的起点在于记录，应当为非遗项目的记录提供规范化标准。尽管日本在法律层面也对非遗建档提出了要求，但仍缺乏具体的执行主体和操作规范，也导致其民俗类等记录难度大的非遗项目难以申请成功。日本的非遗分类和申报现状促使我们对非遗建档的目的和方式进行深入思考。例如记录和建档的目的是保存技能使其免于失传或遗忘、宣传利用，还是为了非遗项目的申报，亦或为了经费审计之用？在记录方式上，一般非遗和民俗非遗、艺术表演类项目和工艺技术类项目有何区别，如何建立不同类别的非遗项目建档记录规范等等，这些问题都值得档案界联合非遗领域一起展开研究。

8.2 马来西亚非遗档案资源建设治理实践与经验借鉴

根据马来西亚2005年颁布的《国家遗产法令》，非物质文化遗产包括与马来西亚或马来西亚任何部分的遗产有关的"任何形式的表达，语言，方言，谚语，音乐制作的曲调，音符，可听歌词，歌曲，民歌，口头传统，诗歌，音乐，表演艺术产生的舞蹈，戏剧，可听声音和音乐作品、武术等"。学者Solihah Mustafa 和 Yazid Saleh提出了马来西亚的非物质文化遗产认定的五要素，包括表演艺术、习俗与文化、语言传统、手工艺术和活态遗产[1]。2013年马来西亚政府正式成为《保护非物质文化遗产公约》缔约国。

8.2.1 马来西亚的非遗保护现状

8.2.1.1 马来西亚非遗保护的法律制度

2005年的马来西亚《国家遗产法令》是马来西亚物质和非物质文化遗产保护工作的法律基础。该法案将文化遗产分为"遗迹"（建筑物、考古遗址和自然遗迹）、"文物"和"人物"三类，其中"文物"包括物质和非物质两大类。该法还设立了"遗产理事长"一职，成立了国家遗产委员会，规定了遗产基金的运作，制定了国家遗产的登记制度，规范了国家遗产、水下文化遗产和地下宝藏的管理。[2]

8.2.1.2 马来西亚非遗保护的运行机制

马来西亚旅游、艺术和文化部是该国文化发展与遗产保护事业的主要责任部门，其在文化遗产方面的使命为"推广马来西亚独特的艺术、文化

---

[1] Mustafa, S., & Saleh, Y. An Overview on Intangible Cultural Heritage In Malaysia[J]. International Journal of Academic Research in Business and Social Sciences, 7(4), 1053-1058.

[2] Mustafa, N. A. , & Abdullah, N. C. Preservation of cultural heritage in Malaysia: An insight of the National Heritage Act 2005[C]. poceedings of International Conference on Tourism Development, February, 2013, 407-415.

和遗产，使其成为马来西亚旅游和文化发展的主要推动力"。该部有十个下属机构，分别是马来西亚旅游局、国家博物馆、国家文物遗产局、国家文化与艺术局、文化宫、马来西亚手工艺促进局、国家视觉艺术发展局、马来西亚会展局、伊斯兰旅游中心及国家艺术文化遗产大学。上述十个机构在各自负责领域内各司其职，而与本国非物质文化遗产保护和推广相关的机构主要为国家文物遗产局、马来西亚手工艺促进局和国家艺术文化遗产大学[1]。国家文物遗产局负责该国整体的非遗工作规划及发展，马来西亚手工艺促进局负责相关手工艺非遗项目的实践活动，国家艺术文化遗产大学承担着非遗相关教育的普及和建设。

2005年的《国家遗产法令》设立了遗产理事长一职，理事长的职责包括：（1）文化遗址的认定、文物和水下文化遗产的登记；（2）建立和维护文化遗产登记清单并确定遗产类别；（3）监督和指导遗产的保护、保存、修复、维护、推广、展览和可获取性；（4）促进与遗产有关的任何研究；（5）授权，监察及监督文物发掘；（6）保留任何与挖掘、探索或发现遗产有关的文件记录；（7）在保护和保存遗产方面与国家主管部门建立并维持联络与合作；（8）以保护、促进和处理遗产为目的，咨询和协调当地规划机构、理事会以及各级其他机构和实体；（9）促进和规范用于遗产的保护和保存的最佳标准和做法；（10）就任何事宜向旅游、艺术和文化部部长提供意见。根据《国家遗产法令》，马来西亚还专门设立了国家遗产委员会，该委员会的责任在于就所有事宜向部长和理事长提出有关国家遗产的行政管理和法律方面的建议。

8.2.1.3 马来西亚的代表性非遗项目

马来西亚共有2项非遗被列入联合国《人类非物质文化遗产代表作名录》，分别是2005年的玛雍戏剧和2018年的东当沙央艺术。

玛雍戏剧在2005年入选"人类口头和非物质遗产"计划第三批代表作，2008年自动归入《人类非物质文化遗产代表作名录》。玛雍戏剧是一种综合了唱、舞、演、宾白、音乐演奏、插科打诨等表演艺术的传统马来

---

[1] 刘志强，等. 东盟文化发展报告2019［M］. 2019.

戏曲，它流传于马来西亚的吉兰丹、吉打、玻璃市、登嘉楼和泰国的北大年等地。该剧在马来半岛伊斯兰化以前已开始流传，至少已有超过800年的历史。传统的玛雍剧在户外戏棚表演，戏棚四面无围栏，其中三面开放给观众围观，剩下的一面留给奏乐的乐师。运用于玛雍剧的演奏乐器有弦琴、马来鼓、锣、笛子等。其中，拉弦琴的乐师是乐师之首，主导着演奏速度的急缓、曲调的临时转换，其他乐师都以他为中心配合演奏。玛雍剧里的最重要的两个角色分别被称作"玛雍"和"伯雍"。玛雍扮演剧中的主要女性角色（如：公主），而伯雍扮演剧中的主要男性角色（如：国王、王子），其中玛雍在玛雍剧中负责独唱、领舞。

东当沙央是一种马来传统艺术，至今仍在马来族群、峇峇娘惹族群、遮地族群以及葡萄牙后裔中流行。该艺术形式将各类乐器、歌曲与班顿结合，以突出班顿这一诗歌形式优美的韵律和张力。15世纪马六甲苏丹王朝时期，东当沙央为皇宫各类仪式和庆典的主要表演形式。马六甲苏丹王朝没落后，该表演形式逐渐开始在普通百姓中流行。因此，东当沙央成为马六甲地区至今广为流传的表演形式之一，由一男一女对唱马来班顿以互诉爱意。

马来西亚政府自2007年开始制定第一批国家遗产名录。国家遗产包括国家遗迹、国家文物和国家人物三项内容，非物质文化遗产被列入国家文物名录。截止到2020年，马来西亚旅游、艺术和文化部共公布了五批国家遗产，其中包括516项非物质文化遗产，涵盖语言和文学、手工艺术、传统游戏和自我防卫术、习俗、传统饮食及表演艺术六大类非遗项目[1]。

8.2.2 马来西亚非遗档案资源建设治理实践

8.2.2.1 马来西亚非遗档案资源建设现实状况

当前，马来西亚的非遗保护主要与经济发展相链接，马来西亚旅游、艺术和文化部将其文化遗产保护的最终使命界定为"马来西亚旅游和文化发展的主要推动力"。因而相关研究对非遗项目的主要关注点在于探索如

---

[1] 刘志强, 等. 东盟文化发展报告2019［M］. 2019.

何将非遗项目成功商业化从而促进马来经济和旅游业的发展，进而在这种发展中实现非遗的活态传承[1]。有关非遗档案资源建设的相关工作主要体现在两个方面：（1）为加强非遗保护而采取的建档和记录留存措施；（2）为加强非遗开发利用而开展的非遗历史档案资源的保管和分析研究工作。

马来西亚在2005年的《国家遗产法令》里规定了对国家遗产的登记制度。法令设立了"国家遗产名录"，对列为国家遗产的项目进行登记。法令将"保护"界定为对"传统事物、工艺、地区和环境的认定、保护、保存、修复、翻修、维护、记录和振兴"，要求"保留任何与挖掘、探索或发现遗产有关的文件记录"。虽然法律中对非遗文件记录有明确规定，但在实践中对非遗项目的全面记录并未展开。根据Mazlina Pati Khan的研究，图书档案部门普遍认为在非遗档案建档和记录留存方面，战略规划并不必要，"这是因为有遗产收藏利用的用户需求量十分稀少，难以发现为遗产收藏制定不同的战略规划的重要性"。同时，受现实条件制约，并非所有的文化遗产机构都有机会开展非遗项目的新记录工作，以玛雍戏剧为例，能够表演玛雍的民间艺术家已经很难找到[2]。

马来西亚虽然未大规模开展非遗项目的新记录采集与制作工作，但对待已有非遗历史档案资源的分析研究和补充记录却十分认真。当前大部分非遗档案资源集中在国家博物馆和档案馆，其中国家博物馆对非遗档案馆藏资源的开发利用尤为积极。例如国家博物馆设立专门项目对玛雍戏剧现有馆藏资源的深入分析，筛查玛雍艺术的每个组成要素是否被有效地记录下来，以便形成完成的非遗档案资料，供后代参考。国家博物馆针对玛雍艺术项目还补充收集了专家和群体的口述采访档案，使得非遗项目的历史和文化环境得以完整记录等。在档案领域当前主要还是以非遗档案资源的传统保管为主，但有相关研究学者为档案馆的非遗工作提出了不少改进建

---

[1] Olalere, F. E. Intangible Cultural Heritage as Tourism Product: The Malaysia Experience [J].
African Journal of Hospitality, Tourism, and Leisure, 8 (3), 1-10.

[2] Khan, M. P., Aziz, A. A., & Daud, K. A. M. Documentation strategy for intangible cultural heritage （ICH） in cultural heritage institutions: Mak Yong Performing Art Collection [C].
Euro-Mediterranean Conference （pp. 470-479）. Springer, Cham.

议，例如建议档案馆充分利用非遗特色馆藏，邀请领域专家和社区群体参与资源的整理和开发利用。

除了对现有非遗历史档案资源的开发利用之外，马来西亚非遗项目的数字化研究趋势也十分明显。在大学和文化研究机构，已经开始了此类尝试。例如Radiah Amin提出了一个知识库要素元模型，该模型能够为非物质文化遗产开发提供准则、标准和基础化支撑[1]；Noresah Mohd Shariff以马来传统食物为例，使用数字地图技术知识，指出了在时空背景下分析遗产信息的可能性[2]。然而遗憾的是，马来西亚政府尚未在非遗数字化方面开展真正的实践。对于其文化部门而言，非遗保护中的数字记录和保存技术仍是一项新事物。[3]

8.2.2.2 马来西亚非遗档案资源建设治理方式

马来西亚的非遗档案资源建设在法制上对登记建档和相关文件记录留存提出了明确规定。依托国家层面较为独立的文化遗产管理机构体系（主要为国家文物遗产局和国家遗产委员会），较好地提升了社会对非物质文化遗产的保护意识和重视程度，从而也促进了非遗历史档案资源和数字档案资源的相关研究。

另外，马来西亚在非遗档案资源的开发利用工作上表现较为突出。虽然开发利用工作通常由博物馆主导，但由于马来西亚的博物馆、档案馆和图书馆都隶属旅游、艺术和文化部管辖，因此各文化事业机构之间形成了较好的合作关系，为非遗档案资源的开发利用工作奠定了良好基础。这种合作关系主要体现在两个方面：一是机构非遗特色馆藏内容的交流和分享；二是在"国家蓝海计划"框架下，信息工作者，包括图书馆员、档案

[1] Amin R. Transforming Model to Meta Model for Knowledge Repository of Malay Intangible Culture Heritage of Malaysia[J]. International Journal of Electrical & Computer Engineering, 2011, 2(2).

[2] Monika W, Wijesundara C, Sugimoto S. Modeling Digital Archives of Intangible Cultural Heritage based on One-to-One Principle of Metadata[C] // 8th Asia-Pacific Conference on Library & Information Education and Practice (A-LIEP 2017). 2017.

[3] Amir, R., Government Mechanism for Safeguarding Intangible Culture Heritage[J]. Intangible Culture Heritage Conference: Safeguarding and Inventory-Making Methodologies, 2005.

馆和博物馆保管员之间的专业性交流。

8.2.3　马来西亚非遗档案资源建设治理经典案例

乔治城非遗记录项目

乔治城（George Town）是马来西亚槟城州的首府，位于槟岛东北角。乔治市是英国在东南亚的早期殖民地之一，1786年英国东印度公司将其作为转口港创立。作为马来西亚有名的古镇，乔治城被认为具有独特的建筑文化城市景观，在2008年7月正式列入联合国教科文组织世界文化遗产名录。乔治城世界文化遗产古迹区的面积达259.42公顷，其中核心区占109.38公顷，历史最为悠久，拥有马来西亚最多的战前东南亚风格建筑物，如康华丽堡、槟城大会堂、槟城州博物馆和土库街一带的乔治市中央商务区。这些区域属于殖民者弗朗西斯·莱特1786年建城的范围，在历史方面超过了马来西亚半岛和新加坡境内的大多数城市。在其被殖民时期乔治亚市容纳了来自各地区的不同种族和宗教，使得乔治市的建筑风格以殖民地和亚洲风格为主。这一悠久的文化历史背景也给乔治城留下了饮食、手工艺等方面的丰富非物质文化遗产。围绕乔治城的非遗档案资源建设主要体现在口述历史档案采集和非遗目录调查两个项目上。

（一）乔治城口述历史档案采集项目[1]

自2013年起，乔治城世界遗产公司（George Town World Heritage Incorporated）开启了乔治城历史口述项目，该项目通过寻找乔治老城牛干东街（Chulia Street）的老居民讲述故事的方式，记录乔治城的非物质文化遗产。该项目的目的在于（1）培养能够为口述历史记录做出贡献的专业资源人员；（2）探索口述历史的基本标准，为槟城未来的文化遗产工作提供有效参考；（3）建立知识丰富的文化氛围，为所有项目参与者（包括访调员和被访者）建立强烈的认同感；（4）与专业机构建立工作关系，以进行未来的合作和研究共享。

---

[1] Musa M, Feng K L . Initiating an Oral History Project in a Multicultural UNESCO World Heritage Site of George Town, Penang, Malaysia: Challenges and Outcomes［J］. Kajian Malaysia, 2016, 34（2）: 123-143.

项目选择了12位拥有不同背景、种族、宗教、年龄、性别和职业的原住民，对其进行口述采访，内容涉及牛干东街的经济活动、生活状况、饮食、交通、卫生系统、社会和文化活动以及在当地发生的重要事件。采集到的口述资料作为档案留存在乔治城世界遗产公司总部的办公室。

项目组对采集到的口述资料进行了整理，发现了乔治城在以下8个方面的生活习俗：（1）秘密社团；（2）热门老字号商家；（3）老游戏和消遣活动；（4）夜生活；（5）节日和游行：（6）居住习惯；（7）交通方式；（8）食物。项目团队将口述资料中涉及到的习俗活动映射到地图上，展现了1945~1970年间乔治城的风貌。

（二）乔治城基于社区的城市非遗目录调查项目

近些年来，联合国教科文组织一直在倡议"以文化为中心，以人为本"的城市发展模式，并与其合作伙伴发起了"可持续城市的非物质遗产和创造力"项目，该项目旨在探讨生活遗产和创造力在可持续城市建设中的作用[1]。"基于社区的城市非遗目录调查"（Community-based inventorying of intangible heritage in urban areas）是此项目的第一阶段，总投资56.6万美元。该调查项目致力于发现并更好地理解城市环境中与非物质遗产保护有关的关键问题，并根据城市情况制定适当的非遗目录方法和资料。项目在世界不同地区的九个城市中开展城市非物质文化遗产目录试点计划，着重关注传统手工艺，表演艺术以及与建筑等具有经济效益、能够维持生计的传统职业。乔治城是首批试点之一。

该试点由联合国教科文组织和格鲁吉亚遗产手工艺品协会共同指导，全面调查乔治市第比利斯老城的活遗产。该项目将使用联合国教科文组织开发的基于社区的目录编制方法，与第比利斯老城的信奉者和从业者密切合作，识别和记录传统手工艺、表演艺术、节日等具有经济创收价值的非物质文化遗产。

该项目已于2020年11月份启动。项目面向遗产专业人士，从业者和

---

[1] UNESCO. Community-based inventorying of intangible heritage in urban areas[EB/OL]. https: //ich. unesco. org/en/projects/community-based-inventorying-of-intangible-heritage-in-urban-areas-00423.

社区成员，通过举办研讨会和讲习班的形式，穿插非遗理论课程和实践练习，使其了解城市环境中识别和记录活态遗产的重要性和实用方法。该项目的目的在于使参加者有更好的条件参与到各自领域所涉及的社区的设计中，开展基于社区的非遗目录编制。[1]

8.2.4　马来西亚对我国非遗档案资源建设治理的启示

马来西亚作为《保护非物质文化遗产公约》的缔约国，形成了完善的"国家非遗名录"体系，尽管尚未开展全面的非遗记录工程，在数字化方面的进展也相对迟缓，但其在非遗历史档案资源的整理、研究和开发利用上较有成效。其可借鉴的优势有以下两点：

（1）博物馆、档案馆和图书馆之间能够较为畅通地进行非遗特色档案资源的共享，并拥有专业人才信息管理技能的交流机制。

（2）对已列入联合国和本国非遗名录的重点项目，能够联合非遗专家和实践本土群体对非遗历史档案资源进行梳理和分析，同时开展口述工作，补充现有档案记录内容，形成较为完整的非遗项目档案。

8.3　英国非遗档案资源建设治理实践与经验借鉴

在英国，文化遗产被认为是有形的、物质性的，所有文化遗产都与自然或者物质有关，不能脱离特定的历史文化环境而存在[2]。基于"文化遗产都应当是物质性"的认识，英国官方认为称《保护非物质文化遗产公约》不适合英国，这也是该国至今未加入《保护非物质文化遗产公约》的主要原因。事实上"非物质文化遗产"同样有外在的物质性表现，只不过

---

[1] Georgia Today. Community-Based Inventorying of Urban Living Heritage in Relation to Income ［EB/OL］. http: //gtarchive. georgiatoday. ge/news/23305/Community-Based-Inventorying-of-Urban-Living-Heritage-in-Relation-to-Income.

[2] Smith L, Waterton E. The envy of the world? ［J］. Intangible heritage in England in Intangible Heritage, 2008: 289-302.

这类文化遗产更侧重于精神内容的传达，是特定历史时期特殊环境和人群精神面貌和价值观的集中表现。因此也有学者认为英国这种不刻意划分"物质"与"非物质"的做法，是对国际公约中"非物质文化遗产"的一种修正[1]。非物质文化遗产本身根植于当地的风土人情，无法与地域割裂开来，脱离地域的保存反而会导致非遗精神内核的缺失。

尽管英国官方没有"非遗"的概念，但英国在语言、表演艺术、社会风俗礼仪与节庆活动、传统手工艺方面有丰富多彩的文化遗产，这些文化遗产都属于《保护非物质文化遗产公约》定义的"非物质文化遗产"范畴。例如：

语言方面：威尔士语、康沃尔语、苏格兰盖尔语等；

表演艺术方面：莫里斯舞蹈等；

社会风俗礼仪与节庆活动方面：庄亚玛丽、圣火节、威尔士诗歌大会等；

传统手工艺方面：苏格兰威士忌、苏格兰格子等。

8.3.1　英国的非遗保护现状

8.3.1.1　英国非遗保护的法律制度

诚如上文所言，英国的非遗保护是涵盖在文化遗产保护这一整体工作之中的。因而其相关的法律制度也可以分为两步来看，一是针对文化遗产保护的法律制度，二是针对具体的非物质文化遗产项目所制定的法规文件。

（1）文化遗产保护类，下列法律的制定和公约的加入为英国的非物质文化遗产保护奠定了基础：

1882年颁布的《古迹保护法》；

1944年颁布的《城乡规划法》；

1984年加入《保护世界文化和自然遗产公约》。

（2）非物质文化遗产专项类，此类法律法规将传统工艺型的非物质文

---

[1] Hassard F. Intangible heritage in the United Kingdom [J]. Intangible heritage, 2008: 270.

化遗产（例如苏格兰格子和威士忌）与知识产权问题紧密结合，从知识产权的角度为非物质文化遗产提供了保护：

语言类：

2001年《欧盟保护少数民族语言宪章》

2005年《盖尔语法》（苏格兰），承认了盖尔语在当地的官方地位，规定了盖尔语委员会在促进和推广盖尔语使用、教育、传播等工作中的职责；

2011年《2011年威尔士语措施》（威尔士），赋予了曾经欧洲最古老的语言之一威尔士语官方的地位。[1]

工艺类：

2008年《苏格兰格子注册法案》，建立苏格兰格子目录，加强苏格兰格子的保存和信息资源存档。

2009年《苏格兰威士忌条例》，保护威士忌的酿造工艺，规制其严谨的管理方法，保证威士忌的品质。

2012年《2012年现场音乐法》，现场音乐表演不需要许可证，鼓励现场音乐表演。

在英国，各地区对非遗的保护意识有较大不同。出于"恢复民族地位"的诉求，苏格兰和威尔士的非遗保护意识更为强烈，行动更为积极，这种行动不仅体现在政府制定的法律政策上，也体现在民间文化机构或研究机构主动发起的活动或协议上。2008年7月苏格兰博物馆画廊联合纳皮尔大学文化创意中心撰写了《界定和划定苏格兰非物质文化遗产》的报告，报告指出苏格兰应从"发展延续"与"物质保存"两个维度继承文化遗产，其中涉及民族民俗类的多属于非物质文化遗产[2]。

从整体来看，英国的非遗保护政策错综复杂，既有国际公约，又有欧盟地区宪章，还有地方政府的独立立法。由于英国缺乏明晰的非物质文化

---

[1] 葛建伟. 英国文化遗产管理措施对我国非遗保护工作的启示 [J]. 中国多媒体与网络教学学报（中旬刊），2020（02）：242-244.

[2] McCleery A, McCleery A, Gunn L, et al. Scoping and Mapping Intangible Cultural Heritage in Scotland Final Report [J]. Edinburgh：Museums Galleries Scotland.

遗产概念，同时英国是一个传统的普通法国家，又是地方分权型的单一制国家，设立单独的非物质文化遗产保护法当前并不现实。

除了立法外，英国对文化事业和创意产业予以了强力的政策支持，而创意产业中的很多创意来源于非遗资源。英国对文化事业和创意产业的支持体现在以下方面[1]：

（1）2013年，数字化、文化、媒体和体育部出台了政策《保持世界领先博物馆和画廊，支持博物馆部门》，具体措施包括：通过提供大量资金，资助国有博物馆和画廊；扩大公众参与渠道，使公众免费参观永久性收藏；资助艺术委员会，为非国有博物馆提供支持；继续资助改良维护基础设施，更新展品。"

（2）2013年，数字化、文化、媒体和体育部出台了政策《支持充满活力和可持续性的艺术文化》，主要措施包括：通过英国艺术委员会为国内艺术提供大量资金；确保所有青年都能参加高水平的文化活动；帮助文化艺术组织寻找新的融资渠道，包括各种慈善捐赠等。

（3）2013年7月，数字化、文化、媒体和体育部出台了《文化教育-项目与机遇之概要》报告，列举了一系列文化教育项目，其中第五类"纪念国家的文化和历史"下设的诸多项目致力于促进非物质文化遗产的传承。如汉普郡在博利余河畔的Buckler's Hard小镇项目，当地居民世代以造船为生，该镇重建了海洋博物馆和古老悠久的小房屋，重点向青少年推广它的造船技术，向他们展示了18世纪时的生活。

8.3.1.2 英国非遗保护的运行机制

英国的非遗保护在法律制度上较为分散，在组织体系上也没有自上而下的严格体系。与非遗保护相关的主体可划分为国家政府、地方政府、基金组织和民间协会组织四类：

（1）英国政府层面：文化遗产工作由1997年成立的"文化传媒体育部"负责，2017年更名为"数字化、文化、传媒和体育部"。该部是英国政府保护文化遗产的最高权力机构。它负责保护全国的文化遗产。下设有

---

[1] 曹德明. 国外非物质文化遗产保护的经验与启示（全4册）：欧洲与美洲卷［M］. 北京，社会科学文献出版社，2018.

艺术、建筑、创作事业部和遗迹遗址工作组等，为英国政府的文化遗产保护提供专业技术咨询服务。

（2）地方层面：各个地方政府结合自身情况会设立专门的文化管理行政部门，承担相关文化遗产保护工作。以英格兰为例，政府设有"英格兰历史建筑和古迹管理委员会"，负责调查、保护并提升英格兰的历史遗产环境，提高公众对遗产保护的理解和参与，其运行经费主要来源于英格兰文体部。

（3）各类基金组织层面：基金组织主要提供政府以外的非遗保护资金来源。例如"遗产乐透基金"等一些公共组织，主要负责从民间集资后对历史文化遗产的修缮和长期维护。

（4）在民间非政府组织层面：民间非政府组织一般由当地社区民众或专业人士自发组成，向政府申请运行资金并承担遗产项目的建设和保护工作，例如"艺术品收藏咨询委员会""威尔士语合作委员会""苏格兰威士忌协会"等[1]。

8.3.1.3 英国的代表性非遗项目

英国的非物质文化遗产保护融入了整体的文化遗产保护工作中，因而没有被列入联合国非遗名录的项目。但从其本国文化遗产的保护活动来看，较为典型的英国代表性非遗项目主要有：（1）苏格兰威士忌；（2）苏格兰格子；（3）威尔士语等。

8.3.2 英国非遗档案资源建设治理实践

8.3.2.1 英国非遗档案资源建设现实状况

由于英国的非遗工作并未发展成为单独的文化事业分支，因而在非遗的建档登记、记录留存和档案保管上并没有明确的法律规定。但是，英国政府通过知识产权保护、文创产业支持和数字化项目间接推动了非遗的记录工作。这些工作在实践中主要可以归纳为以下两个大的方面：

（1）非遗的知识产权注册和登记：例如《2011年威尔士语言措施》中

---

[1] Howell D. The intangible cultural heritage of Wales: a need for safeguarding？[J]. International Journal of Intangible Heritage, 2013, 8: 104-16.

设立了威尔士语合作委员会和威尔士语专员办公室，措施中详细叙述了威尔士语的使用标准，包括文字记录标准。《2008年苏格兰格子注册法》设有专门的管理人，负责保存和维护注册的格子样式，利用网站或其他方式向公众展示。

（2）数字化行动：由于英国的非遗工作由数字化、文化、传媒和体育部主管，在一定程度上推动了非遗数字资源的积累、开发和利用。然而这种数字化的记录并非单纯从数字资源的角度出发为保存而记录，而是保持英国文化遗产保护的一贯的做法，与教育、文化创意产业和知识产权保护有着密切的结合。例如：英国政府打造的"数字文化内容平台"，分享了大量文化遗产数字化的专业知识和数字化平台解决方案；《文化遗产教育电子化》项目推动了苏格兰博物馆、美术馆和档案馆对藏品进行电子化处理，同时借助社交媒体和网络环境创造线上展览；爱丁堡皇家协会的《文化遗产保护电子化平台》项目，为博物馆和美术馆教育工作提供服务，并利用网络发布文化遗产政策和内容记录；苏格兰博物馆的"数字化文化遗产网络数据库"，基于维基编目系统建立了各种文化遗产词条，民众可以主动参与补充和编辑。

8.3.2.2 英国非遗档案资源建设治理方式

从制度层面而言，英国没有形成独立的非遗保护文化事业体系，因而也没有专门针对非遗建档登记和记录保存的宏观政策。但与此同时，非遗保护工作在治理体系上与整个国家的文化遗产保护工作紧密结合，浑然一体，间接促进了非遗实践项目的发展。

综合其较为突出的非遗保护实践项目来看，英国的非遗档案资源建设在治理上主要有以下几个突出优势：

依托地方政府自治和民族自发力量，充分发挥非遗得以产生的本土优势，推动具体非遗项目的保护和记录工作。威尔士语言、威士忌和格子都有相关的具体的政策制度作为支持，对非遗的记录进行规范化管理。

文化遗产的保护工作中更注重与各个产业的融合发展以及全民的活态教育和传承，非遗在各类民间组织发起的活动得到记录和传承，形式更为活泼；社会资本参与非遗保护工作，使得大型的数字化的项目得以推动。

数字化信息技术的助力作用凸显，非遗的记录工作潜藏在各类数字化的教育平台、馆藏文化展览平台和文化遗产推广交流平台之中。

8.3.3　英国非遗档案资源建设治理经典案例

黑人舞蹈档案项目

黑人舞蹈档案项目（英国）是由信托公司（State of Trust）、伯明翰唱片和图书馆、黑人文化档案馆和萨里大学国家舞蹈资源中心和利兹大学共同领导的项目。项目目标在于编纂1950年代至今英国黑人舞蹈的历史，为英国"黑舞"的进一步发展提供实用的档案资源。项目通过各种方法尽可能广泛地传播有关档案的信息，利用实际的参与机会与尽可能多的受众互动，并针对黑人和少数民族社区，发展有关存档和研究技能的知识和学习。该项目收集并归档了诸如凤凰舞团，唱片生产商June Gamble和黑人舞蹈家Robert Hylton的舞蹈艺术作品。项目通过与舞蹈机构、学校、社区学院和大学合作，组织相关群体参与活动。

项目搜集了来自多个图书馆、档案馆、文化机构和大学的黑人舞蹈档案资料，共整理出14种不同的黑人舞蹈形式，这些资源分布在伯明翰图书档案馆、黑人文化档案馆、国家舞蹈资源中心和利兹大学。项目通过巡展的方式展现了黑人舞蹈的历史和文化魅力，并计划通过在线网站的形式将这些资源汇集到一起。

项目的另一研究重点在于探索黑人舞蹈档案的性质，档案与舞蹈作为具体实践的关系，以及在二十世纪后半叶捍卫黑人英国舞蹈艺术家遗产的特殊挑战方面所呈现的问题。项目采访了英国黑人舞蹈艺术家和制作人Deborah Baddoo和英国前芭蕾舞演员、白人学者Jane Carr。黑人舞蹈艺术家Deborah Baddoo认为该项目使其认识到档案对自己和其他艺术家的重要性。由于黑人舞蹈文化是由不同黑人家庭和黑人艺术家的故事在历史的不同时期共同交织形成的，因而黑人舞蹈档案的收藏分散在不同的地方，这也说明网站汇集资源的方式将成为档案未来发展的趋势。学者Jane Carr认为这些档案体现了早期黑人舞蹈实践发生的社会和政治背景，分散的档案将舞蹈黑人联系到一起。由于档案资源分散在不同的机构，项目应当致力于通过网站还是其他方式共享资源，同时确保未来研究人员了解档案的汇集方式。在未来存档中，还可以采用口述历史的方式补充档案的历史背景。项目所汇集到的黑人舞蹈档案资源能够帮助人们认识英国黑人舞蹈艺术家在过去的身份和生存环境，同时帮助未来的英国孩子探索他们的舞蹈遗产。

8.3.4　英国对我国非遗档案资源建设治理的启示

英国的非物质文化遗产保护工作在制度体系和运行机制上给予我国的非遗保护工作启示更多。首先非遗工作的重点在于通过教育、创意产业等实现广泛传承，而非孤立地记录和静态保护；其次政府的作用主要体现在政策引导，具体参与中充分发挥了地方政府的积极性，以及基金机构、文化机构、企业资本和民间组织的参与力量。因而在英国的这种非遗保护工作格局下，集中式的非遗建档、记录留存和档案保管是不可能实现的。

总体来看，一方面英国的非遗档案资源的建设方式在形式上更为活泼，动力更为充足，民众自发性强，社会资本支持力度大，更具有持续性；但另一方面，我们也应认识到，这种治理方式多度依赖自治，在宏观层面上缺乏统一规划，非遗档案的完整性和系统性难以得到保障。这种以自治为主要模式的非遗保护和档案资源建设方式与我国的非遗保护工作体制有很大不同，也使得我们反思政府主导下的非遗档案资源建设的不足，同时启发我们充分调动民间和社会力量，激发非遗档案资源建设的内在动力。

8.4　法国非遗档案资源建设治理实践与经验借鉴

法国是第一批加入《保护非物质文化遗产公约》的缔约国之一，《保护非物质文化遗产公约》就是在2003年9月法国巴黎举行的联合国教育、科学及文化组织大会第32届会议上通过的。法国有着很长的非物质文化遗产保护历史，其非遗保护工作起源于20世纪80年代的本土人种学的研究，早在当时就由法国文化与宣传部专门组建了本土人种学考察组。

法语中，"非物质文化遗产"被称为"lepatrimoine culture

limmatériel"，一直保持着非遗概念早期"immaterial"的说法，在概念内涵上与《保护非物质文化遗产公约》的定义高度一致。

8.4.1　法国的非遗保护现状

8.4.1.1　法国非遗保护的法律制度

法国没有专门的非遗保护法律，该国的非遗保护条款主要融合在文化遗产和城市建设类的法律之中。在20世纪初，法国颁布了致力于历史古迹保护的《历史性建筑法案》；21世纪初，《景观保护法》将人文景观也纳入了保护体系；20世纪70年代，法国颁布了城市规划法，强调对法国历史文化遗产的整体保护。近年来，该国开始将非遗概念纳入文化遗产的大概念下，正在努力推进文化遗产立法。同时法国一直致力于将国际公约原则转变为国内法律法规，包括非遗名录标准和执行方式的规定。

8.4.1.2　法国非遗保护的运行机制

法国的非遗保护工作在政府层面由文化与宣传部主导，但政府在整个非遗保护体系中主要起到的是引导作用，具体保护工作由非物质文化遗产中心领衔的各类民间非营利性组织完成。下面对各类参与主体进行介绍：

（1）非物质文化遗产中心（CFPCI）

联合国教科文组织于2004年在法国维特雷市成立了世界文化之家资料中心，作为世界文化之家分会。法国非物质文化遗产中心是2010年在世界文化之家资料中心的基础上成立的，该中心不具备法人资格，至今仍为世界文化之家的分支，但它直接负责法国的非物质文化遗产保护。该机构自2012年起，负责编制法国非遗清单，包括4名工作人员，1名主任、1名资料员、1名文化联络员和1名展览宣传专员，平时招募大量实习生协助开展工作。其主要职责包括：使人们了解《公约》内容，唤起公众对非物质文化遗产保护及文化多样性的关注；整理非物质文化遗产的档案资料，并宣传已有资源；搜集整理各种相关数据，定期向联合国教科文组织提交非遗保护情况报告；对非遗文化政策及效果进行批判性反思；与法国文化与宣传部合作，在非遗清查和申遗上给予文化项目主办者信息和指导意见；参与追踪法国申遗项目进展；加强非遗项目之间的联系和交流；等。

（2）法国文化与宣传部（简称文化部）

重大的文化遗产的保护工作由文化部决策，下设文化遗产总署作为总负责机构。隶属文化部的历史纪念物基金会、考古调查委员会、文化艺术遗产委员会等共同配合完成具体的工作任务。

文化部主要负责非遗政策制定、国家非遗项目推进，以及联合国非遗项目的申报指导。自2008年起，文化部以研讨班、培训开放日等形式面向国家公职人员提供有关非遗保护的继续教育培训。

除文化部外，各地方也有地区性的文化遗产保护机构，包括专责区域文化遗产管理局、专责区域遗址管理局、专责区域文化遗产等级管理局、专责区域人类学遗产管理局等四个单位。

（3）民间组织

法国保护和展示历史文化遗产的文化协会有1.8万多个。这些协会组织作为民间力量，构成了法国非物质文化遗产保护的实施主力，具体负责非遗目录的申请认定、非遗资料的收集和非遗项目的运作。

8.4.1.3 法国的代表性非遗项目

法国非遗代表性项目的认定主要分为两类，一类是在法国文化与宣传部的支持下申报的联合国教科文非物质文化遗产项目，另一类是列入法国非物质文化遗产名录索引的项目。前者依照联合国教科文组织的申请认定流程和要求进行，后者主要由法国文化与宣传部主导整理，并不承诺相应的保护措施或计划。

每年法国文化与宣传部会选定重点非遗项目进行资助，但每年的资助对象都有所变化。法国的代表性非遗项目主要有法国人的美食大餐、马洛亚（歌唱与舞蹈一体的艺术形式）等。

8.4.2 法国非遗档案资源建设治理实践

8.4.2.1 法国非遗档案资源建设现实状况

在非遗建档登记方面，法国在非遗保护方面较为突出的做法有遗产目录和名录索引制度，以及"文化遗产日"制度。

（1）早期非遗文化遗产名录索引：于2008年创立，当前共38项，公众可在线访问。该名录收集整理《公约》签订以前不同团体、社群及文化研究机构编制的有关非遗项目，主要以主题或地理区域为划分。

（2）法国非遗统计名录：于2008年创立，民众可在线访问。主要清查记录了法国领土上存有的非物质文化遗产，主要包括工艺、仪式、音乐与舞蹈、节庆、体育、游戏、故事艺术等。但是该名录对录入项目不构成法律上的认证或保护。

在非遗档案保管方面，法国加入《公约》后，并没有增设专门的非遗保护文献资料机构，而是在现有公立或私立文化机构中保存有关非遗的实物、人为功绩或文化行为的影音记录。其中公立机构主要是指博物馆，私立文化机构主要是各类文化遗产研究所或协会。尤其在人种学领域，相关声音或影像资料的保存工作都由非遗保护机构或协会完成。例如：

（1）生活环境博物馆与社会博物馆联合体：2004年建立蒙娜丽莎基地，成为美术、考古和人种博物馆共享信息库，提供人种学资料，2012年起参与非遗名录的编目工作。

（2）传统音乐舞蹈协会联合会：法国国家图书馆有声档案合作单位，建立了口头文化遗产门户网站。

（3）国家级人种学研究与资料中心：分为加拉中心、罗纳河支架、萨拉贡收藏博物馆、大区人种与技术文化中心，负责收集和保存人种学研究方面的资料。

此外法国文化与宣传部每年都会设有专项资金实施数字化处理计划，即对基层非遗保护单位的资料的数字化给予资金支持。所支持的项目必须将处理过的资料公布在网上，网站对外开放，允许公众访问，尽可能广泛推动资料传播。

8.4.2.2　法国非遗档案资源建设治理方式

由于缺乏独立和完善的非遗保护法律政策，当前在制度层面，法国尚未有关于非遗保护立档的明确规定。在实践层面，法国政府设立了较为全面的非遗建档登记制度，同时非遗资料的数字化留存和保管，主要体现在两个方面，一是其非遗保护目录及其索引在网上公开供公众查询，二是其专门设定的数字化处理计划提供专项资金供非遗保护单位开展数字化项目。政府在非遗档案的数字化保存中起到了较好的引导性作用。

然而遗憾的是，在相关文献资源中尚未搜集到法国档案部门参与非遗建档保存的相关资料。当前非遗档案的收集和留存工作参与较为广泛的还是作为非遗保护单位的NGO组织，以及部分公立博物馆。

8.4.3　法国非遗档案资源建设治理经典案例

法国文化遗产的普查、登记与编目项目

法国政府很早之前就启动了文化遗产的全面普查、登记与编目工作，从非物质文化遗产的建档层面来看，具有很好的借鉴意义。

法国的文化遗产普查工作始于20世纪60年代，大致可以分为三个阶段[1]。阶段一通过普查统计文化遗产的总数量，并配之采样调查。由于当时信息技术有限，采用分类填写登记卡片的形式进行，形成目录索引。阶段二根据第一阶段的普查目录，开展详细调查。例如对文物实物，除照片外，还应配备历史沿革说明、参考文献、数据图表及今后开发规划等。阶段三是将普查结果整理出版。担任该工作的地方委员会根据全国文化艺术委员会的指导，为全国文化艺术委员会出版统编普查总目提供技术上的关键词索引，同时对普查档案进行保存和管理。

这次文化遗产的普查不仅是对文化建筑遗址等文物景观的保护，还发现了很多独具特色的地方性民间工艺和民俗事项。这也进一步体现了文化遗产物质和非物质的不可分割性。后来事实证明，此次普查成为法国物质和非物质文化遗产的一大财富，为后来的学术研究、文物保护以及新文化的创造，都起到了十分重要的作用。普查对法国国内大量的文化遗产进行了摸底清查，对每项文化遗产进行了标准化的著录，形成了资源宝贵且内容详细的文化遗产档案。

加入联合国《非物质文化遗产公约》后，法国也颁布了线上非遗名录，该名录对法国领土上存有的非物质文化遗产进行了清查，划分了工艺、仪式、音乐与舞蹈、节庆、体育、游戏、故事艺术等各门类。与我国

---

[1]　顾军. 法国文化遗产保护运动的历史和今天［EB/OL］.（2006-05-09）http：//www. ihchina. cn/
luntan_details/8552. html.

的《非物质文化遗产代表性项目名录》不同的是，该名录对录入项目不构成法律上的认证或保护。也就是说，该名录是一项普查名录，而非保护名录，其范围更为宽广，准入标准也相对宽松。但从建档的角度而言，可以极大地避免未能进入保护名录的非遗项目缺失档案甚至查找不到任何历史记载的情况，是对保护名录的补充。

8.4.4　法国对我国非遗档案资源建设治理的启示

法国的非遗保护工作虽然开展较早，但工作成果的丰富程度和广泛度较日本、英国等相比还是有所欠缺。从非遗建档保存来看，法国的亮点在于充分利用了数字信息技术手段。无论是非遗保护目录还是专项非遗数字化计划，法国政府都力图使得数字化的非遗记录材料能够以集中的形式通过网络供民众进行查询和访问，以推动非遗资料的传播。

从这个角度而言，非遗档案的记录目的在一定程度上更倾向于利用而非长期保存，这是因为静态的资料保存实际上与非遗保护的初衷相悖，非遗保护的目的使得各类表演艺术和工艺技术能够世代延续下去，而不是变为记载中的图片和影像。当前我国非遗建档和保存的相关研究建议往往从档案思维出发，虽高屋建瓴但并不实用，甚至可能在一定程度上偏离非遗传承的最终目的。档案资源的建设应当充分考虑非遗实践群体的主要诉求和实际需要，在治理体系上也应与非遗实践群体开展密切合作。

8.5　美国非遗档案资源建设治理实践与经验借鉴

尽管来自美国史密斯学会和民俗研究界的专家在《保护非物质文化遗产公约》的形成和起草过程中起到了重要的推动作用[1]，美国却并未加入联合国教科文组织发起的《保护非物质文化遗产公约》。其中一个主要原因在于美国本身是一个多元文化的移民国家，文化活动主要靠政府支持

---

[1] Aikawa N. An historical overview of the preparation of the UNESCO International Convention for the Safeguarding of the Intangible Cultural Heritage［J］. Museum international, 2004, 56（1-2）: 137-149.

的大量非营利性文化组织维持，文化领域的发展相对自由，向来缺乏法规约束和政府干预。因此在《保护非物质文化遗产公约》支撑下普及起来的"非物质文化遗产"概念，并未能在美国得到拥护。在美国文化"多元主义"和"自由主义"的语境下，多族裔下的宗教、语言问题和政教分离、人权平等问题相互交织，"非物质文化遗产"一词所包含的广泛内涵及其保护导向显得水土不服，在实际操作中意义甚微[1]。

但若抛开联合国《保护非物质文化遗产公约》的历史和政治环境，仅从本质上来看，"非物质文化遗产"一词是对民俗文化、表演艺术、传统工艺等人类所珍视的文化实践表现形式和文化空间的统称，《保护非物质文化遗产公约》传达的也是一种重视"文化人权"的价值观。在这一层面上，"非物质文化遗产"精神与美国的文化实践是统一的。长期以来，美国各类文化组织在民俗、音乐、少数族裔和部落文化领域十分活跃。

8.5.1 美国的非遗保护现状

8.5.1.1 美国非遗保护的法律制度

美国在很早以前就重视对物质文化遗产和自然文化遗产的联合保护，早在1906年就颁布了《文物法》（The Antiqities Act of 1906），保护"历史名胜、历史和史前建筑，以及有历史和科学价值的其他物品"。1966年，联邦政府出台了《国家历史保护法》（National Historic Preservation Act of 1966），该法经多次修改，是目前美国历史遗产保护的重要法律依据。1979年美国还颁布了《考古资源保护法》（The Archaeological Resources Protection Act of 1979），该法主要目的在于保护美国本土考古遗址，要求发掘和挪取文物必须经过政府许可。虽然法律中的"历史遗产"主要针对"物质性"遗产，例如"具有重大历史、建筑、考古、工程和文化意义的街区、遗址、房屋、建造物和器物等"，但在法律条文中同时强调了对历史遗产的"非物质性"文化背景和环境的保护工作。

与非物质文化遗产直接相关的两部法律应该是1976年的《民俗保

---

[1] Kurin R . U. S. Consideration of the Intangible Cultural Heritage Convention [J]. Ethnologies, 2014, 36(1): 325.

护法》和1990年的《美国原住民墓藏保护与归还法》。根据《民俗保护法案》，国会图书馆下设了"美国民俗保护中心"（American Folklore Center），其主要任务就在于搜集、保护和抢救民族民俗资料[1]。《美国原住民墓藏保护与归还法》是一部文化遗产遣返法，规定在联邦政府拥有或灌流的土地上发现的人类遗骸和相关随葬品必须归还印第安部落和夏威夷土著居民，其中涉及到的宗教仪式及其物品的保护，也在一定程度上体现了对原住民部落文化价值和传统的保护。

此外，美国在历史遗产的保护中，特别重视与建筑或遗址相配适的文化历史和空间环境的一体化保护，该理念尤其体现在对少数族裔和特殊群体的遗产保护中。《国家历史保护法》规定在联邦政府拥有或灌流的土地上发现的人类遗骸和相关随葬品必须归还印第安部落和夏威夷土著居民，并在各地区成立"部落历史保护办公室"（Tribe Historic Preservation Offices）给予资助，使得原住民部落的历史遗产得到了较好保护。

除立法外，美国还在联邦和州两级实行"历史更新抵扣税"政策，通过税收减免促进社会资本参与文化遗产保护。《国家历史保护法》规定，修缮列入《国家文物保护单位名录》或者历史街区的营利性历史建筑的个人或组织，可以享受20%的所得税减免。同时，政府积极引导企业或个人投入遗产保护的慈善事业，鼓励公益捐赠，捐赠额可以适当的比例从纳税额中扣除，或降低计税总额[2]。

8.5.1.2　美国非遗保护的运行机制

在美国联邦政府层面，并没有专门负责文化事业的部。国家公园管理局的主要职责包括制定国家一级的文化遗产保护计划；对《国家历史遗址名录》的申报项目进行审批；为全国历史文化遗产活动提供资金、技术支持和人员培训等。在州政府层面设有"历史保护办公室"，负责对本州历史遗产的调查、登记、评估和保护工作。在印第安、阿拉斯加和夏威夷原住民部落地区，还设立了142个"部落历史保护办公室"，以保护原住民的

---

[1]　刘淑娟. 欧美国家非物质文化遗产法律保护经验对我国的启示［J］. 华侨大学学报（哲学社会科学版），2015（02）：79-84.

[2]　沈海虹. 美国文化遗产保护领域中的税费激励政策［J］. 建筑学报，2006（06）：17-20.

宗教文化、语言和口头历史。其运营资金主要由国家公园管理局下拨。

根据《国家历史保护法》，国会还批准成立了联邦历史保护咨询委员会。委员会主席由总统任命，成员包括内政部长、农业部长和交通部长、地方政府代表、文化遗产保护机构代表、专家、社区和公民。该委员会的职责包括向总统和国会提供有关保护历史遗产的政策建议；协调和监督联邦机构履行文化遗产保护义务；联邦税收政策的影响研究；协助各州制定历史保护法；与公共和个人机构合作，开展文化安全领域的培训和教育活动；为各级文物保护机构提供咨询服务等。[1]

除上述自上而下的历史文化遗产保护体系外，美国在民俗文化和民间艺术方面的非物质文化遗产主要由各类非营利组织，通过政府和社会资本资助支持的各类保护计划实现。主要机构有：

（1）美国国会图书馆美国民俗中心：1976年依据《民俗保护法》成立，主要保护对象包括"语言、文学、艺术、建筑、音乐、话剧、舞蹈、戏剧、礼仪、典礼和手工艺品"等。

（2）国家民间艺术和传统艺术基金会：于1965年成立，为艺术家和其他创作者提供资金，以鼓励和促进视觉艺术、音乐、舞蹈和讲故事等文化表达形式。

（3）史密斯学会[2]：定期举办史密森民间生活节（The Smithsonian Folklife Festival），是美国活态文化遗产展览的范本，由民俗学家参与和策划，汇集各地民间艺人的现场演出，对美国各州、各社区的民俗文化有着重要影响。

除上述专注于民俗文化和民间艺术的机构之外，国家人文基金会（The National Endowment for the Humanities）设有鼓励研究、记录和传播地方文化的专项计划，国家公园管理局（National Park Service）也设有各类资金计划，资助延续美洲原住民传统、记录地方生活遗产、口述历史和文化传

[1] 联文. 美国：多方共建遗产保护体系［EB/OL］.（2016-06-29）. https：//www. chinesefolklore. org. cn/web/index. php？ NewsID=14469.

[2] Kurin R, sysadmin. Smithsonian Folklife Festival：Culture Of, By, and For the People［EB/OL］. https：//siarchives. si. edu/collections/siris_sic_11267.

统的项目。

8.5.1.3　美国的代表性非遗项目

美国的非遗保护主要体现为政府对各类非营利组织在民俗、音乐、少数族裔和部落文化等领域的资金支持和政策引导，由于未加入《保护非物质文化遗产公约》，因而没有专门的由联合国或联邦政府认定下的非遗项目。在美国，最受关注的主流民俗保护活动主要有两项：（1）黑人舞蹈；（2）民歌民谣。

8.5.2　美国非遗档案资源建设治理实践

8.5.2.1　美国非遗档案资源建设现实状况

美国的非遗档案资源建设主要体现在民俗档案资料的收集和整理上。美国民俗研究的开始可追溯到1888年美国民俗学会成立之时。民俗资料被视作民俗研究的重要原材料，大批民俗学者不断致力于民俗资料的采集和收集运动。在20世纪早期，罗伯特·温斯洛·戈登（Robert Winslow Gordon）作为美国国会图书馆的民歌与文学专家顾问，曾走访美国多地，使用蜡筒记录了大量民间音乐，并在1928年推动成立了美国民谣档案馆。在大萧条时期，美国公共事业振兴署通过资助的"联邦作家计划"等项目，在17个州开展大规模的民俗档案调查和编纂项目。在John A. Lomax的主持下，共形成了唱片420余份，打印文字稿18万页，进一步丰富了美国民谣档案馆的馆藏[1]。

美国民间生活中心成立于1976年，被称作美国最大的民俗档案馆，也是世界上最古老，规模最大的此类档案库之一，涵盖了来自世界各地的传统文化文献。该档案馆拥有超过600万张照片、手稿、录音和动态图像，所藏民俗资料丰富，囊括了从19世纪到现在记录的数百万种民族志和历史文献。这些收藏包括传统艺术、文化表现形式和口述历史等方面的大量视听文献。馆藏从内容上可以分为民间音乐、口头叙事、民间舞蹈、物质民俗、社区生活与仪式庆典五大类，目前已经开设了线上网站。

美国地方民俗历史博物馆和社区民俗档案馆也是非遗记录的重要来

---

[1]　WPA. Folklore and Related Activities of the WPA［J］. Collections of the Archive of Folk Song: A Fact Sheet The Archive of Aemerican Folk Song, 1980.

源。20世纪六七十年代，随着公众民俗学的兴起，美国民俗档案馆发展进入黄金时期[1]。来自各类资助途径的民俗档案馆在功能上得到了大幅拓展，不仅从事民俗资料的获取和发布，还提供民俗表演、民俗生活节等公共民俗展示服务。

美国的社区档案馆也是非遗档案资源建设的重要参与主体。社区档案馆主要专注于本社区的记忆保存和文化传承，其任务通常是详尽地收集和保存该社区最具特色的资料，因而在非遗记录中也发挥着重要作用。

同时受欧洲民间生活运动的影响，"folklife"的概念在20世纪50年代末引起美国民俗学者的关注，民俗学开始在高校扎根，开始形成独立的学科分支。因此，有许多学校依托于其地理优势，收集所在地区的文化资料。例如印第安纳大学图书馆中的民俗档案，广泛收集了各类民间生活资料和藏品。其档案收藏以艺术表现形式和传统信仰体系的传统形式为中心，主要侧重于美国中西部，特别是印第安纳州的民间生活记录。

8.5.2.2　美国非遗档案资源建设治理方式

由于美国并未加入《保护非物质文化遗产公约》，没能接受联合国教科文组织提出的"确认-立档-研究-保存-保护-宣传-弘扬-传承和振兴"的非遗保护模式，因而在以"民俗活动"（或可称为"民间生活"）为核心的非遗保护实践中，也缺少明确的记录和保存意识。当前所形成的非遗档案资源主要是在长期的民俗研究和保护发展中积累而来的历史资料，主要集中性地分布在美国民间生活中心、地方民俗档案馆、社区档案馆、大学图书馆和各类民俗研究机构里。

随着公共民俗学和文化遣返理念的兴起，将民俗记录文献和音像资料返还给原始文化群体成为一种潮流。在政府扶持和社会力量的推动下，地方民俗博物馆和社区档案馆也开始深入参与非遗档案资源的遣返活动。例如美国民间生活中心利用数字化技术，与地方文化民俗博物馆和社区档案馆展开合作，将馆藏资料向持有该种生活方式的原住民进行开放和传播，并邀请该文化群体参与资料的整理和解读工作。

---

[1] Belanus B J. Folklife and Museums: Twenty-First Century Perspectives [J]. Journal of American Folklore, 2019, 132.

8.5.3　美国非遗档案资源建设治理经典案例

文化平等协会/艾伦·洛马克斯档案馆加勒比海文化遣返项目[1]

文化平等协会又称艾伦·洛马克斯档案馆，负责监督著名民俗学家艾伦·洛马克斯（Alan Lomax）所留下的知识遗产。艾伦·洛马克斯的录音、写作和研究遗产被国会图书馆在其网站上称为"世界上最重要的人种学资料之一"。自1998年开始，文化平等协会开始努力组织和保存艾伦·洛马克斯留下的知识遗产，其中包括5000多个小时的录音、400000英尺的电影胶片、数千个录像带、学术书籍和期刊、摄影作品和底片、数据库以及未出版的作品手稿。

"加勒比海文化遣返项目"是由文化平等协会发起的文化反馈项目。1962年艾伦·洛马克斯对东加勒比海地区和小安的列斯群岛的音乐传统进行了全面的调查。艾伦·洛马克斯受约翰·洛克菲勒基金会资助，由西印度群岛大学赞助，在格林纳达、安圭拉、圣卢西亚、圣基茨和圣何塞、尼维斯、特立尼达和多巴哥、卡里亚库、多米尼加、马提尼克、圣巴泰勒米和瓜德罗普岛在内等十二个岛屿上进行了180天实地考察。此次野外考查形成了近2000个现场录音和1000多张纪实照片，记录主题虽限于音乐和舞蹈，但记录内容植根于人们的日常生活，例如工作歌曲、儿童游戏歌曲、摇篮曲、礼仪或仪式等，集中体现了岛屿上的音乐风格、流派、习俗和文化传统。这批档案资料原本现存于美国民俗生活中心，但文化平等协会拥有这些资料的数字保存和参考副本，并有权以创造性的方式进行发布和传播。

根据艾伦·洛马克斯的理念，"非物质文化遗产和原始文献的副本应归还至与原始创作最接近的地方，在这些地方人们可以接触到文化的历史，保持其连续性，并可将这些文化遗产资料纳入学校课程、音乐教育计划，或通过其他公共计划进行创造性地使用"。基于此，文化平等协会制定了加勒比海非遗档案资源的遣返和传播计划。该计划包括五个步骤：（1）采集符合保护标准的数字源材料；（2）与感兴趣的存储机构建立合

---

[1] Lyons B, Sands R M . A Working Model for Developing and Sustaining Collaborative Relationships Between Archival in the Caribbean and the United States [J] . IASA Journal, 2009.

作关系；（3）评估每个存储机构的技术兼容性级别；（4）开发数字交付以适应每种设备的实际需求、功能和用途；（5）与存储机构保持协作关系，以应对不断变化的技术需求。

文化平等协会认为，仅仅将这些档案资源放在线上网站是不够的。尽管在线提供了这些材料，非遗原始创作所在的社区通常无法获得或主动获取资源。而文化遣返计划以最灵活的方式将资料存储在本地存储机构中，使每个存储机构都可以以最有用和最适当的方式与他们的组成部分，与当地社区共享这些资源。存储机构可以获得整套档案资源的副本，包括照片，录音和实地记录，作为交换，存储机构应妥善保存并保证这些档案资源对公众开放，尽最大努力促进研究人员，学者，教育者和学生对这些资源的使用。

2005年，文化平等协会与芝加哥哥伦比亚学院的黑人音乐研究中心建立了合作伙伴关系，以归还1962年的加勒比音乐材料。该中心的任务是记录、保存和传播有关黑人音乐在世界范围内的信息，包括非洲流散者的各种风格、形式和流派。艾伦·洛玛克斯关于黑人文化传统的文献，与该中心的研究目标一致，且该中心有兴趣将研究议程扩展到整个加勒比地区。2005年，该中心被指定为加勒比音乐资料的存放地，并作为合作伙伴共同负责向各个岛屿遣返相关档案资源。由于该收藏中的大部分档案资料以前未曾出版过，也未广泛供学者或研究人员使用，因此，它对加勒比音乐文化的研究机构和黑人音乐研究领域做出了重大贡献。

目前文化平等学会和黑人音乐研究中心已与3家机构就档案文化资源的遣返开展合作。2005年学会与尼维斯历史与自然保护协会达成合作，传送了在背风群岛北部圣基茨和尼维斯姊妹岛上收集的档案材料。这些材料目前存放于尼维斯历史与自然保护协会管理的公共档案中，该协会旨在"促进对尼维斯岛的历史、文化和自然资源进行有效管理，以造福全体人民"。协会在尼维斯历史博物馆举行了档案资料的接收和保存仪式，来自尼维斯文化部的地方政府官员参加了该活动，还有1962年被录音的二十多位原住民到场。第二次合作是在2006年，向所圣卢西亚岛的民间研究中心返回档案资料。该中心是一家成立于1973年的非政府非营利组织，旨在保存和促进圣卢西亚的文化遗产。返回的档案资料包括本地音乐家和舞蹈演员的表演，以及艾伦·洛马克斯于1962年记录的传统实例。第三次合作是在法属西印度群岛瓜德罗普岛的巴塞特雷，与当地图书馆展开的合作。该图书馆致力于为整个加勒比海地区提供服务

对于文化平等协会和黑人音乐研究中心而言，这一遣返项目不仅是能够使单个岛屿储存机构受益，还能惠及当地社区，与非遗创作的原始群体产生互动，其历史价值和潜在潜力巨大。

8.5.4　美国对我国非遗档案资源建设治理的启示

尽管美国没有系统的非遗保护体系和建档保存计划，但其对非物质文化遗产历史档案资源的开发和利用上至少有以下几点值得我们学习：

（1）利用政策引导充分调动社会力量参与文化遗产（包括物质和非物质）的保护工作。例如通过各类基金会发起和资助文化遗产保护项目，能够调动民俗研究者、社区群体及部落原住民的自主参与；通过减税政策引导社会资本参与文化遗产保护事业，方式更加高效和灵活。早在民俗学研究早期，美国民俗档案馆的馆长艾伦·洛马克斯就提出了通过出租录音设备来交换学者的田野调查数据的方法。由此以来，民俗档案馆的馆藏得到极大的补充。

（2）在文化遗产的保护过程中注重非遗活动所得以产生的文化、政治和自然环境，并将其作为非物质文化的一部分进行整体的保存，例如在部落遗址的保护中强调对其宗教和传统仪式的保护；在数字化虚拟项目中利用博物馆和档案馆中的文献资料，对文化遗址的地理人文环境进行立体复原。

（3）在文化遣返理念下充分利用已有档案资源反哺原始群体，加强对档案资源的解读，同时推动民间生活艺术和传统的延续。非物质文化遗产记录和保存的最终目的是非遗的传承，从这个意义上来说，美国民俗博物馆和档案馆对档案资源的"文化遣返"做法值得我们学习。

9 基于合作治理的非遗档案资源建设引导策略方案设计

从系统的角度来说，完整的引导策略方案，应该包括设计的基础要素，策略方案的设计依据和方案的主要内容。本章将在综合前文相关分析的基础上，以此为逻辑主线，主要从公共管理的学科视角，以公共政策为引导工具，对基于合作治理的非遗档案资源建设引导策略方案设计展开讨论。

9.1 策略方案设计的基础要素

基于合作治理的非遗档案资源建设引导策略方案，其设计的基础要素包括设计的目标、主要思路和可供选择的政策工具类型。

9.1.1 策略方案设计的目标

策略方案设计的目标，对应的是理论上所要追求的结果。从这个角度来说，非遗档案资源建设引导策略方案设计的目标，是为了从长效机制上实现非遗档案资源建设的有效供给，即通过适宜的政策组合安排，在制度层面上为非遗档案资源建设的持续性有效供给提供保障，同时增强国家对非遗档案信息资源的控制力，促使其成我国社会经济文化繁荣发展的重要战略资源。这也是本课题在实践层面所追求的研究意义。

9.1.2　策略方案设计的基本思路

基于合作治理的非遗档案资源建设引导策略方案设计的基本思路，即以公共问题特性之治理需求为逻辑起点，基于合作治理的评估准则，结合目前相关治理结果与结构关系及其局限性，重新审视公共资源和权力的介入范围和方式，从激励各相关治理主体充分发挥自身优势的角度，综合考虑非遗档案资源建设与非遗传承、非遗保护与档案管理等其他工作内容的生态关系，提出非遗档案资源建设相关政策工具组合安排方案。这亦是本课题研究开展所遵循的大致思路。

9.1.3　策略方案设计的政策工具类型

围绕策略方案想要实现的目标，从政策对非遗档案资源建设之供给发生作用的方面或产生影响的领域来看，可供选择的政策工具主要包括生产引导型、提供引导型和保障引导型三大类。

前文提到过，"生产"和"提供"是实现供给的两类性质不同的活动。简单来说，"生产"是将资源投入转化为服务或产品的技术过程；"提供"则是为生产活动提供资源投入。生产引导型政策和提供引导型政策，分别作用的是非遗档案资源建设的资源转换和资源投入领域。由于"生产"加"提供"就等于"供给"。因此，这两类政策工具就是通过影响生产过程和相关资源要素的投入情况直接影响非遗档案资源建设供给的。

基础保障引导型政策，作用的是非遗档案资源建设相关的权限配置、行政供给与政府责任性控制等基础治理环境领域，从而为前两类政策工具更好地发挥引导作用提供支持和保障。

9.2　策略方案设计的主要依据梳理

根据非遗档案资源建设合作治理分析框架，相关政策引导策略方案的设计依据主要有三个层面，价值、理论和现实。前面各章对上述三个层面的相关内容都已做了详细分析。本部分的主要目的是从其对非遗档案资源建设引导策略的设计需求角度进行梳理和总结。

9.2.1 价值依据：合作治理分析框架之评估准则

在价值层面上，非遗档案资源建设引导策略方案，以合作治理分析框架的评估准则，即效果与效率、财政平衡与再分配平衡、自主性和责任性为主要设计依据，具体来说，即在政策工具选择和设计时，要遵循以下四个方面的原则。

首先，既要考虑非遗档案资源建设结果对需求的满足程度，亦要考虑相关资源的投入产出比。因为无论是行政资源还是社会资源，都是"稀缺而有限"的。以"相关资源之无限性"为前提假设，尤其是认为"行政资源取之不尽用之不竭"的理念，显然是脱离现实的。

其次，在充分利用"谁投入谁受益"基础原则的基础上，要引导资源投入向非遗档案资源建设中的弱势群体、项目或欠发达地区倾斜。"谁投入谁受益"的财政平衡原则，在大多数情况下，是一种有效的供给激励机制；而对基础能力有缺陷的弱势群体通过再分配平衡实现基础能力的补缺，对于他们而言也是一种有效的供给激励机制。

第三，要在非遗档案资源建设中充分发挥民间主体的力量。让各类民间主体充分参与非遗档案资源建设，不仅能解决行政资源投入不足的问题，还有利于改善非遗实践活动开展与传承的文化生态环境，积累社会资本。并且，非遗档案资源建设的核心生产要素掌握在民间主体，尤其是非遗实践群体手中，充分发挥他们的力量能够最大程度的降低协商成本，提高非遗建档的生产效率和质量。

最后，审慎使用公共权力和公共资源。在依赖政府利用公共权力和资源进行政策引导的同时，还要考虑公共权力与资源介入非遗档案资源建设可能带来的衍生问题，以及如何提高政府对非遗档案资源建设相关需求的回应性问题。

9.2.2　理论依据：非遗档案资源建设之公共问题基本特性

在理论层面上，策略方案设计以非遗档案资源建设之公共问题基本特性为主要依据。鉴于本书的4.5部分对相关内容进行了详细的讨论，此处仅对其讨论结果进行总结和梳理。

在生产方面，对于非遗本体档案建档而言，（1）以具体项目组建生产单位并按团队结构模式开展工作的制度安排，相对更有效；（2）决策权越靠近具体项目非遗实践群体的制度安排，效率通常越高；（3）发挥通用性专业人才规模经济效应的制度安排，通常越有效；（4）越是根据核心资源之时效性确定优先等级的制度安排，越有效。对于非遗业务档案建档而言，（1）建立统一的标准开展工作相对效率更高；（2）由官方主管机构对所主管非遗项目统一开展建档活动，并利用原有的档案管理体制与机制，效率更高。对于非遗档案保管而言，（1）单从追求规模经济的角度出发，适宜安排物理上的集中生产。但从方便具体非遗项目实践群体利用的角度，存放地点越靠近当地越好。能够共享的数字化平台能在很大程度上解决这个两难问题；（2）推行标准化管理的生产制度安排效率通常更高。

在提供方面，（1）考虑如何以合理合法的方式有效降低非遗档案资源消费上的排他性；（2）考虑如何根据需要有效地通过行政机制和志愿机制弥补自我供给机制和市场机制之不足甚至失灵的问题。另外，对于非遗本体档案建档的提供，越能够尽快激励更多的资源同时投入生产的制度安排，越有效；对于非遗档案保管的提供，能让已拥有相应基础设施条件的主体参与生产的制度安排是相对更优的选择。

9.2.3　现实依据：我国非遗档案资源建设实际治理结果与结构

在现实层面上，非遗档案资源建设引导策略方案设计，以我国的实际治理结果及其背后的结构关系为主要依据。本书的第6、7两章对相关内容进行了详细的分析，在此主要从其对政策引导需求的角度进行梳理总结。

我国非遗档案资源建设实际治理结果，在参与主体方面具有极为显著的"一元主体"特征，即在外部主体中，以政府力量为主，在政府力量内部又以各级文化主管部门及其直属非遗保护事业机构为主，且政府现有的主要投入模式是"项目性生产"，而非"长期的机制"建设。在建设成果方面则表现出明显的"向上集中"特征，即级别越高的非遗项目和代表性传承人的档案建设情况越好，以及"重收集轻保管"的特征。

相关主体形成的治理结构关系是导致这一实际治理结果的重要影响因素。我国目前在非遗档案资源建设治理结构关系上的特点主要包括：（1）构建了覆盖国家、省、市、县四级非遗项目名录的组织结构体系；（2）在该组织结构体系中，项目保护单位与代表性传承人是连接民间项目和政府管理的重要纽带；（3）理论上有权参与治理的主体虽然很多，但政府，尤其是文化系统相关政府组织占据绝对的主导地位，而除此以外的其他相关主体则缺乏足够的参与动力；（4）各主体对治理对象概念理解模糊，对治理目标亦尚未形成统一认知。

这一结构关系带来了政府，尤其是文化主管部门及其直属事业单位在强力推进相关工作方面的组织优势，这主要表现在，每个非遗项目都有指定的非遗项目保护单位与代表性传承人，两者成了主管政府组织介入源自民间之非遗档案资源建设工作的重要抓手。然而其局限性也同样源自该结构的这一特点，相关资源投入、意愿表达和专业支持也都基本来自文化主管部门的掌控范围，这一结构在"文化主管部门拥有无限资源，能够完全代表各非遗实践群体之意愿，专业能力无限"的假设前提下是能够满足非遗档案资源建设之结果追求的。但这样的假设显然是脱离实际的。

因为一方面，文化主管部门的人力物力智力投入非常大，但终归是有限的，在有限资源的支持下，就只能选择性支持记录对象，比如在所有级别的项目中，选择高级别的项目；在传承人和项目保护单位之间，选择传承人；在所有传承人之间选择国家级代表性传承人；在国家级代表性传承人作品或实践中选择有限的数量；在抢救性记录之验收检查过程中，选择一定百分比进行抽查。

另一方面，虽然文化主管部门的意愿出发点是好的，但其掌握的信息终归是有限的，不同的项目情况差别很大，并且自上而下的强力推进，最后导致非遗档案资源建设生产过程与结果——非遗档案资源，却偏离了非遗实践群体的控制；与非遗档案资源建设相关的另一专业部门——档案部门的专业优势与力量没有得到充分发挥；虽然建立了文化主管部门牵头部际联席会议制度，但档案部门并没有被列入名单。迄今为止有关非遗档案资源建设中关键概念及具体操作并没有得到充分讨论，并形成相对统一的规则。虽然《非遗法》中赋予了社会公众的相关参与权利，但实际上，社会公众主要是作为被动的受众存在，参与程度很低，社会公众的优势与力量没有得到充分的引导和发挥。

鉴于我国目前非遗档案资源建设实际治理结果与结构面临的问题，可以推导，在进行相关政策引导策略方案设计时：（1）要考虑如何解决对治理对象和目标认知模糊和不统一的问题；（2）要更多地考虑如何激励其他相关主体，尤其是相关专业组织与民间主体的投入；（3）要考虑如何更好地发挥政府的职能，增强政府的责任性，提高政府对相关治理需求的回应性。

9.3 策略方案的主要内容设计

本部分将以可供选择的三大政策工具类型为基本框架，围绕策略方案想要实现的目标，展开对策略方案的主要内容设计。需要特别说明的是，将政策按照其发挥作用的领域区分为三大工具类型，是理论研究模型化抽象的结果，实际上，某些政策很可能具有多方面的功效。

9.3.1 生产引导型政策设计

"生产"是将资源投入转化为服务或产品的技术过程，因此，非遗档案资源建设生产引导型政策的设计目的，是通过对生产技术过程实施干预性引导以提高相关资源的转化效率。所谓资源转化效率，即建设成果与资源投入产出比。通常而言，资源转化效率与技术手段和管理方式两个方面因素直接相关，也即提高资源的转化效率可以通过以下两种途径达成：一是，采用资源转换效率更高的技术手段。比如，在电能转化为热能物理的过程中，A技术的资源转化率为60%（即有40%的能量损失），而B技术的资源转化率为80%，显然B技术是效率更高的选择；二是，采用资源转换效率更高的管理手段。生产引导型政策设计主要关注的后者，即如何通过生产目标规划、标准化、组织分工与生产质量控制等管理手段提高生产效率。

9.3.1.1 生产目标规划

生产目标规划关注的是对生产结果的描述，从治理的角度来看，它在很大程度上对应的是治理结构中认知关系的建构。生产目标规划，通常是有效生产管理活动开展的基础，因为它不仅能给生产活动的参与者指明努力的方向，提供开展工作的依据，而且还有利于减少重叠性生产投入，并为控制机制的设立奠定目标基础。

具体对于非遗档案资源建设而言，并结合我国目前的治理现状，生产目标规划政策设计首先要解决的，是我国非遗档案资源建设生产结果之"非遗档案"概念不够清晰明确的问题。前文提到，虽然《非遗法》等规范性文件中都使用了"非遗档案"一词，且国家档案局2012年发布的《国家基本专业档案目录》也在文化大类下列出了"非遗档案"类别，但迄今为止，官方尚未在正式文件或其他正式场合对"什么是非遗档案？""哪些资料属于非遗档案涵盖的范围？"的问题给予过专门的具体解释。当然，这并非是因为"非遗档案"概念本身足够明确，不需要进行解释。事实上，"档案"概念本身，对于很多非专业人士来说就是感觉带有"神秘色彩"，而"非遗档案"则更是"新兴事物"。并且在理论届，无论是非遗相关专业背景的研究者，还是档案相关专业背景的研究者，关注"非遗档案"主题研究都毕竟是少数。课题组在实地调研时发现，"非遗档案"概念对于很多治理主体而言，要么是一个含义被窄化的概念，要么就是一个模糊、不确定甚或陌生的概念。地方各级主管非遗保护的政府工作人员和非遗中心的工作人员，大多都认为"非遗档案"就是指相关申报材料，并在这一理解的指导下收集留存了所负责辖区范围内的各级非遗代表性名录项目申报资料以及代表性传承人申报资料。而非遗项目保护单位以及代表性传承人，则大多对"非遗档案"一词都比较陌生，访谈过程中，很多被访对象对于直接使用"非遗档案"一词的提问往往第一反应是有些困惑，并且待课题组成员做出相关解释后，他们的回答中也通常不会使用"档案"一词（这显然也反映出他们平时就极少使用"档案"一词）。部分被访对象在介绍或展示其收集的与项目有关的资料和实物后，经常还会补充说一句，"我们不知道这些属于档案，以为就是资料"。究其原因，或许与各级各地正式文件中对非遗项目保护单位和代表性传承人应当履行的相关职责规定的具体文字表述有重要关联。各级各地正式文件对非遗项目保护单位相关职责规定的文字表述，基本与原文化部2006年出台的《国家级非遗保护与管理暂行办法》的表述基本一致，即"全面收集该项目的实物、资料，并登记、整理、建档"；其对代表性传承人相关义务规定的文字表述，则与文化和旅游部2019年发布的《国家级非遗项目代表性传承人认定与管理办法》的表述大同小异，即"妥善保存相关实物、资料"（而2008年出台的《暂行办法》对国家级代表性传承人的相关义务中仅有"根据文化行政部门的要求，提供完整的项目操作程序、技术规范、原材料要求、技艺要领等"的内容，在2019年的《办法》中这一条内容的表述被修订为了"配合文化和旅游主管部门及其他有关部门进行非物质文化遗产调查"）。由此可见，相关规定中并没有使用"非遗档案"一词，而是"相关实物、资料"。尽管在对非遗项目保护单位相关职责的规定中，最后列出了与"非遗档案"密切相关的"建档"，但"建档"与"档案"概念一样对于非专业人士而言通常是比较陌生的，所以，在他们的头脑中，并未将其与"非遗档案"联系起来。

其次，要解决我国目前非遗档案资源建设治理结构中对"非遗项目"范围理解偏窄的问题。应该说，我国目前建立的四级非遗代表性项目名录制度，为相关治理主体确定生产行为针对的具体对象提供了明确的依据，但与此同时，亦使很多治理主体认为只有纳入名录的非遗项目才是生产活动所应关注的对象。在调研过程中，对于理想的非遗档案资源建设体系构建问题，包括研究专家和实践者在内的很多被访对象都表示，项目名录、保护单位和代表性传承人是非遗档案资源建设的三个关键要素。这种理解为我国当前在非遗档案资源建设方面已经做出的努力奠定了重要基础。不过，从理想状态来说，非遗档案资源建设应当覆盖所有的非遗项目。实际上，《非遗法》也是如此规定的。非遗法的基本思路是：国家对所有的非遗项目进行认定、记录和建档，对纳入代表性名录的项目，是除了建档外，还要支持其传承和传播。那么从所有非遗项目到纳入名录的非遗项目，这两者之间的差距是多少呢？2005年到2009年全国首次实施的非遗普查结果显示，我国的非遗项目总量有87万之多。由于无法直接获得目前全国纳入代表性名录项目的准确数据，因此，课题组选择以中南地区非遗项目资源相对丰富的一个地级市——衡阳市的相关数据进行了大致推算，推算的结果是这个差距大约要占到九层，也就是说，纳入代表性名录项目在所有非遗项目中所占的比例为10%左右。推算过程如下：到2020年，衡阳市纳入四级名录的项目数量为284，全国共有地级市行政区划单位333个，两者相乘推算出全国纳入代表性名录的非遗项目总数大致为94572，这个数字占87万的10.8%；另外，也可以直接以衡阳市当地的非遗项目总量来进行推算，普查结果显示，衡阳市的非遗项目总量2000多，可以看出以衡阳市当地的数据进行推算的结果与前一种方式推算的结果非常接近。

第三，要解决我国目前有关非遗档案资源建设生产结果功能定位弱化，以及与之相关的目标受众没有做群体细分、服务方式单一的问题。《非遗法》将非遗工作区分为"保存"与"保护"两大类，并指明前者主要包括"认定、记录、建档等"措施，后者主要是指"传承、传播"措施。虽然《非遗法》的本意是想在此基础上对包含传统文化的非遗和包含优秀传统文化的非遗进行区别对待，但目前的文字表述，容易使人们误认为"保存"与"保护"是截然不相关，从而使"非遗档案资源建设"生产结果的功能定位被弱化为仅仅是"对非遗进行固化封存"的含义层面，而与"非遗传承、传播"毫无关联。这亦是导致"非遗档案资源建设"之价值被大大低估，以及很多学者对开展该工作之意义提出质疑的重要原因之一。功能定位上的弱化，以及由此导致的价值意义被低估，理论上，又会使相关治理主体进一步降低在非遗档案资源建设方面的投入意愿。与此同时，《非遗法》对非遗档案资源建设生产结果服务的目标受众定位没有做群体细分，而是群体覆盖面最广的公众，提供服务的方式是向公众公开，方便公众查阅。应该说，这两个方面的设计与前面弱化后的功能定位，三者在逻辑上是比较自洽的。因为一方面，与"传承、传播"无关的非遗档案资源，只剩下查阅功能了；另一方面，一般公众对于非遗档案资源的直接需求，就是"查阅"。或许很大程度上正是在相关认知的指导下，目前我国政府启动的非遗档案资源建设相关工作，如，"国家级非遗代表性传承人抢救性记录工程"等，其生产成果的最终去向都是文化主管部门或其直属的事业单位，而没有将非遗项目内部主体包括在内。

综上所述，基于我国目前已建立的相关治理结构及其局限性，课题组认为非遗档案资源建设治理在生产目标规划方面，需制定的政策内容应主要包括：（1）明确非遗档案资源建设应覆盖所有的非遗项目，而非仅仅是列入名录的代表性项目，即在非遗档案资源建设方面优先保障代表性名录项目，同时兼顾名录外项目；（2）明确指出非遗档案包括非遗本体档案和非遗业务档案两大类，非遗本体档案是对非遗实践群体开展非遗实践活动及结果的原始记录，非遗本体档案下可再细分为非遗项目档案与非遗传承人档案；非遗业务档案则是文化主管部门（包括其直属专业机构在其要求和委托下）开展非遗保护相关工作形成的原始记录，具体包括非遗项目调查与认定，对代表性项目、代表性传承人、项目保护单位及文化生态保护区进行扶助支持与规范管理等工作过程中形成的原始记录；（3）在对非遗档案资源建设生产结果的服务对象进行内外部区分的基础上，明确非遗档案资源建设生产结果优先服务于非遗项目实践群体，服务于支持其开展传承与传播的需要，其次才是服务于社会公众，服务于满足其方便查阅的需要。（4）在充分认识到非遗本体档案之固有的民间特性的基础上，明确国家层面要能尽可能掌握非遗档案资源建设的整体情况，尤其是建设结果的情况。

9.3.1.2　生产标准化

生产标准化，即制定并推行与生产相关的标准规范。由于生产标准能够对生产者行为起指导和规范的作用并最终影响生产结果，因此，一般来说，生产标准化是使生产结果的质量控制在可接受范围的重要手段，亦是使不同生产者（包括不同环节生产者）的生产结果能得以有机联系的基础。基于生产所涉及的要素，生产标准化又包括生产术语标准化、生产步骤标准化和生产技术标准化等具体内容。

我国非遗档案资源建设，在生产标准化政策设计方面，首先要解决的是非遗档案资源建设生产术语标准化的问题。无论在哪一个领域，共同的话语体系都是合作开展的基础。目前在我国的实践中，非遗项目的十大分类、非遗代表性项目名录、非遗代表性传承人和非遗项目保护单位等概念的含义及其相互关系都比较明确，为非遗相关工作的开展奠定了基础的术语体系。与此同时，与非遗档案资源建设密切相关的概念，如，"非遗保存"、"非遗调查"、"非遗记录"、"非遗建档"、"非遗档案"、"非遗传承人档案"、"非遗档案及相关数据库"以及"非遗数字化保护"等等，其含义及相互关系都缺乏明确的说明和梳理，因此，不同名义的活动貌似都是独立的，相关活动成果亦很难简单地进行聚合统一。

其次，我国非遗档案资源建设生产标准化政策设计，要通过生产步骤标准化解决视角解决在生产过程中部分环节被忽略的问题，并为非遗档案资源的全面系统性提供基本保障。非遗档案资源建设包括非遗建档和非遗档案保管两个密切关联的阶段，且每个阶段又包括一些具体的工作内容。但我国目前的治理结构对非遗档案保管问题缺乏关注，从而使已收集的非遗档案资料之长期可用性得不到有效保障，这一点在地方、在基层，尤其是非遗项目保护单位处，则表现得更加明显。同时，对非遗档案保管问题的忽略，在很大程度上亦是导致档案部门的治理主体地位未受到重视的原因。除了将非遗档案保管明确纳入非遗档案资源建设过程以外，生产步骤标准化还需要明确，无论是非遗本体档案还是非遗业务档案，非遗建档起始于归档范围与收（采）集方案的制定，这是保障非遗档案资源建设结果全面系统不可或缺的步骤。

最后，我国非遗档案资源建设生产标准化政策设计，还要通过生产技术标准化为生产结果的通用性和基本质量提供保障。在非遗业务档案建档标准化方面，由于非遗业务档案的形成过程与传统档案相似，因此，其生产技术标准化最重要的内容就是归档范围与收集方案的制定规范或参考指南。在非遗本体档案建档标准化方面，我国已开展的专项工作主要有两个内容：一是，2016年为"国家级非遗代表性传承人抢救性记录工程"实施制定的相关操作指南。该指南为以传承人为非遗档案信息来源对象进行数字化记录，提供了包括文献资源收集、拍摄采集、分类整理与保存等各环节在内相对比较全面的生产技术标准化依据。由于该工程具体项目的承担者为省级非遗保护中心，且该工程只收集数字资源，即除了拍摄采集成果本身就属于数字资源以外，收集来的文献资源中纸质文献和实物则通过数字化转化为数字资源，因此，其有关保存的规定主要是针对"搜集并保管在省非遗保护中心的纸质文献、实物等非数字化资源"，具体要求的内容为：省非遗保护中心应参照《档案法》和原文化部有关文化艺术档案管理有关规定，"配备档案用房和柜架器材，安装防火、防盗、防渍、防有害生物等安全设施，并定期检查检验"，"设置档案管理岗位，配备专职或兼职档案工作人员，并编制检索工具，以便查找和利用"。二是，为推动非遗项目数字化记录行业标准的出台，原文化部于2010年启动了"中国非物质文化遗产数字化保护工程"。2020年11月，该工程形成了《数字资源采集方案编制规范》《数字资源采集实施规范》《数字资源著录规则》3个系列标准，标准在工作流程上包括采集方案编制、采集实施、资源著录3个环节，在工作对象上覆盖了非遗10大专业门类。不过，截止到目前该系列标准还未被正式发布。除此之外，2002年的《艺术档案管理办法》及其附件《艺术档案归档范围》，对与艺术表演类和传统美术类非遗相关单位开展相关工作亦提供了生产技术标准化参考的依据。在各类介质档案存储保管的标准化方面，除按照"八防"原则对纸质载体档案、档案微缩品、档案装具及档案库房建设等已经发布的相关标准外，近年来，国家档案局还主要针对数字档案资源的长期保存发布了系列标准规范，它们主要包括：《GB/T 18894-2016电子文件归档与电子档案管理规范》《DA/T 83—2019档案数据存储用LTO磁带应用规范》《DA/T 82—2019 基于文档型非关系型数据库的档案数据存储规范》《DA/T 78—2019 录音录像档案管理规范》《DA/T 77-2019 纸质档案数字复制件光学字符识别（OCR）工作规范》《 DA/T 75—2019 档案数据硬磁盘离线存储管理规范》《 DA/T 74—2019

电子档案存储用可录类蓝光光盘（BD-R）技术要求和应用规范》《DA/T31—2017纸质档案数字化规范》；等等。

综上所述，基于我国目前已建立的相关治理结构及其局限性，课题组认为非遗档案资源建设治理在生产标准化方面，需制定的政策内容应主要包括：（1）对"非遗档案资源建设"相关概念及活动进行梳理，并提炼出一整套以"非遗档案"为核心的术语体系；（2）明确非遗档案资源建设包括非遗建档和非遗档案保管两部分内容，列出两部分工作各自的具体工作步骤，强调其中不可或缺的关键环节，如归档范围与收（采）方案的制定，确定档案信息的利用权限，档案安全保管环境建设等；（3）制定非遗业务档案的归档范围与收集方案参考指南；（4）尽快推进非遗项目数字化记录系列行业推荐标准的发布，以及《国家级非遗代表性传承人抢救性记录工程操作指南（试行本）》相关内容向行业推荐标准转化，注意两者可能重合部分的衔接与协调，以及两者在纸质与实物文献数字化、各类载体档案资源长期保存方面内容的补充完善，以及对档案领域已发布相关标准规范的引用。

9.3.1.3　生产组织分工

生产组织分工关注的是支持生产目标的生产任务分工落实问题。从治理的角度来看，它在很大程度上对应的是治理结构位置关系中治理责任的分配。生产组织分工，是生产目标最终得以实现的重要保障，也是通过专业化和规模化发展提高生产效率的重要途径。

我国非遗档案资源建设，在生产组织分工政策设计方面，首先要解决的是非遗档案资源建设主管治理主体的确认问题。虽然目前从全国自上而下基本都在主管文化的政府职能部门中设置了专门的非遗机构，但从各级非遗机构之职能的文字描述中，都只有与非遗档案资源建设相关的内容，即"调查、记录"而没有"非遗档案建设"或"非遗建档"或"建档"。比如，文化和旅游部官网对非遗司的职能描述为包括四方面内容：（1）"拟订非遗保护政策和规划并组织实施"；（2）"组织开展非遗保护工作"；（3）"指导非遗调查、记录、确认和建立名录"；（4）"组织非遗研究、宣传和传播工作"。各地省级层面文旅厅非遗处、市级层面文旅局非遗科等，其职能描述几乎与之完全一致，所不同的仅仅是加了层级限定。由此可见，虽然《非遗法》明文规定文化主管部门应当"建立非遗档案及相关数据库"，但非遗档案资源建设的主管之责并没有明确被写入非遗主管机构的组织职能之中。与此同时，作为专业职能机构的档案主管部门在非遗档案资源建设方面的主管之责则没有被写入《非遗法》。因主管之责组织职能的不明确而带来的组织缺位，显然是我国非遗档案资源治理结构中急需解决的重大缺陷问题。

在明确主管责任主体的基础上，我国非遗档案资源建设生产组织分工政策设计，还需进一步确定具体生产任务的承担问题。由于非遗本体档案和非遗业务档案两者的形成过程不同，因此，具体生产任务的落实需要在区分两者的基础上进行。

非遗业务档案形成于各级文化主管部门（包括作为其直属事业单位的非遗专业机构在其委托和要求下）开展非遗保护工作的过程中，与传统档案的形成过程基本一致，且所形成的资料通常有相对固定的形式和版式要求，在很大程度上相当于正式组织规范运作过程的"自然产物"，因此，对于非遗业务档案资源建设而言，最能充分利用专业化和规模化效应的安排，是利用传统档案管理已建立的管理模式和组织机制，即在文化主管部门与同级档案主管部门共同制定归档范围的基础上，由文化主管部门（及其直属专业机构）按照归档范围进行收集，并定期向所在单位档案室和与单位同级的综合档案馆移交，由当地综合档案馆来承担对这一部分档案资源的长期保存、数字化以及相关数据库建设等工作。

非遗本体档案的情况则要复杂得多。非遗本体档案的形成依赖于非遗实践活动，是对非遗实践活动的记录，其现实层面的来源包括两个方面，一是在以往实践过程中已形成的各类历史记录，二是对现在和未来实践活动进行主动记录形成的结果。前者为非遗本体档案的存量，后者为非遗本体档案的增量。由于存量部分在一定时期内是有限的，困难主要在于保存地点分散且有一定的不确定性，因此，对这部分档案以短期项目式的主动收集为主，长期的征集为辅，应是相对有效的生产组织制度安排。对于增量部分，由于非遗是活态的实践，在传承过程中的变化创新是其保持生命力的重要基础，因此，越是有生命力的非遗项目，其非遗本体档案越需要可持续的生产组织制度设计。再者，由于不同非遗项目在所需记录的内容、记录形式及已留下的历史记录的存在状况等方面都差异极大，因此，非遗本体档案建档在生产组织分工上应尽量采取分权化的设计，即围绕具体项目组建生产单位，且各项目都有根据自身情况特点灵活开展工作的自由权限。另外，由于非遗项目内部主体对非遗本体档案建档所需核心信息的掌握相对外部主体具有极大的优势，因此，由内部主体在非遗实践过程中持续开展建档工作，应是协调成本最低的制度设计。我国目前的正式制度亦大致遵循了这一思路，即将非遗本体档案的建档责任赋予了项目保护单位。根据前文有关主体的分析，项目保护单位并不等同于非遗实践社群，即使其在性质上为项目内部主体，但其覆盖范围也往往小于非遗实践社群。不过，这一设计在很大程度上解决了相关工作的抓手问题，是一个相对有效的制度安排。因为每个列入名录的项目都有对应的保护单位，且作为保护单位，它们理论上应该是与非遗实践关系最为密切，且身份和范围都非常明确的正式组织。当然，非遗项目保护单位无法覆盖整个非遗实践社群，且未列入名录的非遗项目得不到关注，仍是它的局限性。在档案保管方面，虽然将非遗本体档案集中保管有利于长期保存理想条件规模经济效应的充分发挥，但集中保管很可能会使非遗本体档案支持传承传播的价值得不到充分和有效的发挥，使其远离实践社群而仅仅变成"展柜"里的文明，因此，结合目前信息技术发展带来的优势条件，课题组认为，非遗本体档案的实体应尽可能由非遗项目内部主体在专业指导和帮助下创造适宜的场所自行保管。在非遗项目内部主体无法自行保管或非遗项目已濒于消亡的情况下，这部分实体档案则由非遗项目内部主体自行选择或文化主管部门根据情况指定专门的公共文化记忆保存机构即档案馆、图书馆、博物馆或非遗馆等来保管；与此同时，由政府建设能够进行在线收集、整理、鉴定和保管的非遗本体档案资源数字化管理平台，对基于各项目非遗本体档案形成的非遗档案数字资源进行集中保管。该数字化管理平台不仅能为各非遗项目的本体档案提供数字化备份，最大程度地实现非遗档案数字资源保管的规模经济效应，还为方便各治理主体，尤其是民间主体共同参与非遗档案资源建设，为国家尽可能掌控所有非遗档案信息资源，为非遗档案信息资源共享提供了有效的实现途径。

综上所述，基于我国目前已建立的相关治理结构及其局限性，课题组认为非遗档案资源建设治理在生产组织分工方面，需制定的政策内容应主要包括：（1）明确文化主管部门和档案主管部门共同承担非遗档案资源建设主管职能；（2）要求各级文化主管和其所在单位同级档案主管部门共同制定非遗业务档案管理办法，由非遗主管机构负责收集归档，所有材料一式两份，定期向所在单位档案室和与单位同级的综合档案馆移交；（3）非遗本体档案建设以"帮助实践群体进行自建与保管"为原则，名录内非遗项目由保护单位联合代表性传承人组建工作小组，负责制定工作方案并组织实施；对严重濒危非遗项目，由当地非遗保护中心负责实施抢救性记录；（4）将各类记忆机构纳入赋能非遗实践社群的支持性组织体系，为他们提供专业培训、实体档案保管基础设施与文化服务；（5）国家层面由政府构建各治理主体可共同参与的统一的数字化管理平台，对非遗本体档案数字资源进行在线收集和集中保管。

9.3.1.4　生产质量控制

生产质量控制，即通过构建生产质量控制体系，以保证生产结果符合生产目标规划。一般来说，控制体系的构建包括前馈控制、现场控制与反馈控制三个层面。所谓前馈控制，即在生产过程开始之前，通过预判可能出现的问题，提前采取措施以保证生产质量；现场控制，即在生产过程中，管理者亲临现场进行指导和监督；而反馈控制，即对生产结果进行测定，并对出现的偏差采取相关措施。由于现场控制需要管理者亲临现场，对于生产过程分散性极强的非遗档案资源建设不太适用，因此，本部分的关注重点是前馈和反馈控制。

对于非遗档案资源建设而言，生产标准化就是一种重要的前馈控制手段。由于前文对该主题已有详细讨论，此处便不再赘述。除生产标准化以外，对生产主体提供相关专业培训亦是一种典型有效的前馈控制。非遗档案资源建设最重要的生产主体之一是非遗实践社群。为提高非遗实践群体可持续的传承能力，2015年，国家层面启动了"中国非遗传承人群研修研习培训计划"，并对"代表性传承人""中青年传承人"和"普通传承人群"三者的培训内容进行了不同的设计。不过遗憾的是，该研培计划完全没有与非遗档案资源建设有关的培训内容；另外，其在培训对象的覆盖面上亦有较大的局限性：2015-2017年其主要关注的是传统工艺类项目，2018-2020年则在此基础上增加了传统表演艺术类项目。

非遗档案资源建设生产反馈控制的实现亦主要有两种途径，一是，由相关主管单位对生产结果进行检验，二是由消费者在使用过程中对生产结果的质量进行反馈。在我国目前非遗档案资源建设治理结构中，对于非遗本体档案资源建设而言，这两个方面都略有缺失，其中前者的缺失主要表现在：主管单位关注的生产结果很大程度上仅局限于政府牵头开展的记录工程提交的项目成果；后者的缺失主要表现在非遗档案资源建设的生产结果并不能及时到达消费者，尤其是与非遗传承有关的重要的消费者——非遗实践社群手中。而对于非遗业务档案资源建设，按照前文提出的生产组织分工引导政策设计，建成的档案最终需向综合档案馆移交，因此，由综合档案馆在接收入馆过程中对文化主管部门的建档质量进行检测并反馈，由同级档案主管部门对非遗业务档案的建档和档案保管情况定期进行执法检查，应是相对有效的制度安排。

综上所述，基于我国目前已建立的相关治理结构及其局限性，课题组认为非遗档案资源建设治理在生产质量控制方面，需制定的政策内容应主要包括：（1）在非遗本体档案资源建设方面，由文化主管部门组织对非遗项目保护单位与代表性传承人开展相关生产技能专业培训，并将非遗档案资源建设工作开展情况纳入对两者的年度考核内容，档案主管部门负责对两者非遗档案保管环境和条件的监督检查，另外，再通过在前文提到的非遗本体档案资源数字化管理平台收集各类相关主体对生产结果的评价反馈信息；（2）在非遗业务档案资源建设方面，由综合档案馆负责对文化主管部门的建档工作进行业务指导，并在接收入馆过程中对建档成果实施质量审核，由同级档案主管部门对建档保管情况定期进行执法检查。

9.3.2　提供引导型政策设计

"提供"指的是为支持生产活动的资源投入行为,因此,非遗档案资源建设提供引导型政策设计的目的,是通过调整报偿关系以构建能够提高相关治理主体生产活动资源投入意愿的激励机制。在理性自利人假设前提下,改变报偿关系以提高治理主体投入生产资源意愿的引导型政策设计通常有三种思路:一是,将投入变成可监督执行的义务;二是,增加投入的收益;三是,降低投入的代价。

由于非遗业务档案与非遗本体档案在资源建设方面涉及的投入主体有很大不同,因此,本部分将对两者分别展开讨论。

9.3.2.1　非遗业务档案资源建设

根据前文的相关探讨,非遗业务档案资源建设应采用传统档案管理已建立的管理模式和组织机制,即在文化主管部门和同级档案主管部门共同制定归档范围的基础上,由文化主管部门按照归档范围进行收集,并定期向所在单位档案室和与单位同级的综合档案馆移交。由于其生产过程涉及的三个关键主体——文化主管部门、档案主管部门和综合档案馆,都属于公共财政支持的专业组织,且非遗业务档案建设成果数量相对有限且容易确定,因此,比较适宜采用"将投入变成可监督执行的义务"的激励机制构建方法,具体来说,即在明确规定上述三类主体在非遗业务档案资源建设所应承担义务的基础上,将相关义务的完成情况纳入年度考核指标体系。

9.3.2.2　非遗本体档案资源建设

非遗本体档案资源建设的理想模式为以"帮助非遗实践群体进行自建与保管"为原则,名录内非遗项目由保护单位联合代表性传承人组建工作小组,负责制定工作方案并组织实施;对严重濒危非遗项目,由当地非遗保护中心负责实施抢救性记录。因此,对非遗项目内部主体生产投入的激励机制建构,是非遗本体档案资源建设提供引导型政策设计首先需要解决的问题。

虽然非遗本体档案所依赖的非遗实践活动过程大多没有内置的原始记录形成机制,但非遗本体档案资源建设对于非遗项目内部主体而言是"天然"具有吸引力的，因为非遗本体档案记录的正是他们的实践和智慧，具有帮助他们满足情感和实用两个方面需要的重要价值。只不过，这个"天然"吸引力的强度以及非遗档案资源建设正外部性问题的存在，使其无法带来理想的建设结果。另一方面，由于非遗内部主体边界的模糊性，且非遗本体档案的建档结果是否达到了理想状态对于外部主体而言具有很强的"信息不对称性"，因此，对于非遗项目内部主体的生产资源投入激励机制设计，一般适宜采用"降低投入的代价"与"增加投入的收益"两种思路。

从"降低投入的代价"思路出发，可以采取的提供引导型政策主要是为非遗项目内部主体开展非遗建档和非遗档案保管工作提供各方面的支持，具体支持的内容包括（1）相关专业知识和技能培训与实践指导；（2）与记录相关的专业设备、器材甚或人才；（3）非遗档案实体的保管环境建设；（4）数字化管理平台；等等。前面提到，我国虽然于2015年启动了"中国非遗传承人群研修研习培训计划"，不过，该计划中并没有非遗档案资源建设相关的培训内容。课题组在实地调研中发现，随着我国经济的发展和社会的进步，相关设备和器材的价格越来越亲民化，以及非遗实践社群中新生代参与者越来越多，因此，可以预见的是，内部主体对于第2项支持的需求会日渐弱化。

从"增加投入的收益"的思路出发，可以采取的提供引导型政策主要包括：（1）尊重并保障非遗项目内部主体对其非遗本体档案资源建设成果的支配权。也就是说，其建设成果是否公开共享以及通过何种方式公开共享应由非遗项目内部主体中的具体建设者来决定；（2）通过指导帮助非遗项目内部主体深度挖掘和开发非遗本体档案资源的价值，使其更好地为非遗实践社群服务；（3）通过加强相关社区建设和振兴传统文化来提升非遗本体档案的价值。因为通常来说，非遗社区的凝聚力越强，非遗本体档案对于非遗项目内部主体的情感价值亦越大；传统文化越受到重视，相关文化产业越发展，非遗本体档案的实用价值越大。当然，加强相关社区建设和振兴传统文化其实亦是非遗保护工作应该包含的工作内容，非遗档案资源建设与非遗保护两者本来就有着相辅相成的关系。

实际上，无论是"降低投入的代价"还是"增加投入的收益"，对于非遗项目内部主体提供引导型政策设计的核心思路就是赋能非遗实践社群，使其能够实现自我供给。

在我国非遗档案资源治理主体位置关系中，非遗项目内部主体——即非遗实践社群中包括代表性传承人、一般传承人和普通实践者。上述政策设计思路虽然对于非遗项目内部主体所有成员都是适用的，但由于代表性传承人与后两者不同，他们是官方认定的，而且边界非常明确，因此，在政策的细节设置上可做这样的区分：对于代表性传承人，采取主动接洽的方式为其提供支持和帮助。且代表性传承人负有将建档成果上传政府所构建之数字化管理平台的义务，当然其具体信息内容是否公开仍由代表性传承人决定；对于一般传承人，除培训和数字化管理平台的使用以外，其他的支持和帮助则主要采取依申请提供的方式；对于普通实践者，除数字化管理平台的使用外，其他的支持和帮助则主要采取依申请提供的方式。这里需要特别指出的是，因为名录外的非遗项目没有代表性传承人和项目保护单位。因此，对一般传承人与普通实践者的支持为非遗本体档案资源建设覆盖名录外的非遗项目奠定了基础。

作为中间主体的非遗项目保护单位，虽然并不都是由非遗项目内部主体成员构成的，但鉴于它在目前的治理结构中是与具体非遗项目关系最紧密，获得官方认定的负有非遗本体档案建档义务，且边界清晰的正式组织，因此，对于该主体的提供引导型政策设计不仅应与对代表性传承人的基本相同，而且更应该受到重视。

除文化和档案主管部门以外，非遗项目外部主体在非遗本体档案资源建设的生产投入主要是为非遗项目内部主体和项目保护单位的生产活动提供辅助支持和帮助。

对于其中的非遗保护中心，作为直属文化主管部门的非遗工作专业机构，最有效的相关政策设计应是将帮助开展非遗本体档案资源建设相关工作明确写入其职能范围。

对于公共档案馆、公共图书馆、博物馆（艺术馆）以及现在日益兴起的非遗馆等主体，因其公共文化记忆机构的属性，根据前面提到的三种思路，课题组认为有效的提供引导型政策设计主要包括以下两个方面内容：一是，引导它们发布联合倡议，将为非遗实践社群提供相关服务和支持视作己任，自觉投入并开展相关工作；二是，帮助它们构建志愿服务项目招募管理机制与志愿者队伍，以解决其在为非遗实践社群提供相关服务和支持方面可能面临的人力资源不足问题。

对于社会公众，从"降低投入门槛"的角度来说，适宜的激励机制主要是为其志愿投入行为提供精细化的平台服务，即让社会公众能方便且清楚地了解非遗本体档案资源建设相关公益或志愿资源筹措项目的意义、内容、所需的支持及项目进展等各方面情况；从"增加投入收益"的角度来说，相对有效的政策设计主要包括对捐资者给予税收优惠和构建志愿服务积分管理体系。前者具体是指，出台对支持非遗档案资源建设的公益捐赠给予个人所得税应纳税额扣除的优惠政策。目前，根据我国的最新修订的《中华人民共和国个人所得税法》，除国务院特别规定的以外，只有对教育、扶贫等公益慈善事业进行捐赠，其捐赠额未超过应纳税所得额30%的部分，才能享受扣除优惠。后者则是指，通过构建志愿服务积分管理体系，为公众直接参与非遗本体档案资源建设的志愿行为给予记录，同时建立积分制，并通过创设荣誉称号，给予更优惠的文化资源享用机会，或非遗文创纪念品等方式作为与积分制配套的奖励机制。

9.3.3 保障引导型政策设计

非遗档案资源建设基础保障引导型政策，其主要功能是为上述两类政策工具更好地发挥引导作用提供支持和保障，其主要涉及的领域包括相关的权限配置、行政供给与政府责任性控制等。

9.3.3.1 权限配置

权限配置关注的是相关治理主体决策权的配置问题，尤其是初始配置问题。由于决策权的初始配置，决定了谁有权参与相关规则的制定以及不同治理主体的决策权限范围，因此，对于治理结构的形成具有极为重要的基础作用。

根据我国目前非遗档案资源建设治理结构的局限性，课题组认为在权限配置方面的引导型政策设计应主要包括以下内容：（1）明确将档案主管部门纳入各层级非遗工作部门联席会议制度之中，从而为其行使主管之责，参与相关规则制定的决策权限提供更切实的保障。（2）确定非遗档案资源之中的公私关系界限，即在初始权利上，非遗业务档案为国家所有，而非遗本体档案为档案的形成者所有，后者的所有权可以在平等协商的情况下进行转让；对于重要的非遗本体档案，国家有要求其进行基本信息登记以及得到妥善保管的权力；（3）让非遗项目内部主体在非遗档案资源建设中拥有更多的规则制定权限。

9.3.3.2 行政供给

行政供给关注的是政府直接进行生产或提供生产资源的行为。通常情况下，行政供给与志愿供给是弥补自我供给和市场供给失灵的两种有效手段。

事实上，目前国家层面开展的"国家级代表性传承人抢救性记录工程"以及部分省（市、自治区）开展的对传承人或非遗项目的记录工程，在非遗档案资源建设领域就属于直接进行生产的行为。根据我国目前非遗档案资源建设治理结构的局限性，课题组认为在行政供给方面的引导型政策设计应主要包括以下内容：（1）将非遗业务档案资源建设完全纳入行政供给范畴；（2）构建覆盖所有非遗项目、各个治理主体都可参与的统一的非遗档案数字化管理平台；（3）对非遗项目的濒危程度进行评估，并在此基础上对严重濒危项目直接实施抢救性记录；（4）将非遗档案资源建设相关内容纳入传承人群研培计划；（5）将支持非遗实践社群开展档案资源建设相关工作纳入非遗专项资金使用范围；（6）在国家和省级行政层面的行政供给中，要充分考虑对基层地区、对经济欠发达地区的倾斜问题。

9.3.3.3 政府责任性控制

政府责任性控制关注是政府在动用公共资源、行使公共权力过程中可能脱离对公共利益之追求的风险问题，以提高政府对民众需求的回应性，更好地履行政府相应领域的公共管理职责。

通常来说，政府责任性的保障力量主要来自三个方面：一是保障被管理方参与决策的权限；二是相关信息公开；三是建立问责机制。根据该思路，我国非遗档案资源建设领域之政府责任性控制政策应主要包括：（1）为非遗实践社群参与相关决策，尤其是重要规则制定的决策，提供制度保障；（2）及时公开各级各地政府在非遗档案资源建设方面政策制定情况与行政供给情况，为各类主体进行监督和信息反馈提供方便的途径；（3）将非遗档案资源建设相关工作纳入政府绩效考核指标体系。

9.4 对策略方案实施的思考与建议

应该说，前文有关基于合作治理的非遗档案资源建设引导策略方案的主要内容设计，很多非常理想化，部分还不够详细具体，并且在分析论述上虽考虑了系统性，但也容易使人困惑于该从何处下手。为此，课题组从便于策略方案实施的角度出发，提出三条重要思路和两项核心工作。

9.4.1 三条重要思路

俗话说"思路即出路"，清晰合理的思路通常是通向成功的关键。课题组认为，基于合作治理的非遗档案资源资源建设引导策略方案，有三条重要的实施思路。

9.4.1.1 追求累积社会资本：转变政府治理理念目标

社会资本起初是社会学家提出的概念，目前各领域的学者从其学科研究范式出发，对社会资本作出了各自不同的界定。公共管理学所理解的社会资本，并非是指财务意义上的资本，而是指民间社会在相关领域的自治能力，具体来说，即开展相关行动的观念意识、知识技能、实践经验及资源条件的掌握情况。追求社会资本的积累，正是善治理念的集中体现。国务院在2005年发布的《关于加强我国非遗保护工作的意见》中提出了"政府主导、社会参与"的工作原则，然而，在我国的非遗档案资源建设治理结构中，政府的主导地位毋庸置疑，但社会主体，尤其是其中最重要的主体，即非遗实践社群，其参与能力的有限性问题一直没有受到足够的重视。因此，课题组认为，策略方案实施应遵循将追求累积社会资本作为政府治理目标的思路，将更多的精力投入到帮助和支持非遗实践社群开展自我建档和保管方面上来。

9.4.1.2　追求建档保护有机融合：让非遗档案发挥更大的作用

在我国目前的非遗工作实践中，非遗档案资源建设因被归类为"非遗保存"而与"非遗保护"截然区分开来，这在很大程度使人们误认为，非遗档案资源建设的目标是使非遗作为历史被"封存"起来以供普通公众"参观或阅览"，从而导致非遗档案资源的价值被大大低估，以及非遗档案资源建档标准的降低。事实上，非遗档案资源建设既离不开非遗实践活动，同时亦能对非遗传承传播产生重要的促进作用。因此，课题组认为，追求非遗档案资源建设与非遗保护工作的有机融合，让非遗档案发挥更大的作用是策略方案实施的重要思路之一。

9.4.1.3　追求帕累托优化改进：给予地方、基层更大的实践探索权限

所谓的帕累托优化改进，是指这样一种状态，即在没有使任何人境况变坏的前提下，使得至少一个人变得更好。由于我国幅员辽阔，所拥有的非遗项目数量众多，且非遗档案资源建设政策引导策略方案涉及的内容也很多，试图一次性构建一个完美的政策体系是不现实的，因此，课题组认为应以帕累托优化改进作为政策引导策略方案实施的重要思路，给予地方、基层更大的实践探索权限，并充分尊重和重视对地方和基层经验的总结。

9.4.2　两项核心工作抓手

策略方案实施的两项核心工作抓手是酝酿出台《非遗档案管理办法》和建立非遗档案数字化管理平台。

9.4.2.1　酝酿出台《非遗档案管理办法》

我国迄今尚未就非遗档案出台过专门的正式文件，亦未曾在官方层面对非遗档案给予过明确解释。《非遗档案管理办法》作为专业领域的档案管理办法，能将前文中提出很多政策设计建议，尤其是有关生产目标规划、生产组织分工、权限配置等内容，都包含于其中，从而为非遗档案资源建设治理奠定"名正言顺"的正式制度基础框架。

9.4.2.2 建立非遗本体档案数字化管理平台

之所以将建立能够进行在线收集、整理、鉴定和保管的非遗本体档案资源数字化管理平台列为核心工作抓手，主要原因有三：一是，非遗档案资源归根结底属于信息资源，能够统一转换成数字信息资源，变成平台的管理对象；二是，它是将"政府主导和社会参与""专业知识和民间智慧"有机结合，实现前文讨论的相关生产和提供引导型政策设计的有效手段，并且美国的"公民档案管理员项目"实践为相关运作模式提供了借鉴经验；三是，我国学者对该类数字化管理平台的建设问题已进行了系统的理论研究，对平台的功能模块、建设流程、建设方式与运行管理都做了比较细致的探讨[1]，且在我国目前的条件下，技术上亦是能够实现的[2]。

---

[1] 周耀林、赵跃. 非物质文化遗产档案资源建设"群体智慧模式"模式研究. 武汉大学出版社. 2019. P328-345

[2] 在对国家图书馆社会记忆项目组进行访谈时，相关工作人员肯定了这一判断。

参考文献

1 专著

[1] 周耀林, 等. 非物质文化遗产档案资源建设 "群体智慧模式" 研究 [M]. 武汉: 武汉大学出版社, 2020.

[2] 滕春娥, 等. 鲜活的社会记忆: 非物质文化遗产建档保护 [M]. 北京: 社会科学文献出版社, 2020.

[3] 戴旸. 中国非物质文化遗产建档标准体系研究 [M]. 北京: 中国社会科学出版社, 2019.

[4] 王晋. 白族大本曲非物质文化遗产建档保护研究 [M]. 北京: 中国社会科学出版社, 2019.

[5] 徐拥军. 非物质文化遗产档案管理体系研究 [M]. 北京: 中国文史出版社, 2016.

[6] 陈祖芬. 妈祖信俗非物质文化遗产档案研究 [M]. 北京: 世界图书出版公司, 2015.

[7] 周耀林, 等. 非物质文化遗产档案管理理论与实践 [M]. 武汉: 武汉大学出版社, 2013.

[8] 叶鹏. 中国非物质文化遗产保护机制研究: 基于文化与科技融合视角 [M]. 北京: 中国社会科学出版社, 2019.

[9] 张兆林, 等. 非物质文化遗产保护领域社会力量研究 [M]. 北京: 中国社会科学出版社, 2017.

[10] 李荣启. 非物质文化遗产保护研究文集 [M]. 北京: 文化艺术出版社,

2016.

[11] 乌丙安. 非物质文化遗产保护理论与方法 [M]. 北京: 文化艺术出版社,
2016.

[12] 刘锡诚. 非物质文化遗产保护的中国道路 [M]. 北京: 文化艺术出版社,
2016.

[13] 冯骥才. 为文化保护立言 [M]. 北京: 文化艺术出版社, 2017.

[14] 向云驹. 非物质文化遗产的若干哲学问题及其他 [M]. 北京: 文化艺术出
版社, 2017.

[15] 朝戈金. 站在民众的立场上——朝戈金非物质文化遗产研究文选 [M].
北京: 文化艺术出版社, 2020.

[16] 张庆善. 非遗碎墨: 张庆善非遗保护文集 [M]. 北京: 文化艺术出版社,
2020.

[17] 苑利, 等. 非物质文化遗产保护前沿话题 [M]. 北京: 文化艺术出版社,
2020.

[18] Kolovos A. Archiving culture: American folklore archives in theory and
practice [M]. Indiana University, 2010.

[19] Khan M P, Aziz A A, Daud K. Documentation Strategy for Intangible
Cultural Heritage （ICH） in Cultural Heritage Institutions: Mak Yong
Performing Art Collection: 7th International Conference, EuroMed 2018,
Nicosia, Cyprus, October 29–November 3, 2018, Proceedings, Part I
[M]. 2018.

[20] Oasrom E. Understanding Institutional Diversity [M]. Princeton
University Press, 2005.

2 期刊论文

[1] 梁国庆. 国家级非遗代表性项目保护单位合理性探析 [J]. 黑龙江档案,
2020（02）: 117-118.

[2] 徐俊贤. 非遗代表性项目保护单位职责研究 [J]. 大众文艺, 2014（15）: 8-9.

[3] 严令耕, 申俊龙, 魏鲁霞. 图书馆参与非物质文化遗产数据库建设的现状
和思考 [J]. 江苏科技信息, 2021, 38（07）: 78-80.

［4］张璞. 省级公共图书馆"非遗"数字资源建设研究［J］. 内蒙古科技与经济, 2020（13）：126-128.

［5］文琴. 图书馆参与非物质文化遗产数字化的政策研究［J］. 图书馆建设, 2019（S1）：156-160.

［6］孔凡敏. 公共图书馆非物质文化遗产数据库建设研究［J］. 大学图书情报学刊, 2019, 37（03）：83-86.

［7］叶梦雪, 杨晓波. 国内非物质文化遗产数据库及其互联网访问现状调查研究［J］. 福建电脑, 2019, 35（02）：95-97.

［8］程焕文, 陈润好, 肖鹏. "后申遗"时代图书馆非物质文化遗产数据库建设进展［J］. 图书馆论坛, 2018, 38（12）：1-7.

［9］刘琉, 王露露, 孔德民. 音乐类非物质文化遗产建档的应用方向研究——基于传承与传播的关系辨析［J］. 档案学研究, 2020（02）：90-97.

［10］赵跃. 新时期档案机构参与非遗保护的反思与再定位［J］. 档案学通讯, 2020（02）：40-48.

［11］华林, 段睿辉, 杨励苑. 西藏民族文化遗产保护视域下档案部门参与非遗保护问题研究［J］. 西藏民族大学学报（哲学社会科学版）, 2019, 40（06）：50-55, 154.

［12］滕春娥. 国内外档案信息化保护研究计量分析与综述［J］. 情报科学, 2019, 37（07）：163-170.

［13］尹培丽, 姚明. 非物质文化遗产口述档案资源建设研究［J］. 高校图书馆工作, 2019, 39（03）：41-45.

［14］谢海洋. 档案学语境下直隶非物质文化遗产数字化保护与传播策略研究［J］. 档案学研究, 2018（04）：97-101.

［15］王晋. 白族大本曲非物质文化遗产建档保护研究［J］. 档案学通讯, 2018（04）：70-73.

［16］黄体杨. 非物质文化遗产传承人建档保护：文本分析与田野调查［J］. 档案学研究, 2018（03）：61-67.

［17］王云庆. 山东非物质文化遗产项目及传承人立档保护研究［J］. 档案学通讯, 2018（02）：62-65.

［18］王萍，满艺. 传统村落档案建构模式比较研究［J］. 档案学研究，2017
　　（06）：61-67.

［19］唐峰. 少数民族非物质文化遗产建档问题研究［J］. 贵州民族研究，2017，
　　38（12）：63-66.

［20］彭鑫，王云庆. 非物质文化遗产传承人个人存档SWOT分析［J］. 档案学通
　　讯，2017（05）：99-104.

［21］施慧. 新时期非遗档案的保护与利用——以南京市民俗（非遗）博物馆为
　　例［J］. 档案学研究，2017（S2）：69-71.

［22］赵跃，周耀林. 国际非物质文化遗产数字化保护研究综述［J］. 图书馆，
　　2017（08）：59-68.

［23］黄体杨. 白族非物质文化遗产传承人建档保护研究［J］. 档案学通讯，
　　2017（04）：83-86.

［24］肖文建，黎杜. 非物质文化遗产档案长久保存策略［J］. 档案学研究，2017
　　（03）：54-58.

［25］刘佳慧，王云庆. 档案部门参与我国传统村落档案工作的方式——档案
　　部门与传统村落合作关系建构探析［J］. 档案学研究，2017（02）：57-62.

［26］马晨璠，戴旸. 我国非物质文化遗产档案传播主体研究［J］. 档案学通讯，
　　2017（02）：81-86.

［27］戴旸. 非物质文化遗产建档标准的建设：国外经验与中国对策［J］. 档案
　　学通讯，2016（06）：11-15.

［28］和璇. "年代-区域"理论视域下的非物质文化遗产档案资源建设研究
　　［J］. 档案学通讯，2016（06）：16-20.

［29］锅艳玲. 非物质文化遗产的档案价值与开发研究［J］. 档案学通讯，2016
　　（06）：57-60.

［30］王海弘. 非物质文化遗产档案的凋零与繁荣——基于旅游发展视角［J］.
　　档案学通讯，2015（06）：83-86.

［31］叶鹏，周耀林. 非物质文化遗产建档式保护的现状、机制及对策［J］. 学习
　　与实践，2015（09）：115-124+2.

［32］吕丽辉，马香媛. 非物质文化遗产信息资源档案式管理的协同机制研究

[J]. 社会科学战线, 2014（12）: 272-274.

[33] 戴旸, 李财富. 我国非物质文化遗产建档标准体系的若干思考[J]. 档案学研究, 2014（05）: 35-39.

[34] 徐欣云. 建构的相对性: 非物质文化遗产档案与集体记忆建构的关系[J]. 档案学通讯, 2014（05）: 17-22.

[35] 戴旸. 应然与实然: 对我国非物质文化遗产建档主体的思考[J]. 档案学通讯, 2014（04）: 82-85.

[36] 陈祖芬. 现存妈祖信俗非物质文化遗产档案的特点[J]. 文化遗产, 2014（03）: 122-127.

[37] 王拓. "非遗"传承人口述史研究的困境与向度——"非遗"口述史研究文献述评[J]. 浙江艺术职业学院学报, 2013, 11（04）: 88-94.

[38] 陈建, 高宁. 我国非物质文化遗产建档保护研究回顾与前瞻[J]. 档案学研究, 2013（05）: 58-62.

[39] 徐欣云. 非物质文化遗产档案式保护中的"新来源观"研究[J]. 档案学通讯, 2013（05）: 23-27.

[40] 徐拥军, 王薇. 美国、日本和台湾地区文化遗产档案数据库资源建设的经验借鉴[J]. 档案学通讯, 2013（05）: 58-62.

[41] 王云庆, 毛天宇. 基于博弈论视角的非物质文化遗产立档保护探析[J]. 档案学研究, 2013（02）: 60-64.

[42] 罗宗奎, 王芳. 知识产权法体系下开发利用非物质文化遗产档案的优势和基本原则[J]. 档案学通讯, 2012（02）: 44-47.

[43] 谭必勇, 徐拥军, 张莹. 档案馆参与非物质文化遗产数字化保护的模式及实现策略研究[J]. 档案学研究, 2011（02）: 69-74.

[44] 王云庆, 陈建. 保护非物质文化遗产: 警惕档案机构边缘化[J]. 档案学通讯, 2011（01）: 12-16.

[45] 陈祖芬. 非物质文化遗产档案管理主体研究——以妈祖信俗档案管理为例[J]. 档案学通讯, 2011（01）: 16-19.

[46] 王玉平. 论档案馆对非物质文化遗产档案的管理[J]. 东岳论丛, 2010, 31（07）: 178-180.

[47]朴原模. 韩国非物质文化遗产的记录工程与数码档案的构建 [J]. 河南社会科学, 2009, 17 (04): 22-25.

[48]何永斌. 对非物质文化遗产保护的档案学思考 [J]. 档案学研究, 2008 (06): 8-10.

[49]倪慧敏. 非物质文化遗产与物质文化遗产档案 [J]. 档案学研究, 2008 (05): 37-38.

[50]吕鸿. 非物质文化遗产保护视野中的口述档案 [J]. 甘肃社会科学, 2008 (03): 180-182.

[51]王云庆, 赵林林. 论非物质文化遗产档案及其保护原则 [J]. 档案学通讯, 2008 (01): 71-74.

[52]刘守华. 用文化遗产锁住人类记忆 [J]. 中国档案, 2003 (10): 8-10.

[53]莫灿. 民间美术类非物质文化遗产档案管理研究 [J]. 档案管理, 2020 (04): 70-72.

[54]张国廷. 声像档案视域下非物质音乐文化遗产的保护与传承 [J]. 档案管理, 2020 (03): 80-81.

[55]陈义德. 非物质文化遗产档案保护研究述评 [J]. 档案管理, 2020 (03): 42-43.

[56]刘琉, 王露露, 孔德民. 音乐类非物质文化遗产建档的应用方向研究——基于传承与传播的关系辨析 [J]. 档案学研究, 2020 (02): 90-97.

[57]肖秋会, 张博闻, 陈春霞, 马燕慧, 张瑞娜, 杨婷. 恩施土家族堂戏的现状调查及非遗建档保护思路 [J]. 档案与建设, 2020 (03): 9-13.

[58]赵跃. 新时期档案机构参与非遗保护的反思与再定位 [J]. 档案学通讯, 2020 (02): 40-48.

[59]方丹. 文化云模式下的天门蓝印花布档案保护传承研究 [J]. 档案管理, 2020 (01): 50-51.

[60]苏瑞. 非遗背景下的豫剧建档保护及其对策探究 [J]. 档案管理, 2020 (01): 85-86.

[61]黄华. 民间戏剧类非物质文化遗产档案管理模式研究 [J]. 档案管理, 2020 (01): 52-53.

［62］李雪霞. 数字创意背景下非物质文化遗产档案保护研究［J］. 档案管理，2019（06）：51-52+55.

［63］王磊. 浅析非物质文化遗产传承人口述档案访谈提纲的设计原则［J］. 档案与建设，2019（10）：47-49.

［64］邹燕琴. 留住文化的"根"：乡村非物质文化遗产档案开发模式［J］. 北京档案，2019（09）：25-28.

［65］滕春娥. 国内外档案信息化保护研究计量分析与综述［J］. 情报科学，2019，37（07）：163-170.

［66］张代琪，锅艳玲. 省级档案网站参与非物质文化遗产档案信息传播的研究［J］. 浙江档案，2019（05）：31-33.

［67］张晨文. 英国国家档案馆在线教育服务的发展及启示［J］. 档案时空，2019（08）：4-9.

［68］范子璇，赵芳. 英国国家档案馆网站在线教育特点及启示［J］. 北京档案，2019（05）：43-45.

［69］曲春梅，王红娟. 档案网站教育体系的构建——以英国国家档案馆网站为例［J］. 档案学通讯，2011（06）：61-65.

［70］王箐. 基于区块链技术的非物质文化遗产档案管理优化探析［J］. 北京档案，2018（10）：28-30.

［71］刘婧. 非物质文化遗产档案信息传播调查研究［J］. 浙江档案，2018（09）：22-24.

［72］方凌超，戴旸. 我国非物质文化遗产档案科技化传播分析［J］. 档案与建设，2018（09）：34，35-38.

［73］杨娟，肖汉仕. 加强"非遗"档案式保护的若干关键性问题探讨［J］. 浙江档案，2018（08）：62-63.

［74］谢海洋. 档案学语境下直隶非物质文化遗产数字化保护与传播策略研究［J］. 档案学研究，2018（04）：97-101.

［75］王晋. 白族大本曲非物质文化遗产建档保护研究［J］. 档案学通讯，2018（04）：70-73.

［76］陈智慧. 基于档案多元理念的非物质文化遗产档案化管理研究［J］. 中国

档案, 2018 (07): 76-77.

[77] 黄体杨. 非物质文化遗产传承人建档保护: 文本分析与田野调查 [J]. 档案学研究, 2018 (03): 61-67.

[78] 赵婷, 陶信伟. 日本文化遗产档案数据库建设的经验及启示 [J]. 中国档案, 2018 (05): 78-79.

[79] 王云庆. 山东非物质文化遗产项目及传承人立档保护研究 [J]. 档案学通讯, 2018 (02): 62-65.

[80] 赵滟. 重庆市非物质文化遗产档案保护现状研究 [J]. 中国档案, 2018 (02): 34-35.

[81] 唐峰. 少数民族非物质文化遗产建档问题研究 [J]. 贵州民族研究, 2017, 38 (12): 63-66.

[82] 张辉, 熊豆豆. 体育非物质文化遗产档案的管理与保护 [J]. 北京档案, 2017 (12): 25-26.

[83] 马晨璠, 戴旸. 垂直网站下我国非物质文化档案传播研究 [J]. 档案与建设, 2017 (12): 9-11, 44.

[84] 刘赟博. "历史——空间" 视域下的县级非物质文化遗产档案建设 [J]. 山西档案, 2017 (05): 92-94.

[85] 彭鑫, 王云庆. 非物质文化遗产传承人个人存档SWOT分析 [J]. 档案学通讯, 2017 (05): 99-104.

[86] 韩双. 非物质文化遗产保护视角下的口述档案研究 [J]. 档案管理, 2017 (05): 37-38.

[87] 施慧. 新时期非遗档案的保护与利用——以南京市民俗 (非遗) 博物馆为例 [J]. 档案学研究, 2017 (S2): 69-71.

[88] 赵跃, 周耀林. 国际非物质文化遗产数字化保护研究综述 [J]. 图书馆, 2017 (08): 59-68.

[89] 锅艳玲. 公众参与非遗档案化保护的SWOT分析及优化策略 [J]. 山西档案, 2017 (04): 49-53.

[90] 锅艳玲, 张代琪. 饮食技艺类非物质文化遗产档案式保护探析 [J]. 北京档案, 2017 (07): 35-37.

[91]黄体杨.白族非物质文化遗产传承人建档保护研究[J].档案学通讯,2017（04）:83-86.

[92]夏熔静.苏州非物质文化遗产档案化保护的实践与思考[J].档案与建设,2017（07）:80-83.

[93]潘彬彬.非物质文化遗产博物馆非遗档案工作刍议——以南京市非物质文化遗产馆为例[J].档案与建设,2017（07）:84-87.

[94]刘鹏茹,锅艳玲.我国非物质文化遗产档案资源数据库系统建设研究[J].浙江档案,2017（06）:25-27.

[95]肖文建,黎杜.非物质文化遗产档案长久保存策略[J].档案学研究,2017（03）:54-58.

[96]杨军.智慧城市背景下的非物质文化遗产档案馆建设——广西非物质文化遗产档案保护研究系列（三）[J].山西档案,2017（03）:90-93.

[97]马晨璠,戴旸.我国非物质文化遗产档案分众传播的若干思考[J].档案与建设,2017（05）:19-22.

[98]陈海玉,李特.傣族非物质传统医药知识的建档保护[J].山西档案,2017（02）:38-40.

[99]杨军.民族文化与档案记忆重构的交互机制及演进路径——广西非物质文化遗产档案保护研究系列（二）[J].山西档案,2017（02）:80-84.

[100]倪晓春,张蓉.关于非物质文化遗产档案数字资源库建设的思考[J].档案学通讯,2017（02）:53-57.

[101]马晨璠,戴旸.我国非物质文化遗产档案传播主体研究[J].档案学通讯,2017（02）:81-86.

[102]黄玉婧,刘为.傈僳族国家级非物质文化遗产建档保护研究[J].档案管理,2017（02）:46-48.

[103]郭辉.手机APP在非物质文化遗产传承人建档中的应用及思路——美国StoryCorps项目的启示[J].档案与建设,2017（03）:22-24+32.

[104]谢志成,秦垒.我国非物质文化遗产传承人口述档案建档探析[J].北京档案,2017（02）:13-16.

[105]马晨璠,戴旸.分众传播:非物质文化遗产档案传播新模式[J].北京档

案, 2017(02): 17-20.

[106] 王巧玲, 孙爱萍. 非物质文化遗产口述档案收集工作的目标与策略[J].
北京档案, 2017(02): 21-23.

[107] 许向群. 非物质文化遗产档案管理的特点和创新途径[J]. 学术探索,
2017(02): 151-156.

[108] 胡郑丽. "互联网+"时代非物质文化遗产 "档案式保护"的重构与阐释
[J]. 浙江档案, 2017(01): 22-24.

[109] 徐小滨, 杨雪, 刘贯宇, 史惠媛, 李秋红. 非物质文化遗产视域下名老中
医中药处方特藏档案研究[J]. 山西档案, 2017(01): 100-102.

[110] 陈剑. 非物质音乐文化遗产档案资源建设研究[J]. 山西档案, 2017
(01): 82-84.

[111] 朱天梅. 民族文化传承视域下楚雄彝族民间艺术档案保护模式研究[J].
档案管理, 2017(01): 47-49.

[112] 沙柳, 郝建炎. 卧龙区国家级非物质文化遗产 "大调曲"档案抢救开发调
研报告[J]. 档案管理, 2017(01): 73-74.

[113] 滕春娥. 档案记忆观视角下的档案与非物质文化遗产功能互动研究[J].
档案管理, 2017(01): 12-14.

[114] 杨军. 运用知识审计推动非物质文化遗产档案保护研究——广西非物质
文化遗产档案保护研究系列(一)[J]. 山西档案, 2016(06): 18-21.

[115] 王巧玲, 游洪波, 李希. 非遗项目保护单位视角下京剧档案工作现状及对
策研究[J]. 北京档案, 2016(11): 22-24.

[116] 戴旸. 非物质文化遗产建档标准的建设: 国外经验与中国对策[J]. 档案
学通讯, 2016(06): 11-15.

[117] 和璇. "年代-区域"理论视域下的非物质文化遗产档案资源建设研究
[J]. 档案学通讯, 2016(06): 16-20.

[118] 朱建炜. 档案管理视角下的非物质文化遗产保护研究[J]. 浙江档案,
2016(07): 60.

[119] 张玉祥. 论边疆民族地区汉族非物质文化遗产档案式保护——以新疆为
例[J]. 山西档案, 2016(04): 84-86.

[120] 孟俊峰. 传承人在"非遗"档案管理与保护中的优势及作用——以吴鲁衡罗经老店传人为例 [J]. 山西档案, 2016（04）: 105-107.

[121] 李姗姗, 赵跃. 基于关联数据的非物质文化遗产档案资源开发 [J]. 中国档案, 2016（06）: 71-73.

[122] 周耀林, 王璐瑶, 赵跃. 非物质文化遗产档案可视化的实现与保障 [J]. 中国档案, 2016（06）: 66-67.

[123] 戴旸, 叶鹏. 我国非物质文化遗产传承人建档探索 [J]. 中国档案, 2016（06）: 68-70.

[124] 陈师鞠, 徐妙妙. 国外非物质文化遗产建档式保护进展研究 [J]. 中国档案, 2016（06）: 74-75.

[125] 王巧玲, 谢永宪, 张琳琪. 非物质文化遗产建档工作的含义、现状及推进策略探析 [J]. 北京档案, 2016（01）: 30-32.

[126] 王海弘. 非物质文化遗产档案的凋零与繁荣——基于旅游发展视角 [J]. 档案学通讯, 2015（06）: 83-86.

[127] 叶鹏, 周耀林. 非物质文化遗产建档式保护的现状、机制及对策 [J]. 学习与实践, 2015（09）: 115-124+2.

[128] 计玉新. 让档案以特殊方式铭记民俗文化——浅谈非物质文化遗产芦墟山歌的档案式保护 [J]. 档案与建设, 2015（09）: 78-80.

[129] 张馨元, 刘为, 王淼哲. 国家级非物质文化遗产云南花灯戏的建档保护 [J]. 档案与建设, 2015（09）: 30-32.

[130] 张垒. 非物质文化遗产档案研究述评 [J]. 山西档案, 2015（04）: 99-101.

[131] 冯丽, 戴旸. Web2.0技术下我国非物质文化遗产建档保护促进研究 [J]. 北京档案, 2015（05）: 23-26.

[132] 周倜. 法律视角下对非物质文化遗产档案管理模式的思考 [J]. 档案与建设, 2015（03）: 29-32.

[133] 王巧玲, 孙爱萍, 陈考考. 档案部门参与非物质文化遗产保护工作的现状及对策研究 [J]. 北京档案, 2015（01）: 28-30.

[134] 吕丽辉, 马香媛. 非物质文化遗产信息资源档案式管理的协同机制研究 [J]. 社会科学战线, 2014（12）: 272-274.

[135]戴旸,李财富.我国非物质文化遗产建档标准体系的若干思考[J].档案学研究,2014(05):35-39.

[136]宋夏南.非物质文化遗产档案收集的若干思考[J].浙江档案,2014(09):56-57.

[137]徐欣云.建构的相对性:非物质文化遗产档案与集体记忆建构的关系[J].档案学通讯,2014(05):17-22.

[138]张玉祥.锡伯族非物质文化遗产档案式保护研究[J].山西档案,2014(04):97-100.

[139]戴旸.应然与实然:对我国非物质文化遗产建档主体的思考[J].档案学通讯,2014(04):82-85.

[140]李琳.地方档案馆建设非物质文化遗产特色档案的思考[J].档案与建设,2014(07):20-23.

[141]周建军.非物质文化遗产保护视角下地方特色档案建设的重新思考[J].档案学通讯,2014(03):50-53.

[142]陈建,高宁.我国非物质文化遗产建档保护研究回顾与前瞻[J].档案学研究,2013(05):58-62.

[143]冯舫女.浅议档案与非物质文化遗产的关系[J].北京档案,2013(09):27-29.

[144]张一.从非物质文化遗产的传承和传播看非遗档案的开发利用[J].北京档案,2013(09):29-31.

[145]徐欣云.非物质文化遗产档案式保护中的"新来源观"研究[J].档案学通讯,2013(05):23-27.

[146]徐拥军,王薇.美国、日本和台湾地区文化遗产档案数据库资源建设的经验借鉴[J].档案学通讯,2013(05):58-62.

[147]夏慧.试论肇庆端砚制作技艺的档案式保护[J].山西档案,2013(03):55-57.

[148]刘敏.谈非物质文化遗产档案管理工作——以德江傩堂戏为例[J].北京档案,2013(06):36-37.

[149]周纳新.漯河市非物质文化遗产档案管理情况调查[J].档案管理,2013

（03）：57+72.

[150] 王云庆, 毛天宇. 基于博弈论视角的非物质文化遗产立档保护探析 [J].
档案学研究, 2013（02）：60-64.

[151] 王巧玲, 孙爱萍. 非物质文化遗产档案工作相关主体分析 [J]. 山西档案,
2013（02）：56-58.

[152] 蔡剑锋. 对濒危非物质文化遗产建档保护的思考——以厦门市翔安农民
画为例 [J]. 档案管理, 2013（02）：29-30.

[153] 王云庆, 樊树娟. 简谈非物质文化遗产档案管理的主体 [J]. 档案管理,
2013（02）：43.

[154] 杨红. 非物质文化遗产档案管理法律政策背景研究 [J]. 中国档案, 2012
（12）：32-33.

[155] 王文君. 非物质文化遗产档案收集要点 [J]. 浙江档案, 2012（09）：61.

[156] 吴品才, 储蕾. 非物质文化遗产档案化保护的理论基础 [J]. 档案学通
讯, 2012（05）：75-77.

[157] 张红英. 试论图书馆等文化事业机构保护非物质文化遗产的措施 [J]. 图
书馆理论与实践, 2012（08）：57-59.

[158] 王云庆, 陈建. 非物质文化遗产档案展览研究 [J]. 档案学通讯, 2012
（04）：36-39.

[159] 吴宗宪. 非物质文化遗产档案管理亟待加强 [J]. 浙江档案, 2012（03）：
62.

[160] 罗宗奎, 王芳. 知识产权法体系下开发利用非物质文化遗产档案的优势
和基本原则 [J]. 档案学通讯, 2012（02）：44-47.

[161] 胡莹, 王雪飞. 非物质文化遗产背景下东巴文档案抢救保护工作刍议
[J]. 山西档案, 2012（01）：69-73.

[162] 王云庆, 魏会玲. 论建立非物质文化遗产项目传承人档案的重要性 [J].
北京档案, 2012（02）：11-13.

[163] 徐拥军, 王薇. 做好非物质文化遗产档案工作应增强五种意识 [J]. 北京
档案, 2012（02）：15-16.

[164] 李英. 非物质文化遗产档案的特点和建档原则 [J]. 档案管理, 2012

（01）：80-82.

[165] 王云庆, 李许燕. 为非物质文化遗产传承人建档的路径探析 [J]. 浙江档案, 2011（12）：32-34.

[166] 徐拥军, 谭必勇, 张莹. 我国非物质文化遗产档案管理研究述评 [J]. 北京档案, 2011（11）：15-18.

[167] 周平. 非物质文化遗产档案收集亟待加强 [J]. 浙江档案, 2011（10）：38-39.

[168] 韩英, 章军杰. 论非物质文化遗产的档案资源开发 [J]. 档案学通讯, 2011（05）：72-75.

[169] 冉朝霞. 档案管理视角下非物质文化遗产保护研究 [J]. 档案管理, 2011（05）：32-33.

[170] 戴旸, 周耀林. 论非物质文化遗产档案信息化建设的原则与方法 [J]. 图书情报知识, 2011（05）：69-75.

[171] 倪永宁, 徐拥军. 档案机构如何参与非物质文化遗产保护 [J]. 北京档案, 2011（08）：37-38.

[172] 张巽璐子. 浅谈档案馆参与非物质文化遗产保护和利用的实现策略 [J]. 思想战线, 2011, 37（S1）：177-179.

[173] 谭必勇, 徐拥军, 张莹. 档案馆参与非物质文化遗产数字化保护的模式及实现策略研究 [J]. 档案学研究, 2011（02）：69-74.

[174] 储蕾. 非物质文化遗产档案化保护理论探析 [J]. 山西档案, 2011（02）：46-48.

[175] 杨红. 档案部门与非物质文化遗产数据库建设 [J]. 北京档案, 2011（03）：22-23.

[176] 宋小弟, 周晓武. 抢救开发 接续传承——肃南裕固族非物质文化遗产档案工作纪实 [J]. 档案, 2018（11）：51-53.

[177] 邓冬梅. 大兴区档案局开展非物质文化遗产档案资料征集及宣传工作 [J]. 兰台世界, 2013（22）：9.

[178] 陈祖芬. 档案与文博机构在妈祖非物质文化遗产工作中的合作——来自宁波实践的思考 [J]. 浙江国际海运职业技术学院学报, 2011, 7（01）：

34-37.

[179] 刘雪凤, 王家棋. 非物质文化遗产知识产权保护研究综述 [J]. 南宁师范大学学报 (哲学社会科学版), 2020, 41 (02): 141-151.

[180] 莫灿. 增强现实在非物质文化遗产保护中的应用: 文献综述 [J]. 戏剧之家, 2020 (07): 172-174.

[181] 宋俊华, 何研. 学科视野下的非物质文化遗产保护能力建设——"非物质文化遗产保护能力建设国际学术研讨会" 综述 [J]. 文化遗产, 2019 (06): 152-157.

[182] 宋俊华, 倪诗云. 非遗保护的中国经验与中国声音——"非物质文化遗产保护的中国实践" 论坛会议综述 [J]. 文化遗产, 2019 (05): 128-132.

[183] 张陈陈. 非物质文化遗产保护综述 [J]. 戏剧之家, 2018 (34): 235.

[184] 漆凌云. 中国非物质文化遗产研究的回顾与反思——以高被引论文为中心 [J]. 原生态民族文化学刊, 2018, 10 (01): 137-143.

[185] 余悦. 非物质文化遗产研究的十年回顾与理性思考 [J]. 江西社会科学, 2010 (09): 7-20.

[186] 张梦宇. 公共文化服务视野下的非遗传承实践 [J]. 人文天下, 2019 (23): 46-52.

[187] 不忘初心砥砺前行——安徽省非物质文化遗产保护中心2019年工作综述 [J]. 文化月刊, 2020 (02): 46-49.

[188] 王云庆, 陈建. 保护非物质文化遗产: 警惕档案机构边缘化 [J]. 档案学通讯, 2011 (01): 12-16.

[189] 陈祖芬. 非物质文化遗产档案管理主体研究——以妈祖信俗档案管理为例 [J]. 档案学通讯, 2011 (01): 16-19.

[190] 张继. "非遗" 档案式保护的国际法立法探析 [J]. 吉首大学学报 (社会科学版), 2010, 31 (06): 114-117.

[191] 王玉平. 论档案馆对非物质文化遗产档案的管理 [J]. 东岳论丛, 2010, 31 (07): 178-180.

[192] 俞仲英. 非物质文化遗产的记录和保存——档案管理与非遗保护 [J]. 浙江档案, 2009 (12): 48.

[193] 赵爱国, 王云庆. 法制化框架下的非物质文化遗产档案资源控制问题研究 [J]. 档案学通讯, 2009 (04): 46-49.

[194] 仇芮珍, 王成兴. 档案馆参与非物质文化遗产保护的独特地位及途径 [J]. 北京档案, 2009 (06): 19-21.

[195] 何永斌. 谈非物质文化遗产档案工作中的几对关系 [J]. 北京档案, 2009 (06): 24-25.

[196] 李波. 谈档案馆如何参与非物质文化遗产的保护 [J]. 北京档案, 2009 (05): 35.

[197] 陈林. 高校档案馆应该参与非物质文化遗产保护 [J]. 北京档案, 2009 (02): 33-34.

[198] 陈妙生, 陆英. 太仓市加强非物质文化遗产档案工作的探索与思考 [J]. 档案与建设, 2009 (02): 58-59.

[199] 何永斌. 对非物质文化遗产保护的档案学思考 [J]. 档案学研究, 2008 (06): 8-10.

[200] 邹吉辉. 为非物质文化遗产建档的紧迫性 [J]. 档案与建设, 2008 (09): 15-16.

[201] 张春珍. 对建立非物质文化遗产档案的思考 [J]. 山西档案, 2008 (S1): 91-92.

[202] 李林悦. 论档案工作对非物质文化遗产保护的借鉴意义 [J]. 档案与建设, 2008 (07): 26-27.

[203] 胡芸, 顾永贵. 如何做好民族民间非物质文化遗产档案管理工作 [J]. 中国档案, 2008 (05): 43-44.

[204] 王晓灵. 对加强非物质文化遗产档案管理的思考 [J]. 档案, 2008 (01): 57-58.

[205] 王云庆, 赵林林. 论非物质文化遗产档案及其保护原则 [J]. 档案学通讯, 2008 (01): 71-74.

[206] 赵林林, 王云庆. 非物质文化遗产档案的特征和意义 [J]. 档案与建设, 2007 (12): 4-7.

[207] 覃凤琴. 从 "非物质" 到 "外化物质再现" ——非物质文化遗产档案式保

护及其价值考察 [J]. 档案与建设, 2007（10）: 19-21

[208] 覃美娟. 浅论非物质文化遗产的档案式保护 [J]. 档案管理, 2007（05）: 30-31.

[209] 胡艳艳. 公共档案馆的历史责任: 对非物质文化遗产的保护 [J]. 山西档案, 2007（04）: 44-45.

[210] 王云庆, 万启存. 守护精神家园——谈档案馆保护非物质文化遗产的必要性 [J]. 档案与建设, 2007（02）: 14-16.

[211] 于宏敏. 重视 "非物质文化遗产保护工程" 的档案工作 [J]. 档案管理, 2006（06）: 51.

[212] 朱江. 档案: 让非物质文化遗产物质化 [J]. 中国档案, 2006（09）: 21.

[213] 王云庆, 赵亚敏. 档案馆对非物质文化遗产的保护 [J]. 中国档案, 2006（09）: 22-23.

[214] 侯采坪, 王晓燕. 档案部门应加强对非物质文化遗产档案的收集 [J]. 山西档案, 2006（04）: 31-32.

[215] 赵亚敏, 王云庆. 档案馆等文化事业机构保护非物质文化遗产的途径 [J]. 浙江档案, 2006（08）: 15-18.

[216] WPA. Folklore and Related Activities of the WPA ［J］. Collections of the Archive of Folk Song: A Fact Sheet The Archive of Aemerican Folk Song. 1980.

[217] Suter J W. Folklore Archives and the Documentary Heritage of New York State [J]. New York Folklore Society, 1991.

[218] Taussig-Lux, Karen, and Corsaro, James. Folklore in Archives: A Guide to Describing Folklore and Folklife Materials [J]. United States New York Folklore Society, 1998.

[219] Janke, T. & Iacovino, L. Keeping Cultures Alive: Archives and Indigenous Cultural and Intellectual Property Rights ［J］. Archival Science. 2012（2）: 151-171.

[220] Maria Grosu. Folklore Archives and Constructions of the Positivist Paradigm [J]. Philobiblon, 2014（2）: 491-500.

[221] Vacca F. Knowledge in Memory: Corporate and Museum Archives [J].
Fashion Practice, 2014, 6 (2): 273-288.

[222] Bedjaoui M. The Convention for the Safeguarding of the Intangible
Cultural Heritage: the legal framework and universally recognized
principles [J]. Museum International, 2010, 56 (1-2).

[223] Keitumetse S. UNESCO 2003 Convention on Intangible Heritage:
Practical implications for heritage management approaches in Africa [J].
The South African Archaeological Bulletin, 2006: 166-171.

[224] Demotte R. National Policies Concerning Intangible Cultural Heritage:
the example of Belgium's French community [J]. Museum International.
2004; 56 (1/2): 174-179.

[225] Jeffery L, Rotter R. Safeguarding sega: transmission, inscription, and
appropriation of Chagossian intangible cultural heritage [J]. International
Journal of Heritage Studies. 2019; 25 (10): 1020-1033.

[226] Turgeon L, Divers M. Intangible Cultural Heritage in the Rebuilding
of Jacmel and Haiti Jakmèl kenbe la, se fòs peyi a!1 [J]. Museum
International, 2011, 62 (4): 106-115.

[227] Mingon M H, J Sutton. Why Robots Can't Haka: Skilled Performance
and Embodied Knowledge in the Māori Haka [J]. Synthese, 2021 (4).

[228] Vijayah T. Digitizing worldviews and intangible cultural heritages [J].
Fourth World Journal, 2011, 10 (2).

[229] Eoin L N, King R. How to develop Intangible Heritage: the case of
Metolong Dam, Lesotho [J]. World Archaeology, 2013, 45 (4): 653-
669.

[230] Naguib S. Collecting Moments of Life. Museums and the Intangible
Heritage of Migration [J]. Museum International. 2013; 65 (1-4): 77-86.

[231] Saleh F, Barakat H N. The Global Village of Heritage: the contribution
of the Centre for Documentation of Cultural and Natural Heritage
(CULTNAT) [J]. Museum International, 2005, 57 (1-2).

[232] Robertson, Màiri. ite Dachaidh: Reonnecting People with Place—Island Landscapes and Intangible Heritage [J]. International Journal of Heritage Studies, 2009, 15 (2-3): 153-162.

[233] Initiating an Oral History Project in a Multicultural UNESCO World Heritage Site of George Town, Penang, Malaysia: Challenges and Outcomes [J]. Kajian Malaysia, 2016, 34 (2): 123-143.

[234] Baron R. Public folklore dialogism and critical heritage studies [J]. International Journal of Heritage Studies, 2016, 22 (8): 588.

[235] Katayma M. A 3D video system for archiving of Japanese traditional performing art [J]. Proc. IDW/AD'05, Dec. , 2005.

[236] Pietrobruno, S. You Tube and the social archiving of intangible heritage [J]. New Media & Society. Dec. 2013: 1259-1276.

[237] Namono C. Digital technology and a community framework for heritage rock art tourism, Makgabeng Plateau, South Africa [J]. African Archaeological Review, 2018, 35 (2): 269-284.

[238] Ott M, Dagnino F M, Pozzi F. Intangible cultural heritage: Towards collaborative planning of educational interventions [J]. Computers in Human Behavior, 2015, 51: 1314-1319.

[239] Cozzani G, Pozzi F, Dagnino F M, et al. Innovative technologies for intangible cultural heritage education and preservation: the case of i-Treasures [J]. Personal and Ubiquitous Computing, 2017, 21 (2): 253-265.

[240] Choi T, Jung S, Choi Y S, et al. Acquisition System Based on Multisensors for Preserving Traditional Korean Painting [J]. Sensors (Basel, Switzerland), 2019, 19 (19).

[241] Mingon M H, J Sutton. Why Robots Can't Haka: Skilled Performance and Embodied Knowledge in the Māori Haka [J]. Synthese, 2021 (4).

[242] Silvia D, Sarah C, Daniela T G. Bridging the digital divide: Older adults' engagement with online cinema heritage [J]. Digital Scholarship in the

Humanities, 2019 (4) : 4.

[243] Cristina GarduÃ. Photosharing on Flickr: intangible heritage and emergent publics [J]. International Journal of Heritage Studies, 2010, 16 (4-5) : 352-368.

[244] Yelmi P. Protecting contemporary cultural soundscapes as intangible cultural heritage: sounds of Istanbul [J]. International Journal of Heritage Studies, 2016, 22 (4) : 302-311.

[245] Meder T, Karsdorp F, Nguyen D, et al. Automatic enrichment and classification of folktales in the Dutch folktale database [J]. The Journal of American Folklore, 2016, 129 (511) : 78-96.

[246] Pietrobruno, S. YouTube and the social archiving of intangible heritage [J]. New Media & Society, 2013, 15 (8) : 1259-1276.

[247] Pietrobruno, Sheenagh. Between narratives and lists: performing digital intangible heritage through global media [J]. International Journal of Heritage Studies, 2014, 20 (7-8) : 742-759.

[248] Svensson T G. On Craft and Art: Some Thoughts on Repatriation and Collecting Policy—The Case of Collections at the Museum of Cultural History, University of Oslo [J]. Visual Anthropology, 2015, 28 (4) : 324-335.

[249] Istvandity L. How does music heritage get lost? Examining cultural heritage loss in community and authorised music archives [J]. International Journal of Heritage Studies, 2020 (3) : 1-13.

[250] Cantillon Z, Baker S, Buttigieg B. Queering the community music archive [J]. Australian Feminist Studies, 2017, 32 (91-92) : 41-57.

[251] Keitumetse S. UNESCO 2003 convention on intangible heritage: Practical implications for heritage management approaches in Africa [J]. The South African Archaeological Bulletin, 2006: 166-171.

[252] Alakus M. Protecting culture and civilization: indexing world heritage [J]. The Indexer The International Journal of Indexing, 2017, 35 (2) :

80-85.

[253] Huebner S, Marr S. Between Policy and Practice: Archival Descriptions, Digital Returns and a Place for Coalescing Narratives [J]. Archives and manuscripts, 2019, 47 (1): 113-130.

[254] Wijesundara C, Sugimoto S. Metadata Model for Organizing Digital Archives of Tangible and Intangible Cultural Heritage, and Linking Cultural Heritage Information in Digital Space [J]. LIBRES: Library and Information Science Research Electronic Journal, 2018, 28.

[255] Alakus M. Protecting culture and civilization: indexing world heritage [J]. The Indexer The International Journal of Indexing, 2017, 35 (2): 80-85. 6.

[256] Bressan F, Bertani R, Furlan C, et al. An ATR-FTIR and ESEM study on magnetic tapes for the assessment of the degradation of historical audio recordings [J]. Journal of Cultural Heritage, 2016.

[257] Tamborrino R, Wendrich W. Cultural heritage in context: the temples of Nubia, digital technologies and the future of conservation [J]. Journal of the Institute of Conservation, 2017, 40 (2): 1-26.

[258] Carr J, Baddoo D. Dance, Diaspora and the Role of the Archives: A Dialogic Reflection upon the Black Dance Archives Project (UK) [J]. Dance Research, 2020, 38 (1): 65-81.

[259] Tamborrino R, Wendrich W. Cultural heritage in context: the temples of Nubia, digital technologies and the future of conservation [J]. Journal of the Institute of Conservation, 2017, 40 (2): 1-26.

[260] Khan M P, Abdul Aziz A, Mat Daud K A. Documentation of Intangible Cultural Heritage (ICH): Mak Yong Performing Art Collection [J]. Journal of Information and Knowledge Management (JIKM), 2018, 8 (1): 1-18.

[261] Smith L, Waterton E. The envy of the world? [J]. Intangible heritage in England in Intangible Heritage, 2008: 289-302.

［262］Taylor HA. The Collective Memory：Archives and Libraries as Heritage ［J］. Archivaria, 1983（15）：118-130.

［263］이명진. A Comparative Studie on the Transmission of Traditional Performing Art Schools and Intangible Cultural Heritage System in Korea and Japan—Focusing on Kyougen and Pansori—［J］. 비교민속학, 2012, 49.

［264］Aikawa N. An historical overview of the preparation of the UNESCO International Convention for the Safeguarding of the Intangible Cultural Heritage［J］. Museum international, 2004, 56（1-2）：137-149.

［265］Kurin R. U. S. Consideration of the Intangible Cultural Heritage Convention［J］. Ethnologies, 2014, 36（1）：325.

［266］Kurin R, sysadmin. Smithsonian Folklife Festival：Culture Of, By, and For the People. Belanus B J. Folklife and Museums：Twenty-First Century Perspectives［J］. Journal of American Folklore, 2019, 132.

［267］Lyons B, Sands R M. A Working Model for Developing and Sustaining Collaborative Relationships Between Archival in the Caribbean and the United States［J］. IASA Journal, 2009.

［268］McCleery A, McCleery A, Gunn L, et al. Scoping and Mapping Intangible Cultural Heritage in Scotland Final Report［J］. Edinburgh：Museums Galleries Scotland.

［269］Howell D. The intangible cultural heritage of Wales：a need for safeguarding?［J］. International Journal of Intangible Heritage, 2013, 8：104-16.

［270］Hassard F. Intangible heritage in the United Kingdom［J］. Intangible heritage, 2008：270.

3 学位论文

［1］滕春娥. 社会记忆视角下非物质文化遗产建档保护研究［D］. 长春：吉林大学, 2019.

［2］王晋. 白族大本曲非物质文化遗产建档保护研究［D］. 昆明：云南大学,

279

2017.

[3] 王云庆. 山东非物质文化遗产项目及传承人立档保护研究 [D]. 济南: 山东大学, 2017.

[4] 黄体杨. 白族非物质文化遗产传承人建档保护研究 [D]. 昆明: 云南大学, 2016.

[5] 叶鹏. 基于文化与科技融合的我国非物质文化遗产保护机制及实现研究 [D]. 武汉: 武汉大学, 2015.

[6] 朱雨虹. 奉天落子档案建档现状研究 [D]. 沈阳: 辽宁大学, 2020.

[7] 孔明月. 数字人文视域下非物质文化遗产档案开发研究 [D]. 保定: 河北大学, 2020.

[8] 荆欣. 非物质文化遗产档案资源服务融合研究 [D]. 郑州: 郑州航空工业管理学院, 2020.

[9] 郭慧玲. 山东省民间美术类非遗档案化保护对策研究 [D]. 济南: 山东大学, 2019.

[10] 方凌超. 我国非物质文化遗产档案资源建设研究 [D]. 合肥: 安徽大学, 2019.

[11] 马越. 景德镇非物质文化遗产档案式保护研究 [D]. 景德镇: 景德镇陶瓷大学, 2019.

[12] 廖倩. 黔东南地区非物质文化遗产建档保护研究 [D]. 南宁: 广西民族大学, 2019.

[13] 唐欢. 三江侗族自治县非物质文化遗产建档工作研究 [D]. 南宁: 广西民族大学, 2018.

[14] 马晨璠. 新媒体视域下非物质文化遗产档案传播研究 [D]. 合肥: 安徽大学, 2018.

[15] 杨聂昕. 对《非物质文化遗产传承人研修研习培训计划》教学设计的问题分析 [D]. 重庆: 重庆大学, 2018.

[16] 王甜甜. 西安地区非遗数字化保护现状与策略研究 [D]. 西安: 陕西科技大学, 2018.

[17] 张艳. 威宁彝族回族苗族自治县执行《非物质文化遗产法》的实效调查研

究［D］．贵阳：贵州民族大学，2017.

［18］丁路．云南省无文字少数民族非物质文化遗产档案式保护研究［D］．昆明：云南大学，2017.

［19］徐骁．企业非物质文化遗产档案式保护研究［D］．昆明：云南大学，2017.

［20］马倩．非物质文化遗产建档策略研究［D］．保定：河北大学，2017.

［21］黎杜．非物质文化遗产档案长久保存现状与对策研究［D］．湘潭：湘潭大学，2017.

［22］王逸凡．传承人机制下的大理白族传统手工技艺非物质文化遗产建档研究［D］．昆明：云南大学，2017.

［23］武泽淼．蒙古族长调民歌建档保护研究［D］．昆明：云南大学，2017.

［24］李丛．河南非物质文化遗产数字化建档保护问题与对策研究［D］．武汉：武汉大学，2017.

［25］施旖．基于主题图的非物质文化遗产档案资源聚合研究［D］．武汉：华中师范大学，2017.

［26］张馨元．云南省传统戏剧类非物质文化遗产建档保护研究［D］．昆明：云南大学，2017.

［27］靳书花．传统手工技艺类非物质文化遗产档案开发研究［D］．保定：河北大学，2016.

［28］李丹．非物质文化遗产档案式保护中的分类问题研究［D］．湘潭：湘潭大学，2016.

［29］张雪亭．我国非物质文化遗产档案管理与利用研究［D］．郑州：郑州大学，2016.

［30］张秋霞．南通非物质文化遗产档案保护研究［D］．合肥：安徽大学，2016.

［31］李洋．云南元阳哈尼族口述档案保护研究［D］．昆明：云南大学，2015.

［32］彭丽娟．湘西土家族非物质文化遗产档案式保护研究［D］．湘潭：湘潭大学，2015.

［33］陈晓媛．徽州地区非物质文化遗产档案工作研究［D］．合肥：安徽大学，2015.

［34］董达．非物质文化遗产档案资源建设研究［D］．哈尔滨：黑龙江大学，

2015.

[35] 魏娇. 档案式管理在非物质文化遗产保护中的应用研究 [D]. 湘潭: 湘潭大学, 2014.

[36] 陈松山. 闽南地区非物质文化遗产档案保护研究 [D]. 厦门: 厦门大学, 2014.

[37] 国健. 传统戏剧类非物质文化遗产档案管理研究 [D]. 济南: 山东大学, 2014.

[38] 刘曼曼. 保定市非物质文化遗产的档案式保护探析 [D]. 保定: 河北大学, 2013.

[39] 韩凤. 我国非物质文化遗产的档案式管理研究 [D]. 南昌: 南昌大学, 2013.

[40] 黄蓝青. 徽州非物质文化遗产档案建设研究 [D]. 合肥: 安徽大学, 2013.

[41] 郑美云. 试论潍坊地区非物质文化遗产的档案化保护 [D]. 济南: 山东大学, 2013.

[42] 史星辰. 我国非物质文化遗产档案管理研究 [D]. 合肥: 安徽大学, 2013.

[43] 陈建. 非物质文化遗产档案展览研究 [D]. 济南: 山东大学, 2012.

[44] 储蕾. 非物质文化遗产档案化保护研究 [D]. 苏州: 苏州大学, 2012.

[45] 董甜甜. "非物质文化遗产" 视角下大理白族特色档案的开发利用 [D]. 昆明: 云南大学, 2010.

[46] 陈竹君. 非物质文化遗产档案研究 [D]. 合肥: 安徽大学, 2010.

[47] 赵林林. 非物质文化遗产档案资源的管理、开发与利用 [D]. 济南: 山东大学, 2007.

[48] 覃美娟. 非物质文化遗产档案式保护研究 [D]. 南宁: 广西民族大学, 2007.

4 论文集

[1] Yan W. The management of intangible cultural heritage archives of art from the perspective of cultural heritage [C] //BASIC & CLINICAL PHARMACOLOGY & TOXICOLOGY. 111 RIVER ST, HOBOKEN 07030-5774, NJ USA: WILEY, 2020, 126: 173-174.